广西钱币 GUANGXI QIANBI YANJIU JICUI 2021

广西钱币学会 ◎ 编

研究集萃

2021

暨南大学出版社
JINAN UNIVERSITY PRESS

中国·广州

图书在版编目（CIP）数据

广西钱币研究集萃.2021/广西钱币学会编.—广州：暨南大学出版社，2021.8
ISBN 978 - 7 - 5668 - 3172 - 9

Ⅰ.①广…　Ⅱ.①广…　Ⅲ.①古钱（考古）—中国—文集　Ⅳ.①K875.64

中国版本图书馆 CIP 数据核字（2021）第110001号

广西钱币研究集萃2021
GUANGXI QIANBI YANJIU JICUI 2021

编　者：广西钱币学会

··

出 版 人：张晋升
责任编辑：曾小利
责任校对：黄　球　孙劭贤　黄亦秋
责任印制：周一丹　郑玉婷

出版发行：暨南大学出版社（510630）
电　　话：总编室（8620）85221601
　　　　　营销部（8620）85225284　85228291　85228292　85226712
传　　真：（8620）85221583（办公室）　85223774（营销部）
网　　址：http://www.jnupress.com
排　　版：广州良弓广告有限公司
印　　刷：深圳市新联美术印刷有限公司
开　　本：787mm×1092mm　1/16
印　　张：15.75
字　　数：300千
版　　次：2021年8月第1版
印　　次：2021年8月第1次
定　　价：99.00元

（暨大版图书如有印装质量问题，请与出版社总编室联系调换）

前　言

2020 年，广西钱币学会在上级主管单位的领导下，广大会员共同努力，贯彻落实广西面向东盟的金融开放门户建设方案的相关要求，加强东南亚货币研究，服务中国—东盟经济、金融与货币合作。中国钱币学会成立东南亚货币研究中心，指定广西钱币学会为秘书处单位。在中国—东盟金融合作与发展领袖论坛上，举行"中国钱币学会东南亚货币研究中心"启动仪式，搭建了中国与东南亚钱币文化双向沟通交流的重要桥梁和基地。

在学术研究方面，广西钱币学会取得多项成果。邀请国内知名专家召开论证会，对广西钱币博物馆馆藏重要文物安南"通行会宝"钞版开展研究，取得突破性成果。与会专家通过现场考察钞版，展开对钞版的研究和释读研讨，就钞版的释读达成了共识，为进一步解读中国钱币对东南亚钱币的影响迈出了举足轻重的一步。全年共结集出版论文 16 篇，推动了学术成果的转化。

为全面强化学术研究，加强人才培养，广西钱币学会借助文博单位和区内外高校的力量，积极组织申报中国钱币学会学术课题，2020 年分别立项和结项 1 个中国钱币学会课题。组织专家召开"学生研究项目"中期汇报会，13 个"学生研究项目"课题参与汇报评审。同时组织专家开展 2019—2020 年度重点课题结项评审和 2020—2021 年度重点课题征集工作，收到课题申报 18 项，立项 13 项，其中"学术研究项目"8 项。

本书重点收录广西钱币学会 2019—2020 年度结项论文及工作要闻。广西历史货币和东南亚历史货币的研究成果，特色鲜明，是学会学术水平的重要体现。由于时间仓促，编者水平有限，不足之处，敬请批评指正。

编　者

2021 年 6 月

目 录

安南"通行会宝"钞版考论

杨君　潘信豪　廖林灵

"通行会宝"钞版（图1），面值"一贯"，高22厘米，宽12.8厘米，厚0.6厘米，重0.99千克，青铜质地。2008年入藏广西钱币博物馆。

广西钱币学会的专家们曾对"通行会宝"钞版进行了初步的考证，推断为安南陈朝的纸币印版，今天看来是正确的推论。该钞版锈蚀较重，整体矿化，表面有明显的剥蚀，字口和纹饰出现了不同程度的损伤，导致文字释读困难，有几个文字的释读难以达成共识。即便如此，该文物是目前仅见的越南作为中国藩属国时期发行的纸币印版，具有很高的历史文化价值。2017年，广西文博界与中国钱币学会组织专家进行了文物鉴定，认定"通行会宝"钞版为国家一级文物。

2020年，广西钱币博物馆和广西壮族自治区博物馆对"通行会宝"钞版进行了联合研究，使用视觉图像建模技术，对有关疑难文字进行了认定，并取得了突破。尤其是"丰国监"之"丰"字的认定，成为释读该钞版文字的钥匙。由此顺利完成了较为确凿的钞版文字的通篇释读。

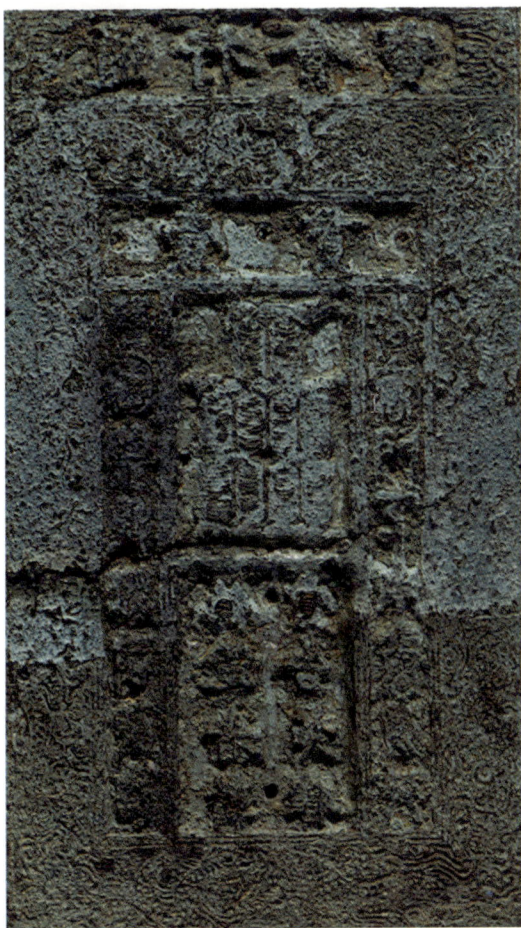

图1　安南"通行会宝"钞版

全版印文为："通行會寶　壹貫　豐國監提點司印造　尚書門下中書頒行　偽造者斬　賞告如律"。

其中，"通行会宝　壹贯　伪造者斩　赏告如律"为楷书体，"丰国监提点司印造尚书门下中书颁行"（图2）为小篆字体，小篆字体还原如下：

豐國監提點司印造　尚書門下中書頒行

现就"通行会宝"钞版文字、性质等进行专题探讨。

图2　"丰国监提点司印造"等文字的水平翻转图

一、典籍中的"通行会宝"

关于"通行会宝",中国历代典籍虽未见记载,但在越南古代汉文典籍中却有明显的踪迹。越南古代的官修正史《大越史记全书》中,对陈朝印钞有较为确切的记载:"(陈顺宗光泰九年,明朝洪武二十九年,即1396年)夏四月,初行通宝会钞。印成,令人换钱,每钱一镪(笔者按:"镪"本是指银两,在安南被用作铜钱的计量单位,等同"贯")取钞一缗二陌。其法:十文幅画藻,三十文幅画水波,一陌画云,二陌画龟,三陌画鳞,五陌画凤,一缗画龙。伪造者死,田产没官。禁绝铜钱,不得私藏私用,并收入京城鳌池及各处治所。犯之者罪如之。"(吴士连等,2015:411)引文确切记载了安南陈朝在1396年发行了纸币——"通宝会钞",分十文、三十文、一陌、二陌、三陌、五陌、一缗共七种面值,其中最大面值为"一缗",即一贯,其钞版图案是龙纹。这都与广西钱币博物馆藏"通行会宝"钞版信息较为吻合,钞版主要图案是龙纹,只是"通行会宝"被称作"通宝会钞","壹贯"被称作"一缗","伪造者斩,赏告如律"被称作"伪造者死,田产没官"。《大越史记全书》在陈朝和后黎朝多次编修,文字有所变动,具体史实描述取意,大意不变,也属正常现象,如同间接引语和直接引语的区别。

此外,《大越史记全书》还有一段关于伪造宝钞的记载:"(陈少帝建新二年,明朝建文元年,即1399年)八月,盗阮汝盖窜铁山,伪造宝钞行使。"(吴士连等,2015:419)即在陈朝发行纸币数年之后,有强盗阮汝盖伪造纸币行使,《大越史记全书》称为"宝钞",与宗主国明朝在洪武八年(1375)发行的"大明通行宝钞"简称相同,但明朝纸币不流通于安南。阮汝盖伪造的一定是陈朝发行的纸币,即《大越史记全书》此前所称"通宝会钞",也即实际上"通行会宝"。

二、"丰国监提点司"考释

"通行会宝"钞版右侧中部有一竖排小篆文字:"丰国监提点司印造",指出了该钞版的印造机构——丰国监提点司。"丰国监"在中国典籍中确指宋朝在建州(今福建建瓯)设立的铸造铜钱的机构,如《宋史》载:"时铜钱有四监:饶州曰永平,池州曰永丰,江州曰广宁,建州曰丰国。京师、昇鄂杭州、南安军旧皆有监,后废之。凡铸钱用铜三斤十两,铅一斤八两,锡八两,得钱千,重五斤。唯建州增铜五两,减铅如其数。至道中,岁铸八十万贯;景德中,增至一百八十三万贯。大中祥符后,铜坑多不发。天禧末，铸一百五万贯。" （脱脱等，1977：4379）又如："元丰七年（1084），王子京为福建转运副使，言'建州腊茶，旧立榷法，自熙宁权听通商，自此茶户售客人茶甚良，官中所得惟常茶，税钱极微，南方遗利，无过于此，乞仍旧行榷法。……建州卖私末茶，借丰国监钱十万缗为本。'"（脱脱等，1977：4505）有研究者认为该钞版出现了"丰国监"字样，推测该钞版是宋代钞版，其实是误读。丰国监是宋朝设在建州的铸钱机构，从未有印钞的记载，宋朝铸钱和印钞是完全不同的机构，宋朝丰国监从未印造纸钞是不争的史实，不能因为该钞版上有"丰国监"字样就认定是宋代钞版。

《大越史记全书》留下了胡朝官制中"丰国监"的记录："（胡朝汉苍开大三年，明朝永乐三年，即 1405 年）季氂贬阮景真升华路安抚使，以丰国监管干阮彦光为宣抚使，兼新宁镇制置使。"（吴士连等，2015：429）胡朝是陈朝权臣胡季氂建立的，官制沿袭陈朝，且丰国监管干阮彦光为宣抚使一事是在 1405 年，距陈朝发行纸币的 1396 年仅 10 年，此时"丰国监"职能应与陈朝发行纸币的"丰国监"相似或一致，可以推定陈朝存在印造"通行会宝"的主管机构——"丰国监"。

除"丰国监"外，安南陈朝官制中的"管干"和该印版上的"提点司"，也都带有明显的中国宋朝官制的影子。《宋史》载："又诏：'杭州洞霄宫、亳州明道宫、华州云台观、建州武夷观、台州崇道观、成都玉局观、建昌军仙都观、江州太平观、洪州玉隆观、五岳庙自今并依嵩山崇福宫、舒州灵仙观置管干或提举、提点官。'……（熙宁）六年，诏：'卿、监、职司以上提举，余官管干。'"（脱脱等，1977：4081）"绍圣元年，罢户部干当公事，置提举、管干官，复行免役、义仓，厘正左、右曹职，依元定官制。"（脱脱等，1977：3848）"崇宁三年（1104），置京西北路专切管干通行交子所，仿川峡路立伪造法。通情转用并邻人不告者，皆罪之；私造交子纸者，罪以徒配。四年，令诸路更用钱引，准新样印制，四川如旧法。"（脱脱等，1977：4404）"既而诏河北东西、淮南运司，府界提点司，如人户已尝差充正夫，其免夫钱皆罢催。"（脱脱等，1977：4331）"帝乃命提点司究所从升降，仍严升降之法，畿民不愿输钱免役，县案所当供役岁月，如期役之，与免输钱。"（脱脱等，1977：4301），等等。以上可以看出，"管干"和"提点司"分别是中国宋朝官制中的常设官职和机构。安南从丁朝开始，主要以中国藩属国的形式存在，其官制多借鉴中国官制，尤其是陈朝。"陈朝中后期儒家文化阶层崛起，陈朝在政治制度上对中国唐、宋模式的借鉴程度逐渐加深，在行政职官体系上中华化的倾向已经十分明显。……陈朝在职官机构和名称上参用唐、宋官制，尤其是在高层职官体系的设置上越来越多地以中国唐、宋体制为典范，但亦非完全照搬，在职能分配上有依据国内政治现状作出本土化的调整"（梁允华，2015：86－87）。

安南陈朝"丰国监""管干""提点司"应是借鉴了中国宋朝官制的相关名称，具体职能则根据陈朝国情进行了本土化的调整，与中国宋朝官制名称相同而职能有异。

三、"尚书门下中书"考释

"通行会宝"钞版有"尚书门下中书颁行"字样，字面上看"尚书门下中书"是安南陈朝"通行会宝"的发行机构。"尚书""门下""中书"是中国封建社会官制中著名的"三省"，《宋史》载："宋承唐制，抑又甚焉。三师、三公不常置，宰相不专任三省长官，尚书、门下并列于外，又别置中书禁中，是为政事堂，与枢密对掌大政。天下财赋，内庭诸司，中外筦库，悉隶三司。"（脱脱等，1977：3768）可见，三省是当时中央官僚机构的核心，负责中央政令的草拟、审核和执行。

安南历来注重学习借鉴中国唐宋官制，"（李太宗明道元年，北宋庆历二年，即1042年）帝为之恻然，命中书删定律令，参酌时世之所适用者，叙其门类，编其条贯，别为一代刑书，使观者易知。书成，诏颁行之，民以为便"（吴士连等，2015：173）。"（陈圣宗绍隆十年，南宋咸淳三年，即1267年）选用儒生能文者，充馆阁省院。时邓继为翰林院学士，杜国佐为中书省中书令，皆文学之士也。旧制，非内人不得为行遣，未尝用文学之士。文学得柄用，自此始"（吴士连等，2015：280）。"（陈明宗开泰二年，元朝泰定二年，即1325年）秋八月，颁降新定诸例。旧制，官朝、圣慈行遣司，及内书火局，并谓之内密院。至是改行遣司为门下省，而内书火局仍旧内密院"（吴士连等，2015：344）。"（陈裕宗绍丰四年，元朝至正四年，即1344年）改圣慈行遣司为尚书省，官朝行遣司仍旧门下省"（吴士连等，2015：361）。以上文献记载了安南李朝"中书"删定律令，陈朝选用文学之士为"中书省中书令"，改安南皇帝"官朝行遣司"为"门下省"，改太上皇的"圣慈行遣司"为"尚书省"，可以看出安南的"尚书""门下""中书"名称借鉴自中国唐宋官制，虽职能与唐宋官制不尽相同，但同样属于中央核心官僚机构，且在陈朝发行纸币之前都已设置。安南陈朝发行纸币，是陈朝的重大事件，经尚书、门下、中书颁行是情理之中的事。

四、"通行会宝"与"大明通行宝钞"比较

安南陈顺宗光泰九年（1396）发行"通行会宝"纸币，距明朝洪武八年（1375）发行"大明通行宝钞"仅21年。当时明朝主要使用纸币，作为明朝藩属国的陈朝不可避免地受到宗主国货币制度的影响，其效仿明朝宝钞制度发行纸币是自然的事情。

该"通行会宝"钞版有明显的"大明通行宝钞"的影子。"大明通行宝钞"的情形如何呢?《明史》载:"(洪武)七年(1374),帝乃设宝钞提举司。明年(洪武八年,即1375年)始诏中书省造大明宝钞,命民间通行。以桑穣为料,其制方,高一尺,广六寸,质青色,外为龙文花栏。横题其额曰'大明通行宝钞'。其内上两旁,复为篆文八字,曰'大明宝钞,天下通行'。中图钱贯,十串为一贯。其下云'中书省奏准印造大明宝钞与铜钱通行使用,伪造者斩,告捕者赏银二十五两(应为"二百五十两",笔者按),仍给犯人财产。'若五百文则画钱文为五串,余如其制而递减之。其等凡六:曰一贯,曰五百文、四百文、三百文、二百文、一百文。每钞一贯,准钱千文,银一两;四贯准黄金一两。禁民间不得以金银物货交易,违者罪之;以金银易钞者听。遂罢宝源、宝泉局。越二年,复设宝泉局,铸小钱与钞兼行,百文以下止用钱。商税兼收钱钞,钱三钞七。十三年(1380),以钞用久昏烂,立倒钞法,令所在置行用库,许军民商贾以昏钞纳库易新钞,量收工墨直。会中书省废,乃以造钞属户部,铸钱属工部,而改宝钞文'中书省'为'户部',与旧钞兼行。"(张廷玉等,1974:1962)

图3 "大明通行宝钞"钞版（贵州省博物馆藏）

"二十二年(1389)……更造小钞,自十文至五十文。……令大明宝钞与历代钱兼行,钞一贯准钱千文,提举司于三月内印造,十月内止,所造钞送内府充赏赉。"（张廷玉等,1974:1962 – 1963）历史文献表明,明代洪武年间印造了"大明通行宝钞",分一贯、五百文、四百文、三百文、二百文、一百文六种面值,后又发行面值十文到五十文的小钞,其中,一贯为最大面值,钱图为十串的一贯钱,花栏为龙纹,并铸有"伪造者斩"等法律条文,以及"中书省（后为户部）奏准""宝钞提举司印造"等官署名称及职能。

安南发行的"通行会宝"有明朝"大明通行宝钞"（图3）的影子是显而易见的,具体见表1。

表1 "大明通行宝钞"与"通行会宝"比较表（壹贯类型）

钞名	"大明通行宝钞"	"通行会宝"
面值	壹贯	壹贯
印造机构	宝钞提举司	丰国监提点司
颁行机构	中书省（后为户部）	尚书门下中书
形制布局	竖长方形，花栏套字	竖长方形，花栏套字
文字	汉字	汉字
字体	楷书、九叠篆	楷书、小篆
花栏	龙纹	龙纹
钱图	十串壹贯钱	十串壹贯钱
律条	伪造者斩，告捕者赏银二百五十两，仍给犯人财产	伪造者斩，赏告如律

五、"通行会宝"的流通状况

"通行会宝"自陈顺宗光泰九年（1396）颁行，一直流通。数年后，权臣胡季犛废陈少帝，建立胡朝。胡朝是否会继续行用"通行会宝"呢？答案是肯定的。

"通行会宝"是胡季犛当权时印造的，时胡季犛"为入内辅政太师、平章军国重事、宣忠卫国大王，带金鳞符"（吴士连等，2015：411），权倾朝野，发行"通行会宝"应当出自他的擘画和决断，再加上"通行会宝"上没有国号、年号，不影响在新朝的使用。

胡季犛僭位不久，将皇位传给儿子胡汉苍，自称太上皇。在胡季犛和胡汉苍主政的胡朝，留下了明确的使用纸钞的记录："汉苍立限名家奴法，照依品级有差。余者上进，每人还钞五缗。……汉苍置常平仓，给钞诸路，依价籴谷以实之。"（吴士连等，2015：422）"汉苍新定诸税例。田租，前朝亩征粟三升，今征五升。桑洲，前朝亩征钱九锣，或七锣，今征上等亩钞五缗，中等钞四缗，下等钞三缗。丁男岁供钱，前征三锣，今照田，止五高征钞五陌，六高至一亩征一缗，一亩一高至五高征一缗五陌，一亩六高至二亩征二缗，二亩一高至五高征二缗六陌，二亩六高以上征三缗。丁男无田，及孤儿寡妇有田，停征。"（吴士连等，2015：24）"季犛自以年七十，赐诸路父老七十以上爵一资，妇人赐钞，京城赐爵及醣。"（吴士连等，2015：430）从以上史料看，胡朝时期，政府用纸钞五缗作为偿付一名奴婢的价值，政府发钞购买谷物充实常平仓，政府征收田租、丁税以钞计价，政府赏赐用钞，等等。可见纸钞广泛用于胡朝的计价、贸易、税收、赏赐等社会生产生活。史料虽未明言"钞"的名称，考虑到"通行会宝"就是胡季犛推行的，且无国号、年号限制，史籍也没有胡朝篡立后新发行纸钞的记载，此时胡朝社会中广泛存在的"钞"应是陈朝末年发行的"通行会宝"无疑。

从越南古代典籍中也发现了"通行会宝"纸钞滥发贬值的迹象："（汉苍）置市监，颁秤尺升斗，定钞价，使相贸易。时商贾多嫌币钞。又立拒斥高价闭肆护助之条，以罪之。"（吴士连等，2015：424－425）这说明胡朝时钞价是变动的，不是陈朝最初发行时"每钱一镪取钞一缗二陌"的固定价格，即发钞时纸钞一贯二百文等于铜钱一镪，而是由市监适时确定钞和钱的价格；此外，由引文可知商贾中存在嫌弃纸钞、抬高物价甚至闭肆的情况，这都隐含着安南政府滥发纸钞导致纸钞贬值、物价高涨的事实。由此可以看出，安南发行"通行会宝"纸钞，也不可避免地存在中国宋金元明等王朝发行纸钞的通病。安南发行"通行会宝"的榜样——"大明通行宝钞"由于滥发贬值，到明朝中期的弘治、正德年间就基本废止不行了。

胡朝的篡立最终激怒了明朝永乐皇帝，永乐帝派大军南征，俘获了胡季犛和胡汉苍，胡朝（1400—1407 年）仅存七年就灭亡了。此后，明朝政府"郡县安南"，在安南设交趾承宣布政使司（简称"布政司"），直接将安南纳入明朝统治版图。随着胡朝的覆灭，"通行会宝"也迎来被废止的命运。史籍对这一点虽未明确记载，但明朝不会认同前藩属国发行的纸钞是不争的事实，明朝派驻官员认可的是铜钱，此时安南社会计价采用的是铜钱，如"（明永乐十六年）夏四月，明敕本国府县州栽种胡椒，今已郁茂，特遣内官李亮前来采取进用。自是有司督促，每一苗直钱五镪"（吴士连等，2015：459），即明朝交趾省一株胡椒苗值铜钱五贯，已经不再是胡朝以钞计价的情形了。

"通行会宝"随着胡朝的灭亡退出了历史舞台。在明朝直接在交趾设布政司期间，安南旧地出现以黎利为首的抵抗势力。这股势力最终击败了明朝政府在交趾地区的统治力量，并建立了后黎朝。在黎利集团反抗明朝统治和建立后黎朝期间，安南地区未再使用过纸钞。《大越史记全书》载："（宣德二年，1427）定伪官妻妾奴婢赎钱例，布政司妻七十镪，下至生员、土官、承差、伴当等妻十镪。男女奴婢，自十岁以下，十镪之半。"（吴士连等，2015：484）"录东关城土块战功，赏以银牌钱绢。"（吴士连等，2015：485）"颁新铸钱（即天庆所铸也）赏东关城门战阵之功。"（吴士连等，2015：489）"（宣德三年，1428）铸顺天通宝钱（笔者按：安南此时铸造的是"顺天元宝"，不是"顺天通宝"），用五十文为一陌。初，陈太宗建中二年（南宋宝庆三年，即 1227 年），诏民间用一陌六十九文，正用七十文。"（吴士连等，2015：505）黎利抵抗势力规定的赎金用的是铜钱，单位是锱，赏赐战功用银牌钱绢。黎利抵抗势力还铸造了"天庆通宝""顺天元宝"等铜钱流通。黎利建立后黎朝之初，还专门在朝廷讨论钱法："（宣德四年，1429）秋七月五日，旨挥大臣百官中外文武臣僚等会议钱法。诏曰：'夫钱，乃生民之血脉，不可无也。我国家本产铜穴，且旧铜钱已被胡人销毁，百仅一存。至今军国之务，屡为匮乏。求其流通使用，以顺民情，岂不难哉。昨有上书，陈言使以钞代钱。朕夙夜思惟，未得其道。盖钞者乃无用之物，行于有用之民，甚非爱民用财之意。'"（吴士连等，2015：508）后黎朝以皇帝诏书的形式对发钞进行了定性，认为纸钞是无用之物，不能体现爱民用财的初衷。此后，也未见后黎朝印行过纸钞。

可见，"通行会宝"在陈朝末年和胡朝期间广泛流通，即从1396年至1407年，通行约12年，流通中也出现了滥发贬值的情况，并在明朝灭胡朝后废止。

概言之，广西钱币博物馆收藏的"通行会宝"钞版，是安南陈朝顺宗光泰九年（明朝洪武二十九年，即1396年）印造颁行纸币的印版，是其中最大面值的"壹贯"类型。该一贯钞版印文为"通行会宝　壹贯　丰国监提点司印造　尚书门下中书颁行　伪造者斩　赏告如律"。"通行会宝"上的官职名称借鉴了中国唐宋官制，其具体职能则根据国情进行了本土化的调整，与中国宋朝官制名称相同而职能有异。安南"通行会宝"的印造颁行直接模仿借鉴了宗主国明朝的"大明通行宝钞"。"通行会宝"流通于陈朝末年和胡朝时期，即1396年至1407年。"通行会宝"壹贯钞版是现存仅见的古代安南官府发行纸币的印版，具有很高的历史文化价值。

参考文献：

梁允华，2015. 从爵本位到官本位：十至十五世纪越南官制变迁史研究［D］. 郑州：郑州大学.

脱脱等，1977. 宋史［M］. 北京：中华书局.

吴士连等，2015. 大越史记全书［M］. 重庆：西南师范大学出版社.

张廷玉等，1974. 明史［M］. 北京：中华书局.

广西发现一批秦半两钱币的科学分析及相关问题的探讨

黄启善　唐剑玲　廖林灵　韦文俊　廖才兴

（广西钱币学会）

摘　要： 2017年10月，广西象州县的泉友在该县运江镇新运村委谢家村西面的柳江河河滩和岸上，发现一批秦半两钱币和铜箭镞，随后，广西文物保护与考古部门派员实地考察并进行试掘，文物考古人员在考古调查和发掘中也发现半两钱币和铜箭镞。这是广西首次经过科学考古调查和发掘获得秦半两钱和铜箭镞，意义非凡。本文以象州发现秦半两钱币和伴随出土（水）铜箭镞为主线，对广西发现的秦半两钱币作了一次深入的研究，并就秦时在象州置桂林郡等相关问题进行探讨。

课题组对广西象州发现的秦半两钱币进行了分类，结合陕西等地考古出土的半两钱币及其墓葬断代成果，为广西象州发现的秦半两钱币的年代进行类型学判断和技术源流考察，使用X射线荧光分析法对广西发现的秦半两钱币作合金成分分析，并与其他地区发现的秦半两钱币作了比较研究。对同时出土（水）的铜箭镞作了分析和比较研究。针对在象州发现的秦半两钱币和铜箭镞上有黑色致密锈蚀层，作了X射线荧光分析。课题组的研究表明：象州发现的秦半两钱币和铜箭镞，地点明确、年代清楚，这不仅是广西首次发现，而且秦半两钱币和铜箭镞一同出土（水）在全国也是罕见的。这些半两钱币经科学合金成分分析，与秦国故都以及其他地区出土的秦半两钱币完全相同，说明在象州谢家村发现的半两钱币无疑是秦国铸造的钱币。因此，从某种意义上说，秦国货币经济、文化已深入广西地区，这填补了广西以前未发现秦货币文化的空白。这些半两钱币是广西早在秦代即列入中央版图的有力物证。广西象州秦半两钱币和铜箭镞一同出土（水）的现象，为研究秦时桂林郡治所置于象州军田之说提供了新的实物例证，尤其是这些秦半两钱币和铜箭镞在柳江河谢家村段的河滩和岸上均有发现，为人们提供了秦军与当地土著——骆越人在江上激战等许多遐想，甚至支持了史学家认为秦军"鸠占鹊巢"而置桂林郡的学说。

关键词： 广西；秦半两；钱币；比较研究

从 21 世纪开始，广西泉友开始报道广西发现秦半两钱币的消息，如周庆忠（2018）在《广西钱币研究集萃 2018》发表《对桂林发现的窖藏秦半两探索》一文，报道了 2006 年在桂林市雁山区良丰村良丰河南岸 200 余米的一处土岭上，村民在种植淮山时发现秦半两钱币，有几十千克，分三处入窖，距地表 1 米多深。周庆忠收集了 72 枚，现存放在桂林钱币学会陈列馆并对外展示。这些秦半两钱币的出土，虽未经科学的考古调查和发掘，但钱币本身所折射出的信息，可作为研究广西发现的秦半两钱币的一个参考。

2017 年 10 月，广西象州县泉友在该县运江镇新运村委谢家村西面的长约 1 000 米、宽约 800 米范围内的柳江河河滩及岸上发现一批半两钱币和铜箭镞。当地群众即向有关文物管理部门报告，经区、县有关文物管理部门派员实地调查，并从群众手中收集铜箭镞、半两钱币等文物 300 多件。广西文物保护与考古研究所派员实地考察并进行试掘，广西钱币学会也三度派员实地考察，同时中国钱币博物馆杨君博士也参与了对钱币的鉴别工作。这批半两钱币虽多数是由泉友采集，但泉友能指出其散布的地点，更重要的是广西文物考古人员在考古调查和发掘中也发现了半两钱币和铜箭镞。由此可以认为，这是广西首次经过科学考古调查和发掘获得秦半两钱币和铜箭镞，来源清楚，地点明确，意义非凡，价值不言而喻。而且为史学界先前提出的秦置桂林郡于象州之说，添加了新的物证。此次发现不仅轰动了史学界，也惊动了新闻媒体，全国不少报刊纷纷报道。

一、广西发现秦半两钱币概况

公元前 221 年，秦始皇统一六国之后，立即派众兵"南征百越"，屠睢率领 50 万秦军攻打岭南。秦军的进攻，遭到当地百越民族的顽强抵抗，秦军三年不解甲也无法攻克。秦始皇乃命监御史禄督率将士修建灵渠，通湘漓，运粮饷，秦始皇三十三年（公元前 214 年）秦军占领岭南。随即，秦始皇在岭南地区设置桂林郡、象郡和南海郡。由此，秦半两钱币也随之进入岭南流通。在某种意见上说，在广西发现的秦半两钱币，也曾为促进广西地区货币经济、文化的发展产生过积极的影响。现将广西发现秦半两钱币的过程叙述于后：

（一）河滩上发现的半两钱币和铜箭镞

2017 年 10 月，象州县运江镇新运村委谢家村西边的柳江河开始进入枯水期，随着水位的下降，河滩显露，尤其是这里曾有挖沙船捞沙，谢家村这一段的柳江河形成了一道狭窄且较深的河床，紧临谢家村的河滩更加显得开阔抢眼，河滩最宽的地方达百余米（图1、图2）。

图1　象州县运江镇新运村委谢家村柳江河河滩发现半两钱币和铜箭镞的地理位置示意图

图2　象州县运江镇新运村委谢家村西边柳江河显露的宽阔河滩上发现半两钱

该县泉友在柳江河河滩探宝时首先发现半两钱币，随后的两个月时间里，他们还发现了大量的铜箭镞（图3、图4、图5）。2018年春节前，这一重要发现在民间流传。象州县收藏家协会会长陆干斌先生知悉后，立即向有关文物管理部门报告。2018年2月9日，象州县文物管理所接到信息，在象州县运江镇新运村委谢家村河滩有人挖掘出铜箭镞和半两钱。县文物部门工作人员立即到现场察看，通过走访确认出土有铜箭镞和半两钱等文物，并向来宾市文化新闻出版广电局和广西壮族自治区文物局汇报。2018年3月2日象州县人民政府发布《象州县人民政府关于严厉打击在柳江河象州段内挖掘文物的通告》。通过宣传文物保护法和做思想工作，3月23日群众主动捐出铜箭镞348枚，半两钱1枚。县政协移交铜箭镞49枚，半两钱9枚。所有文物已全部移交给象州县博物馆收藏。

图3　象州泉友在柳江河河滩上取出半两钱币和铜箭镞后留下的小坑现场分布情况（局部）

图4　象州出水的秦半两钱币　　　　图5　象州出水的铜箭镞

2018 年 3 月 12 日，象州县文化体育广电局局长银玲带队到广西壮族自治区文物局作专题汇报。2018 年 3 月 15 日，广西文物保护与考古研究所根据广西壮族自治区文物局的指示精神，派出覃芳研究员会同南宁市博物馆马东辉、象州县文物管理所韦文俊等进行实地考古调查和试掘（图 6）。3 月 17 日中午，由于柳江河上游下大雨，河水上涨，发掘探方被水淹没，发掘工作被迫暂停，待冬季水退后才继续进行。可是天有不测风云，2018 年冬季天气反常，仍雨水不断。至 2019 年 7 月 11 日，当文物工作者再度到谢家村时，柳江河再现洪峰，河滩已被河水淹没，水位涨至码头，导致人已无法下到河滩（图 7）。

图 6　广西文物保护与考古研究所进行考古试掘的探方

图 7　2019 年 7 月 11 日，柳江河谢家村段出水秦半两钱币和铜箭镞的河滩已被洪水淹没

2018 年 3 月 24 日至 25 日，广西文物保护与考古研究所所长林强，广西壮族自治区博物馆原馆长、研究员黄启善会同广西钱币博物馆馆长潘信豪前往象州，在当地文化管理部门领导和专业人员陪同下一起考察了柳江河谢家村段的河滩出水半两钱币和铜箭镞等文物的情况，并对象州县博物馆从泉友中收集到的 10 枚半两钱币、397 枚铜箭镞进行鉴定，确认这些钱币和铜箭镞为秦时文物。有明确出土地点可考的秦半两钱币在广西考古中尚属首次发现（图 8、图 9）。

图 8　2018 年 3 月 24 日广西壮族自治区、县文物工作者在河滩上考察秦半两钱币等文物出水情况

图 9　广西钱币工作者在象州博物馆鉴定在柳江河河滩谢家村发现的半两钱币和铜箭镞

2018 年 4 月 2 日至 3 日，中国钱币学会、广西钱币学会、来宾钱币学会共同组成调研组再次前往象州县进行调研（图 10）。参加此次调研的有中国钱币学会副秘书长、副研究员杨君，广西钱币学会副会长、广西钱币博物馆馆长潘信豪，广西壮族自治区博物馆原馆长、研究员黄启善，来宾钱币学会会长唐海、秘书长陈秋红，广西师范大学考古与博物馆学硕士生莫华妮、王瑞东，象州县文化体育广电局局长银铃、副局长覃良年，象州县博物馆馆长韦文俊，象州县政协文教委主任廖才兴，象州县收藏家协会会长陆干斌等人。调研组一行对发掘现场进行查勘，模拟了发现过程。在距河滩表面深 15 厘米处发现一枚铜箭镞（图 11），并发现了明清时期的钱币，如万历通宝、乾隆通宝等。由此可以认为这里所发现的文物并不是很单纯的，洪水带来的泥沙及伴随物是无法估量的。但这些秦半两钱币和铜箭镞又从何而来呢？与河滩相连的河岸上，在谢家村居民房屋和牛圈等建筑的土墙上也发现了半两钱币和铜箭镞，这能否为解答秦半两钱币和铜箭镞从何而来提供一些信息呢？

图 10　调研组在现场考察

图 11　柳江河谢家村段河滩发现铜箭镞现场

2018 年 4 月 3 日，杨君、黄启善等专家在象州县博物馆对出土（水）的 10 枚半两钱币和伴出的 397 枚铜箭镞进行了鉴定（图 12）。通过鉴定，专家们一致认为在半两钱中：有战国秦铸半两钱币 4 枚，秦、汉初半两钱币 5 枚，汉半两（四铢半两）钱币 1 枚。青铜箭镞绝大部分属秦代。

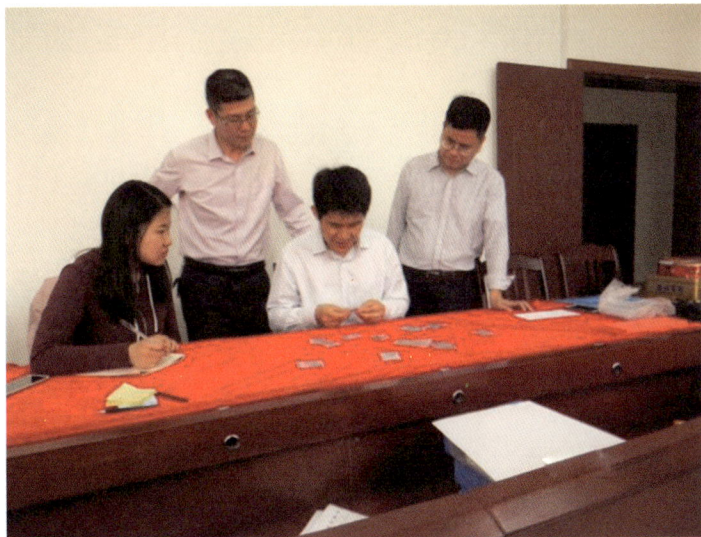

图 12　杨君（右二）在鉴定象州发现的半两钱币

（二）岸上发现的半两钱币和铜箭镞

2018 年春节后，象州县泉友在岸上的谢家村居民房屋的土墙勘查时发现半枚半两钱（图13）。

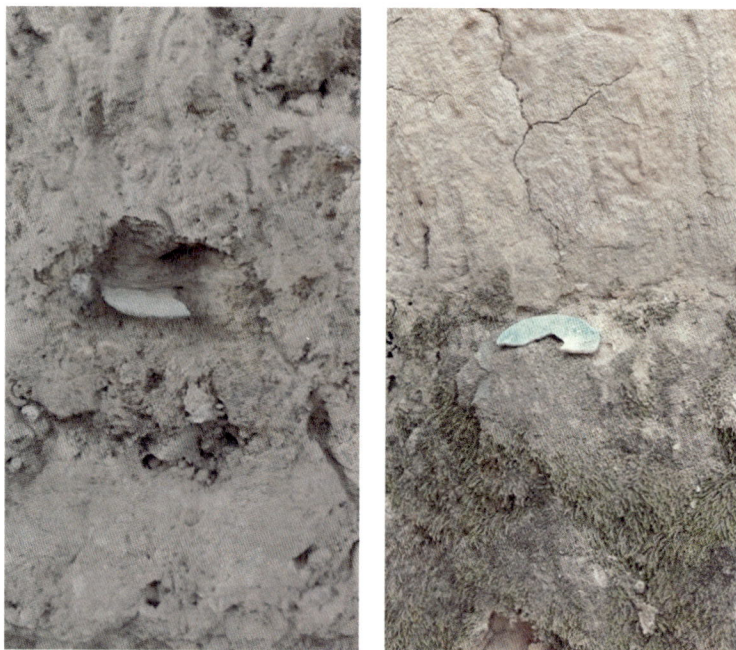

图 13　谢家村房屋土墙上发现的半枚半两钱币（陆干斌拍摄）

2018 年 4 月 11 日，广西文物保护与考古研究所何安益、杨清平、梁优、陈晓颖、韦旋、袁增箭会同象州县博物馆韦文俊等 8 人对岸上谢家村房屋土墙进行调查（图14），在岸上通往柳江河河滩的路边的谢家居民房屋土墙上，因雨水冲刷而暴露出一枚半两钱币（图15）。

图 14　广西文物保护与考古研究所何安益、梁优等 8 人对岸上谢家村房屋土墙进行调查

图 15　谢家村居民房屋土墙上因雨水冲刷而暴露的半两钱币

　　2019 年 7 月 11 日，广西壮族自治区博物馆原馆长黄启善研究员、廖林灵馆员，广西钱币博物馆潘信豪馆长，象州县文化广电和旅游局覃良年副局长，象州县博物馆廖江涌，象州县收藏家协会会长陆干斌等一行 8 人再度前往运江镇谢家村。这次的主要

任务是对岸上发现的半两钱币和铜箭镞进行调查。一行人到达目的地时，已是 13 点 47 分，当走到曾出土半两钱币的地方时，土墙已被推倒，询问正在清理场地的谢老汉，他说：根据上级有关扶贫政策规定，贫困户凡得到政府资金扶持建新房的，原旧房要推倒拆除。为此，他于早上 8 时开始拆除土墙，考察人员到来之时刚好拆完所有土墙（图 16）。

图 16　发现半两钱币的土墙被推倒

经过与谢老汉交谈方知这一旧房是 20 世纪 80 年代初建造的，夯墙用的泥土是在柳江河岸边取来的，与土墙房相距约 50 米。谢老汉带考察人员去看了取土的地方，原取土处已被垃圾充填，地表野草丛生，整个地貌无法鉴别，但从旁边裸露的泥土观察，土质土色与土墙相似。据谢老汉回忆，1994 年，柳江河发洪水，洪峰曾涨到高出堤岸三四十厘米。

墙泥取土的地方现呈椭圆形的土堆，西面紧临柳江河，东面为居民房屋群落，南面有一条小路通往柳江河河滩，也是秦半两钱币和铜箭镞出水的地方，取土处本当是下凹之坑，但这坑已被填充，并且突出地面，土堆表面野草丛生（图 17）。

为了寻找更多的线索，考察人员冒着酷暑，不顾蚊子的叮咬，在村周围和已推倒的泥土墙中进行勘查，功夫不负有心人，在 14 点 30 分时，在已推倒的泥墙中发现了一枚战国时期的青铜箭镞（图 18）。这是象州发现的 400 多枚青铜箭镞中，唯一在岸上发现的一件。

图 17　发现半两钱币和铜箭镞的土墙是
　　　　在这个土堆取的土

图 18　土墙中发现的铜箭镞

经过勘查，在已推倒的土墙根又发现半枚半两钱币，仅保留"两"字一边（图19、图20）。据陆干斌介绍，2018 年春节前，象州泉友也曾在这里土墙上发现半枚钱币，且保留着"半"字，有可能与泉友先前捐给广西壮族自治区博物馆的仅留"半"字的半枚钱币是同一个，经合并，两者完全吻合，有着破镜重圆的韵味（图21）。至今，象州在岸上发现半两钱币已达两枚，铜箭镞一枚，在已推倒的墙土中是否还保存有钱币和箭镞等文物，要揭开谜团，期待考古部门对所有墙土过筛拣选方知其真相。

图 19　半枚半两钱币在土墙根出土现场

图 20　2019 年 7 月 11 日发现半枚半两钱币　图 21　与 2018 年发现的半枚半两钱币合并

对象州发现的半两钱币和铜箭镞进行统计，共有战国时秦铸半两钱币 6 枚、秦半两钱币 8 枚、汉半两（四铢半两）钱币 1 枚、青铜箭镞 404 枚。这些文物现分别收藏于广西壮族自治区博物馆、广西钱币博物馆、象州县博物馆（表 1）。

表 1　象州县谢家村出土（水）半两钱币和铜箭镞统计表

序号	收藏单位	数量（枚）			
		战国秦铸半两	秦半两	汉半两	铜箭镞
1	广西壮族自治区博物馆	1	2		6
2	广西钱币博物馆	1			1
3	象州县博物馆	4	6	1	397
	合计	6	8	1	404

这些半两钱币的发现，无论是河滩还是岸上出土（水）的都是单个发现，无法判断是属于墓葬随葬品还是窖藏品，因此，要弄清其来源仍期待新的考古发现。尽管如此，我们仍依据半两钱币本身所显示的时代特征，对其进行了科学金属成分分析和其他相关问题的探讨。

（三）桂林发现的秦半两钱币

2006 年，桂林钱币学会会员周庆忠在泉友中发现一批秦半两钱币，经其追踪查源，发现这些钱币来自桂林市雁山区良丰村良丰河南岸 200 余米的一处土岭上。周庆忠收集了 72 枚，现存放在桂林钱币学会陈列馆。为了进一步了解桂林发现的秦半两钱币的内涵，我们从桂林钱币学会陈列馆收藏的 72 枚半两钱币中抽取 10 枚作了合金成分分析。

（四）与秦半两钱币伴随出土（水）的箭镞

到目前为止，象州县谢家村已发现箭镞 404 枚，其中在柳江河谢家村民房土墙上发现 1 枚，其余 403 枚全都是在柳江河谢家村段的河滩中发现的，具有三棱形铁铤、铜铤箭镞，这些箭镞除了 4 枚特异外，其余 400 枚都与中原地区发现的战国青铜箭镞相似。

二、广西半两钱币的分类与特征

（一）象州发现秦半两钱的分类

广西象州发现秦半两钱币 14 枚，其中现藏于象州县博物馆的 X–09 号钱体残缺较多，不列入分类分型，其余 13 枚按直径、穿径、厚度、重量、钱型等元素为依据，将其分为如下三种类型。

1. A 型 5 枚

钱文字体瘦长，"半"字下横短但不明显，"两"字上横短于下部但差距不大，且高于穿上沿。背面素平。无内、外廓。直径在 3 厘米以上，重量多在 5 克（依高奴秦权计，约为 8 铢）以上，具有典型的铸造浇道，如：

（1）标本 X–01，直径 3.3 厘米，穿径 0.9 厘米，厚 0.3 厘米，重 10.0 克，象州县博物馆藏（图 22）。

（2）标本 Q–01，直径 3.1 厘米，穿径 0.7 厘米，厚 0.3 厘米，重 10.9 克，广西钱币博物馆藏（图 23）。

总体形制不规整；有明显的范铸脱范特征，由背到面之剖面呈梯形，推测是以国家博物馆藏石质半两钱模为原型（图 24）。

有不对称的浇道残留，浇道截断方式或为敲击截断，导致浇道残留部位有向内的凹痕，推测为类似凤翔所出铜范中分流浇道上的第一枚和第三枚。

"半"字总体修长，上部呈"L"形，下横与上横长度几乎相等，从中部向两侧倾斜，为铸造时冷却所致。"两"字总体修长，左侧随型，上横与下部长度几乎相等，超出穿孔的上沿，中呈双"人"造型，从中部向两侧倾斜（图 25）。

图 22　A 型（标本 X-01）

图 23　A 型（标本 Q-01）

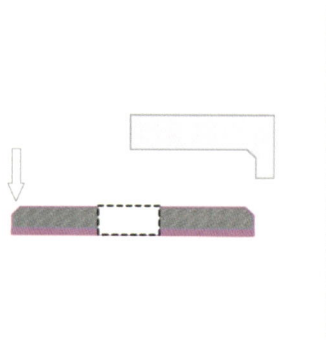

图 24　标本 X-01 剖面及脱模示意图　　图 25　标本 X-01 拓片（廖林灵拓）

　　（3）标本 X-02，直径 3.0 厘米，穿径 0.6 厘米，厚 0.2 厘米，重 9.7 克，象州县博物馆藏（图 26）。

　　总体形制不规整；有范铸脱范特征，由背到面之剖面呈梯形。"半"字总体修长，上部呈"L"形，下横略短于上横，从中部向两侧倾斜，为铸造时冷却所致；"两"字总体修长，左侧随型，上横短于下部，超出穿孔的上沿，中呈双"人"造型，从中部向两侧倾斜。

同样的标本在宜宾博物馆就藏有相似者。

图 26　A 型（标本 X-02）

（4）标本 X-03，直径 3.3 厘米，穿径 0.9 厘米，厚 0.1 厘米，重 5.2 克，象州县博物馆藏（图 28）。

图 27　A 型（标本 X-03）

（5）标本 X-04，直径 3.2 厘米，穿径 1.0 厘米，厚 0.2 厘米，重 7.2 克，象州县博物馆藏（图 28）。

图 28　A 型（标本 X－04）

2. B 型 6 枚

钱文字体瘦长或方正，"半"字下横短，"两"字上横短于下部，部分仅与穿孔的上沿齐平。背面素平。无内、外廓。具有典型的铸造浇道口，如：

（1）标本 G－01，直径 2.7 厘米，穿径 1.0 厘米，重 3.3 克，广西壮族自治区博物馆藏（图 29）。

图 29　B 型（标本 G－01）

（2）标本 X－06，直径 2.7 厘米，穿径 0.8 厘米，厚 0.2 厘米，重 3.9 克，象州县博物馆藏（图 30）。

图 30　B 型（标本 X－06）

（3）标本 X－07，直径2.7厘米，穿径0.7厘米，厚0.2厘米，重3.4克，象州县博物馆藏（图31）。

图31　B型（标本 X－07）

（4）标本 X－11，直径2.7厘米，穿径0.8厘米，厚0.2厘米，重3.9克，象州县博物馆藏（图32）。

图32　B型（标本 X－11）

（5）标本 G－02，直径2.7厘米，穿径0.8厘米，厚0.2厘米，重3.9克，广西壮族自治区博物馆藏（图33）。

图33　B型（标本 G－02）

（6）标本 G-03，直径 3.0 厘米，穿径 1.0 厘米，厚 0.1 厘米，重 3.1 克，广西壮族自治区博物馆藏（图 34、图 35）。

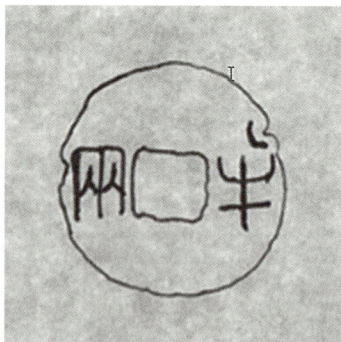

图 34　B 型（标本 G-03，正面）　　图 35　B 型（标本 G-03 正面复原墨线图，廖林灵绘）

3. C 型 2 枚

（1）标本 X-05，直径 2.9 厘米，穿径 1.0 厘米，厚 0.2 厘米，重 2.55 克，象州县博物馆藏（图 36）。

图 36　C 型（标本 X-05）

（2）标本 X-08，直径 2.7 厘米，穿径 0.8 厘米，厚 0.2 厘米，重 3.9 克，象州县博物馆藏（图 37）。

图 37　C 型（标本 X－08）

此分类，从 A 型半两钱币到 C 型半两钱币，与战国秦铸币技术的进步息息相关，其造型和重量，与前述半两钱币重量分布的变迁近乎同步（表 2）。

表 2　国内出土半两钱范与象州所见半两钱币对应表

钱范出土地点	浇铸后的半两钱币形制			对应象州秦半两钱币
	直径（厘米）	穿径（厘米）	穿径/直径（％）	
洛阳	3.4			
凤翔	[3.3，3.4]	[0.6，0.8]	[18，24]	
岐山	3.2	0.8	25	A 型
未央宫	[3.1，3.2]	0.8	[25，26]	
四川	3.0	0.7	23	A 型
安徽	3.0			
绥德	[2.6，2.8]	[0.7，0.8]	[25，31]	B 型
芷阳	2.7	0.9	33	
栎阳	2.3	0.7	30	C 型

（二）桂林所见秦半两钱币的特征

桂林所见半两钱币，为桂林钱币学会收藏，据说为窖藏出土，无地层学和随葬物品信息，共计 10 枚，定性为秦半两钱币（图 38）。

图 38　桂林钱币学会藏秦半两钱币

（三）象州伴随半两钱币出现的箭镞

在象州，伴随半两钱币出现的，还有若干箭镞（图39），其形制与战国时期箭镞相若，更与秦陵兵马俑坑中所见的箭镞同制，"秦俑坑出土铜镞代表的是锥体三棱镞已广泛使用的事实，俑坑内已出土的铜镞99％以上均为锥体三棱镞"（何宏，2010）。

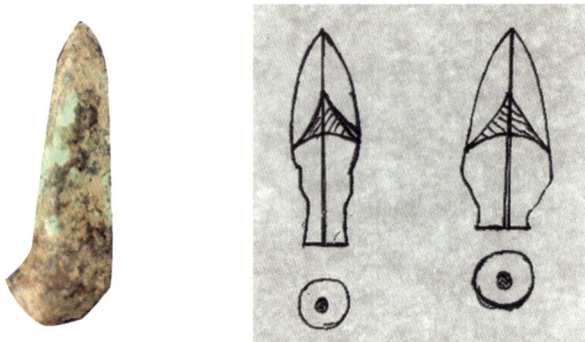

图 39　象州伴随半两钱币出现的箭镞

三、广西发现半两钱币与其他地区的比较研究，基于考古类型学的考察

广西象州所发现的秦半两钱币，来自柳江河河滩和河岸上民房土墙中，没有考古地层学和随葬器物等资料供参考，而且文献记载秦统一岭南的史料也极度匮乏，广西战国至秦统一时期的墓葬、遗址等也未曾发现秦半两钱币，为此，在象州秦半两钱币分类的基础上，结合陕西等地考古出土的半两钱币及其墓葬断代成果，为象州半两钱币的年代进行类型学判断。

（一）与陕西地区发现秦半两钱币的比较研究，兼论半两钱币分期参考线的建立

半两钱币的铸造始于战国时期的秦国。秦孝公十二年（前350）商鞅变法"平斗、桶、权、衡、丈、尺"，规范了秦国的铢、两制度，为"两甾"与半两钱制度的规范提供了必要的基础。秦惠文王二年（前336），秦国开始由政府垄断铸行半两钱币，"惠文王生十九年而立，立二年，初行钱"，并获得周显王姬扁的祝贺，"天子贺。行钱"，这时的半两钱币，当是"铜钱识曰半两，重如其文"的半两钱币[①]。秦帝国建立后，在六国故地强化了政府垄断的铸币机能，开始对战国时期的民间私铸行为进行管控。《封诊式》中就有"某里士五甲、乙缚男子丙、丁及新钱百一十钱，容二合，告曰丙盗铸此钱，丁佐铸"的案例（睡虎地秦墓竹简整理小组，1978）。秦帝国存在时期较短，战乱后的汉帝国初期繁荣不再，汉帝国至少有三次半两钱币制度的变更。汉高祖刘邦在战争期间，曾"为秦钱重难用，更令民铸钱，一黄金一斤，约法省禁"，开始第一次放铸时期，放铸制度与行钱制度的结合，使得半两钱币质量呈下降趋势（陈彦良，2007：321–360）。而后，又多次进行改制（表3）。从半两钱币诞生之日起，就在减重（图40）、行钱和名目化的道路上一路狂奔。

表3　秦汉时期半两钱币制度变化（陈彦良，2007：325–326）

发行年代	推行货币				禁民私铸情况
	名称	钱文	法重	铸币单位	
秦代	半两	半两	半两	中央、地方	禁
汉高祖初年	荚钱	半两	三铢	？	禁
汉孝惠帝三年	荚钱	半两	三铢	中央、郡国	禁
高后二年	半两	半两	八铢	中央、郡国	禁
高后六年	五分钱	半两	2.4铢	中央、郡国	禁
汉文帝前五年	半两	半两	四铢	所有人	放任
汉景帝中六年	半两	半两	四铢	中央、郡国	禁
汉武帝建元五年	三分钱	半两	四铢	中央、郡国	禁

---

①　"初行钱"为半两钱币的观点，已经被四川省青川县郝家坪战国秦墓M50中的出土文物所证实，M50共出土半两钱币7枚，同时伴出木牍两件，其中木牍M50：16正面墨书文字，计一百二十一："二年十一月己酉朔朔日，王命丞相茂、内史匽，□□更修为田律：田广一步，袤八则为畛。亩二畛……"可见，半两钱的出现下限在秦惠文王二年。

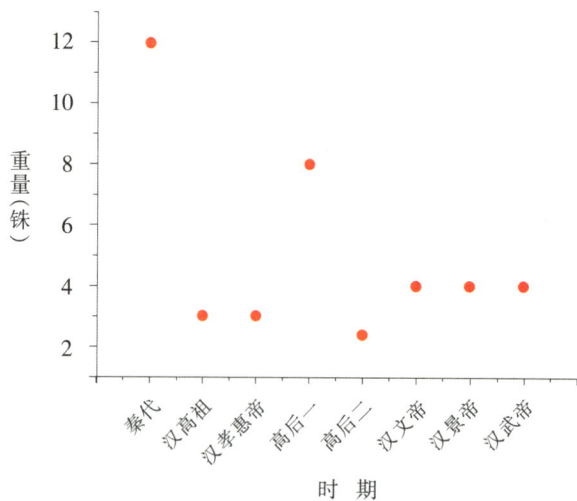

图 40　秦汉时期铢重变化趋势

1. 陕西地区的考古发现与半两钱币分期参考线的建立

象州所发现的所有半两钱币，在战国秦故地（今陕西地区）都能找到相同或相仿的标本（图 41、图 42、图 43）。而且，全国范围而言，战国秦故地是唯一包含所有半两钱币类型的地域，也是考古中地层、随葬最为清晰的地域，利用其建立半两钱币分期参考线可以对其他地区所见半两钱币进行断代。

图 41　陕西地区所见半两钱币

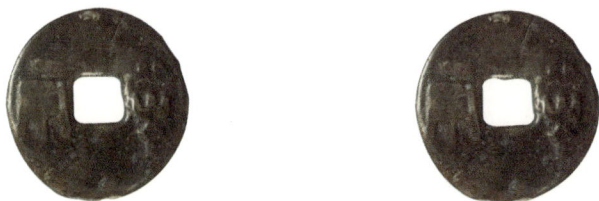

图 42　西耳村 M59：4 - 9 对应 A 型　　图 43　西耳村 M59：4 - 10 对应 A 型

在有限的考古报告中，半两钱币尤其是战国至秦统一时期的半两钱币及其相关律令文书，多集中在关中平原、成都平原一带，本次构建的分期序列中，为后期计算机数据拟合工作及深度学习程序计，仅选取考古报告中确切出土地点、墓葬形式、随葬器物及半两钱币形制、拓片（照片）完备者，如任家咀秦墓群（咸阳市文物考古研究所，2005）、塔儿坡秦墓群（咸阳市文物考古研究所，1998）、农林科大战国秦墓群（孙铁山、屈学芳、张海云等，2006）、咸阳东郊秦墓群（陕西省考古研究院，2018）、西安南郊秦墓群（西安市文物保护考古所，2004）、西安北郊秦墓群（陕西省考古研究所，2006）、泾阳宝丰寺秦墓（陈秋歌、赵旭阳，2002）、西安尤家庄秦墓群（陕西省考古研究所，2008）等。其他如转述资料或无考古学依据的数据，则不进行录入。

依照考古报告所见资料，按地层学、墓葬形式、随葬陶器分期为四段，以半两钱币重量进行统计（图44）：

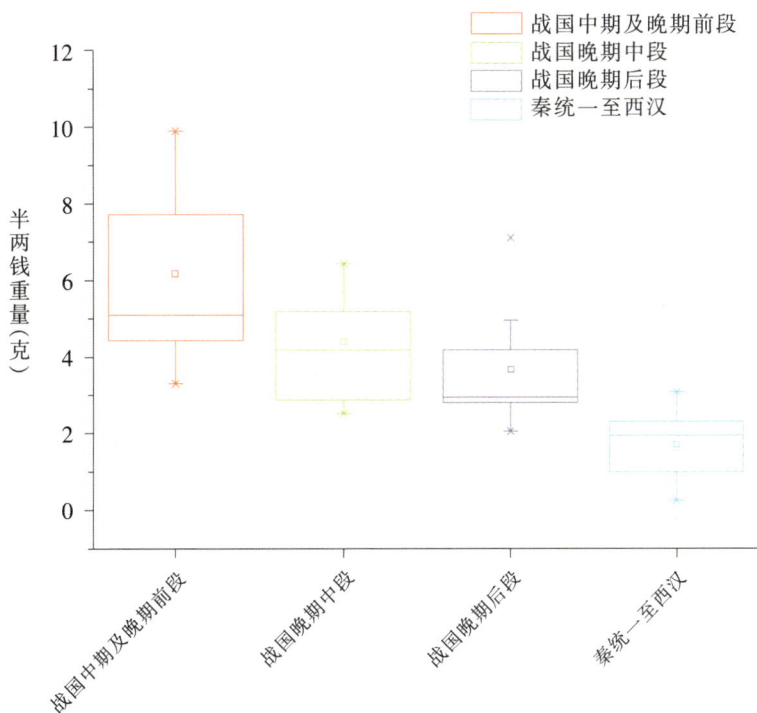

图44　陕西地区考古发现的半两钱币重量统计与分布

将陕西地区考古发现的半两钱依象州出土（水）的半两钱的分型标准进行分型，对应其墓葬时期，可以得到 A、B、C 三型半两钱的分布茎叶图（图45、图46、图47）。

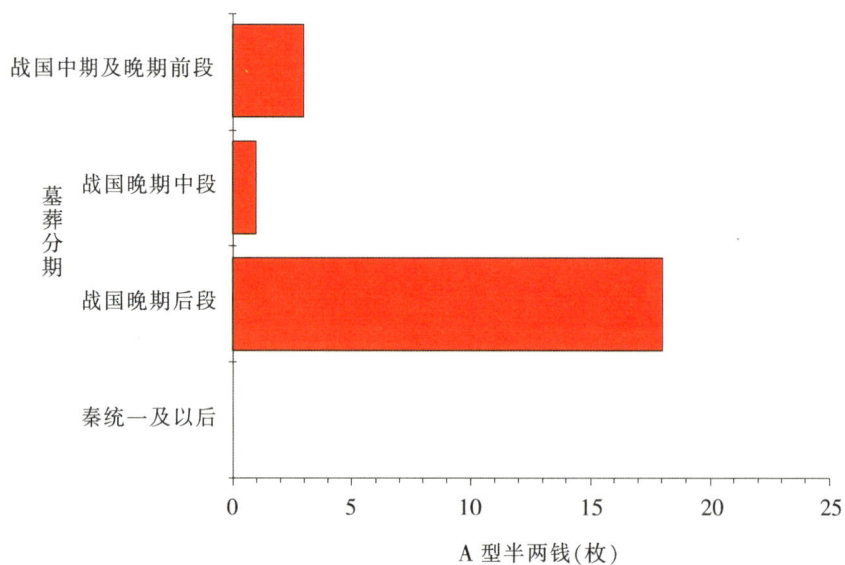

图45　陕西地区考古所见 A 型半两钱的墓葬时期分布

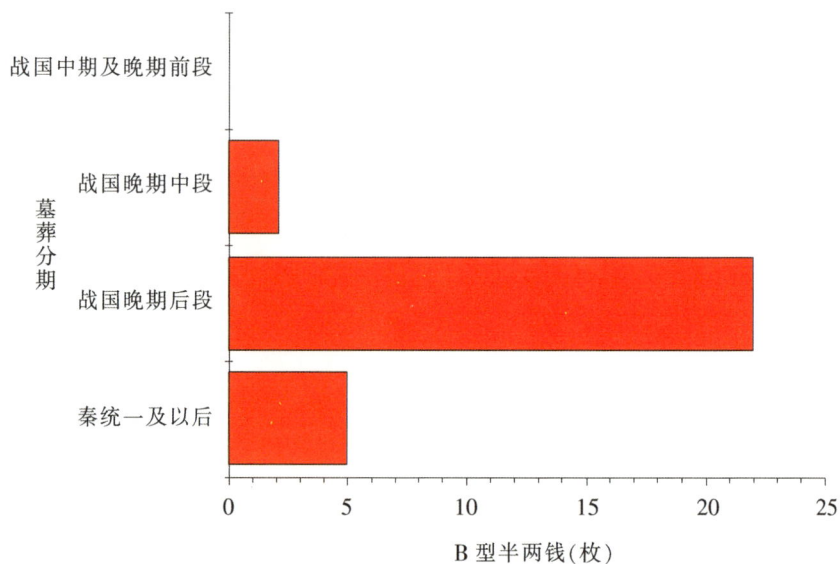

图46　陕西地区考古所见 B 型半两钱的墓葬时期分布

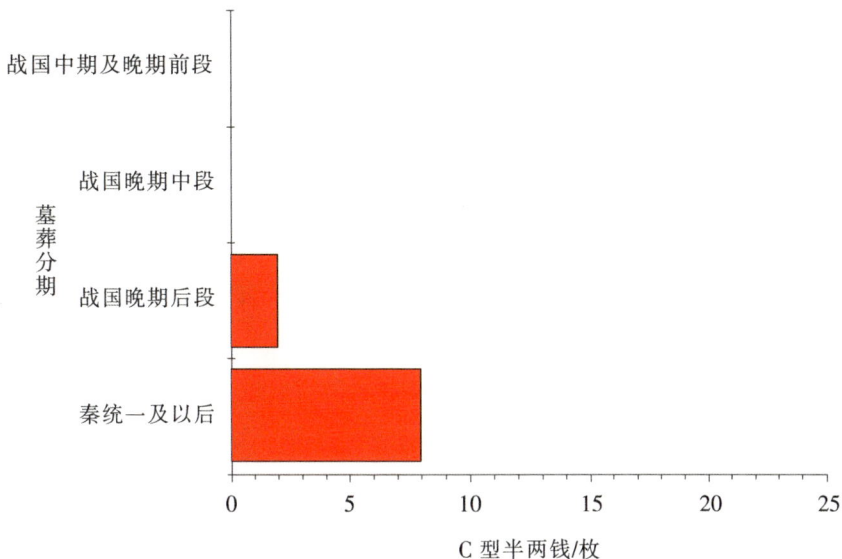

图 47　陕西地区考古所见 C 型半两钱的墓葬时期分布

对以上图表资料可以作如下解读（表 4）：

表 4　半两钱分类与时期组合表

考古学分期	对应象州半两钱币类型		
	A 型	B 型	C 型
战国中期及战国晚期前段	●		
战国晚期中段	●	●	
战国晚期后段	●	●	●
秦统一及以后		●	●

（1）战国中期开始，半两钱出现在偏洞式墓葬中，从其重量、直径、穿径而论，尚是足值（重如其文）的纪重货币，很可能沿袭了秦早期货币"两甾"的形制，这个阶段，出现半两钱的墓葬多随葬仿铜陶礼器；从半两钱分布来看，这一时期，墓葬中的半两钱仅为单纯的 A 型半两钱，而且数量、墓葬都极少。

（2）战国晚期前段，出现半两钱的墓葬仿铜陶礼器减少，陶生活器增加，伴随而来的是半两钱币的减重和"窃薄"。因此，我们认为：无论是减小铜钱的直径、增大穿径或是减少铜钱厚度，其目的都是减少铸造过程中单个铜钱的用铜量，进而获得更多铜钱，所以这几种方式，只有手段的不同，而没有根本的区别。而此时，距离秦"初行钱"不过三十年左右。从半两钱币分布来看，这一时期，墓葬半两钱币组合为 A 型 + B 型，B 型半两钱币开始出现在墓葬中，A 型和 B 型半两钱币的数量较战国中期和战国晚期前段有所增加。

（3）战国晚期后段，出现半两钱币的墓葬中随葬品不断增加，铜制带钩等种类较战国中期增多，但此阶段，半两钱币总体趋势依旧是减重和"窃薄"，较之战国中期，其方差与分布更为集中，可以视为秦的铸币工艺从早期的无序混乱状态开始向有序、有制度进步，亦可以视为在青铜合金组成没有巨大波动的情况下（没有巨大波动仅针对当时生产水平而言，其方差与后世唐宋铜钱甚至明清铜钱的标准化料例还是有很大区别的），在直范浇铸工艺中得到的相对优化解决方案；从半两钱分布来看，这一时期，墓葬半两钱币组合为 A 型 + B 型 + C 型，C 型半两钱币开始出现在墓葬中，A 型和 B 型半两钱币的数量和墓葬达到巅峰。

（4）秦统一时期，得益于秦帝国法令的严苛与缜密（参考睡虎地秦简之《金布律》），半两钱币的铸造更为统一，虽有"百姓市用钱，美恶杂之，勿敢异"的律例（睡虎地秦墓竹简整理小组，1978：55），但秦帝国应该已经在规范化铸造的路上进行了探索，否则无法解释一个连箭镞都近乎规范化的帝国，却在铸币上呈现放任工艺的现象；从半两钱币分布来看，这一时期，墓葬半两钱币组合为 B 型 + C 型，C 型半两钱较战国晚期有所增加，制作工艺中最耗费铜料的 A 型半两钱几乎绝迹，B 型半两钱的数量也在减少。

一方面，据前人的研究，由战国至两汉，纪重的权也处于一个减重过程，每斤的重量从 253 克减少到 222 克，降幅近 10%（图 48），"唯独重量单位，单位量却呈直线下降的趋势"，这间接促成了半两钱币的减重（丘光明，2001）；另一方面，重量作为形制最直观的量化反馈，虽然不能作为评判半两钱币的时期、年代的标准，却可以将半两钱币的年代下限划定，给文物断代提供可以量化的参考。

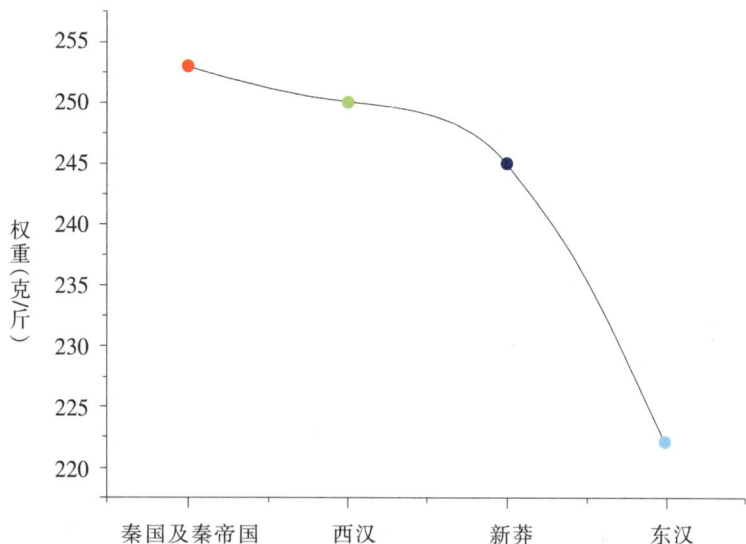

图48　秦汉时期权单位量减少趋势

2. 象州发现半两钱币的技术源流考察

A 型半两钱币的特点，在于形制厚重。尤其 A 型，标本 X－01 具有上下不对称的浇道，这种类型的半两钱币，在战国秦故地不仅有一致的标本，而且在 1982 年岐山县、1988 年凤翔东社出土过 3 件铜制分流直铸式半两钱范（田亚岐，1987），能很好地说明此式半两钱上下不对称浇道的工艺原因，这也表明此半两钱不仅仅是战国时期钱范铸造的半两钱，而且是此类铸造中位于分流浇口的一枚（图49、图50）。

图49　凤翔东社出土的分流直铸式半两钱范　　　　图50　A 型上下浇口不对称工艺示意图

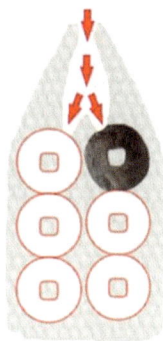

此型半两钱多见于塔儿坡秦墓，特点是直径不到 3 厘米，而其穿径为直径的 1/3 到 2/3 不等，重量多不足 3 克，以出土的随葬器物看，多有战国晚期陶鼎、陶壶等组合，

工艺上，多只见一个浇道或两个对称浇道，合范部位漏液控制与造型较 A 型有所提升。在绥德出土的钱范（图 51），所见半两钱直径 2.7~2.8 厘米，穿径 0.7~0.8 厘米（师小群，2000），浇铸后的半两钱与象州所见半两钱 B 型几乎相同。

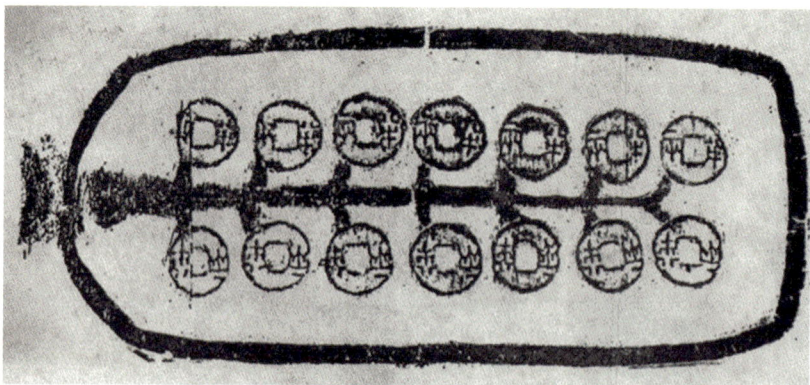

图 51　绥德出土的半两钱范

3. 汉半两钱在铸造工艺中的变化与源流

从汉初开始，汉半两钱在铸造工艺中，与秦半两钱逐渐分化，尤其是宽镌薄之禁时期结束后，其铸造工艺的规范化、标准化，已经为后期五铢钱的铸造工艺完成了技术储备（图 52）。

图 52　新郑市博物馆藏汉半两钱范

4. 象州发现半两钱币所属年代的上限与下限

象州发现半两钱币，组合为 A 型＋B 型＋C 型，通过与战国秦故地的墓葬标本分期对比，其上限不早于战国中期，下限不晚于秦一统时期。其工艺演化序列应为：A 型—B 型—C 型。

所见半两钱币集中在 B 型，对应战国秦故地的墓葬标本分期，即战国晚期后段至秦大一统时期。

（二）与岭南以外地区发现的秦半两钱的比较研究

蜀地，是秦大一统过程中，最早纳入秦帝国版图的地域，也是少有的出土有明确纪年竹简墓葬的地域，其考古所见的半两钱币，是对陕西地区半两钱币的序列的补充，为广西象州半两钱币类型学年代判定提供依据。

1. 成都出土的秦半两钱币

成都新都秦墓清镇村 M1 中出土的半两钱币，借助出土陶器断代为秦代，出土半两钱币四式，这些半两钱币具有秦代半两钱币的特征（陈立新、李信龙、王波等，2014），也与象州出土的半两钱币 A 型、B 型相若（见表 5、图 53）。

2. 四川宜宾博物馆所藏秦半两钱币

宜宾博物馆旧藏秦半两钱币，直径 3.5 厘米，厚 0.1 厘米，穿径 1.1 厘米，重 9.8 克。其形制接近 A 型（图 54）。

表 5　成都考古出土半两钱比较表

	重量（克）	直径（厘米）
成都新都秦墓半两钱（M1：15 – 22）	3.4	2.68
成都新都秦墓半两钱（M1：15 – 13）	3.5	3.25
象州半两钱 B 型	3.3	2.70

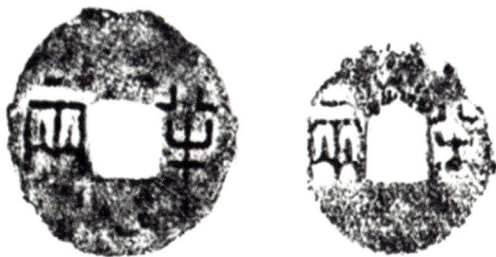

图 53　成都新都秦墓出土半两钱拓片　　　　图 54　宜宾博物馆藏秦半两钱币

3. 四川高县出土的秦半两钱范

图 55　四川高县出土的秦半两钱范

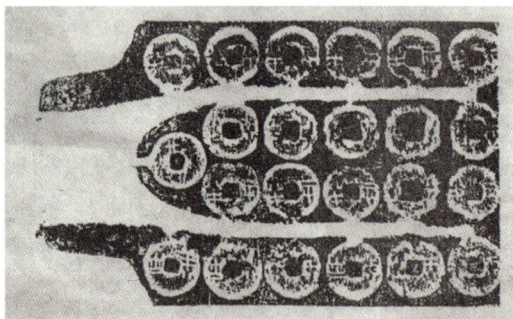

图 56　安徽贵池区所见的秦半两钱范

四川高县出土的秦半两钱范，其半两钱直径 3.0 厘米，穿径 0.7 厘米，上下有对称浇口，直列浇铸，文字、造型与象州所见的半两钱 A 型相仿（图 55）。

4. 安徽贵池区所见的秦半两钱范

安徽贵池区所见的秦半两钱范，直径 3 厘米，浇铸后仅见一个浇道，与象州半两钱 B 型的部分浇道分布相仿（图 56）。

5. 象州发现的半两钱与四川地区考古发现的秦半两钱形制相似，但四川地区的半两钱出现与延续时间较陕西地区有所滞后

象州发现的半两钱，其中的 A 型及 B 型，通过与秦蜀郡故地（今四川地区）的墓葬标本分期对比，其形制相当，但值得注意的是，秦蜀郡故地考古所见的半两钱，其 A 型、B 型延续时期较战国秦故地考古所见的标本滞后，客观上体现出秦垄断铸币职能后，半两钱对其他流通货币地区的侵蚀（陈隆文，2005），这种侵蚀也使得其他地区半两钱的类型学及考古学分期晚于秦国本土。

（三）与岭南地区发现秦半两钱的比较研究

岭南是秦统一过程中，最后进入秦帝国版图的地区。其后续的南越国，也是秦人所建，继承了秦的制度与技艺。

南越王宫署所见的秦半两钱币（图 57），与象州所见的 A 型半两钱币相似。其直径 3.2 厘米，穿径 0.9 ~ 1.0 厘米，重 4.9 ~ 7.6 克（广州市考古文物研究所，2005）。

图 57　南越王宫署遗址出土的秦半两钱币

广州南越王宫署所见的秦半两钱，与象州的半两钱相对应，表明象州的半两钱并非岭南地区的孤证，这种对应关系亦表明秦统一过程中，其政治制度与经济方式，随统一的过程影响其他地区。

四、广西发现半两钱合金组成的分析

本次对广西半两钱合金组成的分析，合计分析半两钱 25 枚，目的是在对样品进行最小前处理的前提下获取足够的化学成分数据，故使用 X 射线荧光分析法，使用仪器为美国 Thermo Scientific Niton XL3t 手持式 X 射线荧光光谱（XRF）分析仪，装配 50 千伏、200 微安的 X 射线管，以及高性能硅漂移（SDD）探测器，其能量分辨率为 165eV，检测窗口的大小为直径 8 毫米，X 射线照射直径 3 毫米，所用靶材为 Ag，分析范围为 Mg 至 U 元素，检出限 0.1% 。

值得注意的是，半两钱标本 X-01 为高锡含量铜合金组成，其表层有一层含铁元素远高于正常干扰值的黑色锈蚀层，这种情况将在下文对箭镞进行讨论时进行详细说明。

同时，与秦陵博物院进行合作，对象州发现的半两钱和箭镞上含铁元素远高于正常干扰值的黑色锈蚀层进行分析，使用了扫描电镜—能谱进行研究，其结果详见《广西象州新见青铜高铁锈蚀层研究》（廖林灵，2019），部分半两钱的合金组成数据与现有数据不同，为前期 XRF 分析中的干扰所致。

对于此类无损分析法，周卫荣（2004）在《中国古代钱币化学成分研究》中认为，"X 射线荧光分析法测定范围大，相对来说测定结果的代表性也就最好……因此，在不得不选用无损方法来测定古钱币成分的情况下，应当最先考虑使用 X 射线荧光"；毛振伟（1989）对北宋铜钱、赵作勇等（2009）对两宋铜钱的分析，使用的均为 X 射线荧光分析法。

（一）象州发现的半两钱合金组成

对所见的半两钱进行 XRF 分析，其结果如表 6 所示：

表 6　象州发现半两钱 XRF 分析结果

半两钱	Cu（%）	Sn（%）	Pb（%）	Fe（%）	备注
标本 X-01	51.1	32.7	6.1	8.4	A 型
标本 X-02	54.1	16.7	22.4	5.3	A 型
标本 X-03	77.2	8.5	10.6	1.8	A 型
标本 X-04	59.7	18.6	20.5	0.5	A 型
标本 X-05	68.3	6.4	24.3	0.4	C 型
标本 X-06	65.7	13.6	20.3	0.2	B 型
标本 X-07	67.2	20.1	8.5	2.7	B 型
标本 X-08	77.3	10.8	7.8	2.7	C 型
标本 X-09	54.7	8.1	15.2	21.3	残件
标本 X-11	55.0	14.8	26.1	2.8	B 型
标本 G-01	53.1	9.3	19.7	16.0	B 型
标本 G-02	52.3	26.6	3.9	13.3	B 型
标本 G-03	62.1	7.0	30.2	0.3	B 型
标本 Q-01	57.4	4.9	29.1	7.5	A 型

注：X 表示象州县博物馆藏；G 表示广西壮族自治区博物馆藏；Q 表示广西钱币博物馆藏。

（二）桂林秦半两钱合金组成

表 7 为桂林发现的 10 枚半两钱的 X 射线荧光分析结果，供参考：

表 7　桂林钱币学会藏半两钱分析结果

编号	Cu（%）	Sn（%）	Pb（%）	Fe（%）	备注
01	85.7	3.9	8.8	1.3	
02	65.7	7.5	24.5	1.7	
03	62.4	4.7	31.2	1.0	
04	62.4	7.8	24.9	3.8	

（续上表）

编号	Cu（%）	Sn（%）	Pb（%）	Fe（%）	备注
05	80.1	12.1	5.0	2.3	
06	81.0	7.2	10.9	0.7	
07	62.9	7.7	28.0	0.8	
08	72.8	5.4	20.0	0.4	
09	63.9	8.0	27.1	0.5	
10	74.5	7.9	15.6	1.2	

（三）广西半两钱合金组成与其他地区的比较

1. 与中国钱币博物馆藏徐州地区采集的秦半两钱比较

现阶段所见的半两钱合金组成资料，以周卫荣的《中国古代钱币合金成分研究》所著录为多，其他如陈尊祥等虽有报道，却失之体系与考证，现将《中国古代钱币合金成分研究》中关于半两钱的研究资料抄录如下（图58、图59）。

值得注意的是，周卫荣收录的半两钱，都是重量在 8 克以下，已经是名目化后的半两钱，而非"识曰半两，重如其文，为下币"的半两钱，所以早期半两钱的合金组成仍旧是一个空白的数据。

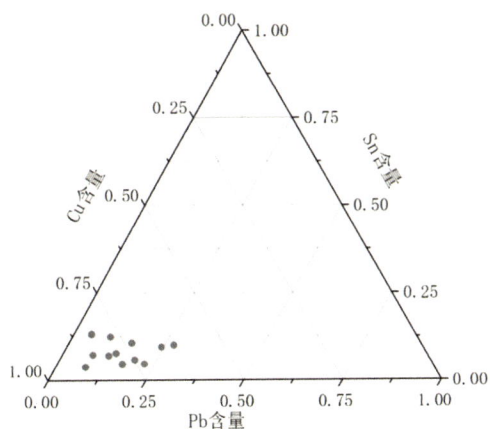

图58　周卫荣著录的战国时期半两钱合金组成

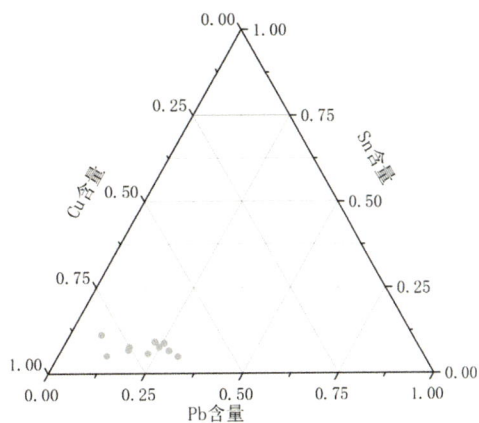

图59　周卫荣著录的秦代半两钱合金组成

可以看到，战国时期的半两钱合金组成多集中在含 Cu 50% 以上的区域。

秦代的半两钱，其合金组成分散程度较战国时期有了提高。战国半两钱的情况是"半两钱的合金组成是非常发散的"（周卫荣，2004：226），秦代则是"秦半两的合金组成中，铜、铅组分虽然并不很分散，但平行跨度较大，密集性较差，所以特征性不明显"（周卫荣，2004：276）。

以标本 X－03 半两钱为例，对该枚半两钱的 XRF 测定结果表明，其合金组成为：Cu 80.22%、Pb 10.99%、Sn 8.79%，分布在战国半两钱的区间之中（图 60）；综合资料分析，可知标本 X－03 半两钱应当是一枚战国晚期半两钱，其下限在秦统一以前。

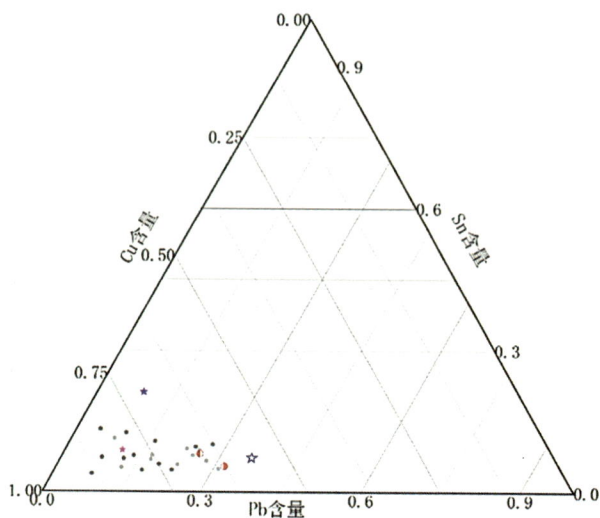

周卫荣著录的战国时期"半两"钱合金组成
周卫荣著录的秦代"半两"钱合金组成
☆ X-01合金组成，象州县博物馆藏
★ X-03合金组成，象州县博物馆藏
★ X-07合金组成，象州县博物馆藏
◐ G-03合金组成，广西壮族自治区博物馆藏
◑ Q-01合金组成，广西钱币博物馆藏

图 60　象州半两钱的合金组成

其余的半两钱按此分类也都是战国时期的半两钱，在此不再赘述。

2. 与桂林钱币学会藏秦半两钱比较

桂林钱币学会藏的半两钱合金组成与周卫荣所著录资料几乎重合，可见半两钱的合金组成有微弱的规律性及分布区间（图 61、图 62）。所以之前与中国钱币博物馆藏秦半两钱合金组成的比较结论也适用于桂林钱币学会藏半两钱。

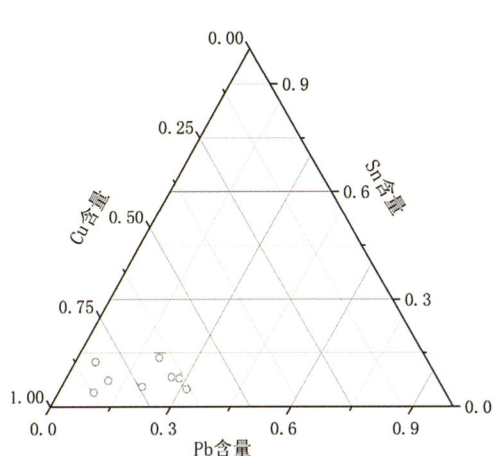

图 61　桂林钱币学会藏半两钱的合金组成

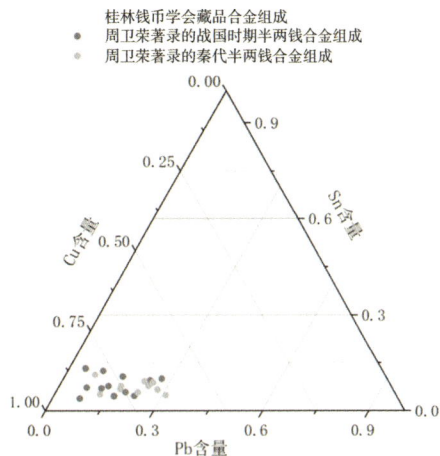

图 62　桂林钱币学会藏半两钱与周卫荣著录的合金组成比较

五、广西与半两钱一同发现的箭镞与其他地区箭镞的比较研究

总体来看，半两钱与箭镞同时出土，多集中在陕西以外地区，如山西高平、湖北云梦、广东广州，这些不在秦境的地区，恰恰是秦统一的战场。这一现象与蒋若是（1997）提出的"今之出土者，除秦国故地外，几皆秦军对外之战争有关"不谋而合。

值得注意的是，秦故地如塔儿坡、西安南郊等地的秦墓中，只在少量墓葬中出土数量有限的箭镞，例如任家咀秦墓中，所见的箭镞仅有 17 件；塔儿坡秦墓中，所见的箭镞仅有 3 件，但象州所见的箭镞，就已经达到 400 多件，这为象州半两钱的来源提供了另一种解释。

表 8　部分墓葬遗址所出土的箭镞数量比较

墓葬群或遗址	出土箭镞数量（件）	类型	半两钱
秦陵（陕西省考古研究所，2000）	4 000 +	陵墓	有
任家咀秦墓	17	平民墓葬	无
塔儿坡秦墓	3	平民墓葬	有
芷阳遗址（张海云，1985）	58 +	宫殿、手工作坊遗址	有
广西象州	400 +	未知	有

（一）与象州半两钱一同发现的箭镞表面黑色锈蚀层的分析

1. 箭镞表面的黑色锈蚀层

在象州发现的半两钱和箭镞上，有黑色致密锈蚀层，用 X 射线荧光分析，结果表明其并非常见的黑漆古，化学组成与黑漆古有明显的区别。正常情况下，青铜器表面的黑漆古是锡的化合物占主导地位（北京科技大学，1994），如表 9 所示。

表 9　古铜镜上的黑漆古化学组成

样品	Cu（%）	Sn（%）	Fe（%）	Pb（%）	O（%）
古铜镜	29.0	43.9	1.2	2.8	21.3

为进一步确定这层锈蚀产物的成分，我们与秦陵博物院进行合作，使用扫描电子显微镜和能谱仪（SEM – EDS）对 XZ1：1（即象州 1 号箭镞）进行分析。显微镜型号为 FEI QUANTA 650，能谱仪型号为 Oxford INCA X – MAX250。扫描电压 20 千伏，工作距离 10 毫米。样品表面破损部位清理后扫描。

结果表明，此锈蚀层极薄，且厚度不均匀。测量四处外包层厚度，其平均值分别为 14.91 微米、3.36 微米、9.41 微米、20.85 微米（图 63）。

选择三处外包层区域，进行能谱分析（图 64）。结果表明，外包层 Fe 含量较高，在测量条件较好的区域，Fe 含量均在 33% 以上，同时，Sn 含量较外圈层大为下降（表 10）。

表 10　象州发现箭镞表层能谱分析结果

编号	O	Si	P	Fe	Cu	Pb	C	Sn	Al	K	Ca	As
45	43.92	9.39	0.63	29.73	2.43	4.72		2.34	5.78	0.67	0.39	
46	39.13	4.61	0.77	36.37	2.39	5.01	8.85		2.07	0.40	0.40	
47	42.41	4.30	0.84	33.51	2.39	6.36	8.16		1.49		0.54	

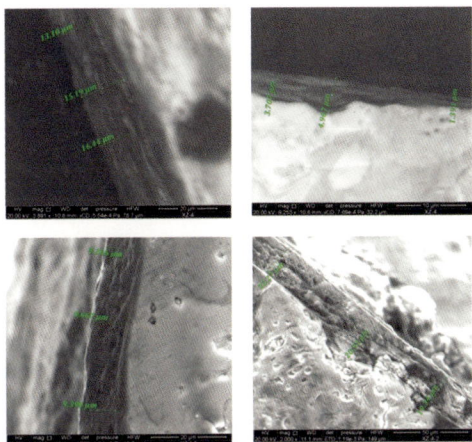

图 63　扫描电镜下的箭镞锈蚀层

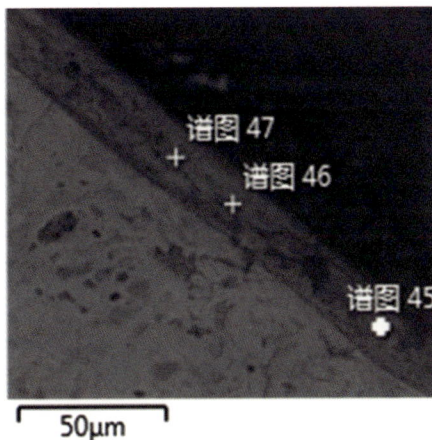

图 64　箭镞能谱分析部位

选择一处包含外包层与外圈层的区域，使用能谱仪进行线扫描，结果显示，在外包层区域，Fe 含量突然上升，Sn 含量突然下降（图 65）。

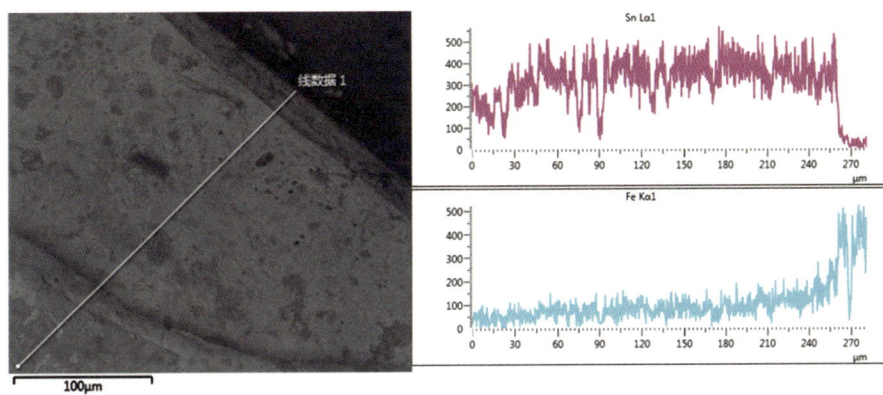

图 65　象州发现箭镞的能谱扫描结果

2. 箭镞表面的黑色锈蚀层与半两钱表面的黑色锈蚀层比较

可以发现，箭镞和半两钱表面的黑色锈蚀层都是特殊的，含铁（或者说被铁所污染）的锈蚀层并非青铜本身锈蚀的产物，需要特殊的埋藏环境才能形成（表11）。

表 11　象州发现半两钱标本 X－01 表面与箭镞表面的黑色锈蚀层比较

样品	Cu（%）	Sn（%）	Pb（%）	Fe（%）	备注
箭镞样品 （黑色表层）	4.2	36.7	7.9	48.0	
标本 X－01 （黑色表层）	12.5	34.1	3.3	46.3	

3. 箭镞与半两钱表面的黑色锈蚀层是特殊环境下生成的含铁锈蚀物，表明两者有相同的埋藏环境，箭镞的断代可以为半两钱的断代提供参考

综合以上分析，结果表明这是在象州特定埋藏条件下生成的铁化合物占主导的锈蚀层，虽然颜色也为黑，但其与黑漆古有明显区别。象州新见的半两钱与箭镞都拥有相同的特殊锈蚀层，表明两者至少埋藏在相似的地层环境中，在缺少地层学实证的情况下，箭镞的年代是半两钱年代的有利补充，而象州新见的箭镞，都具有战国晚期到秦统一这个阶段的秦箭镞的形制与加工特征。

（二）与其他地区发现的箭镞比较研究

在半两钱流通的时期，即战国中期至西汉中期，秦地所用箭镞的工艺，以铤装为主流，与楚地等有明显的区别。

1. 陕西地区所见的箭镞

陕西地区所见的箭镞，代表了秦系（含蜀地）的箭镞工艺。铁铤铜镞，是箭镞发展到战国晚期后段至秦一统时期的历史产物，"秦俑坑里出土镞约 4 000 件，除了 2 件铁镞，4 件铁铤铜镞外，其余均为铜铤铜镞"（何宏，2010）。

原秦陵考古队长段清波老师的见解则是：秦陵随葬的兵器（图 66、图 67），应该是在统一战争中淘汰的兵器，更为先进的铁制武器随秦军进入战场。

芷阳遗址，则是秦作坊的遗址，所以比秦陵出现更多铁铤铜镞是正常现象（图 68）。

图 66　秦陵出土的箭镞

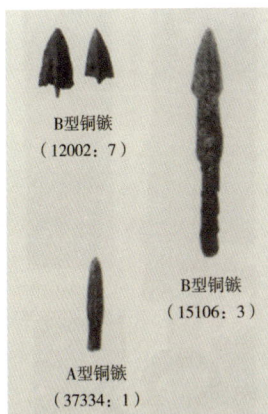

图67　塔儿坡秦墓所见的箭镞

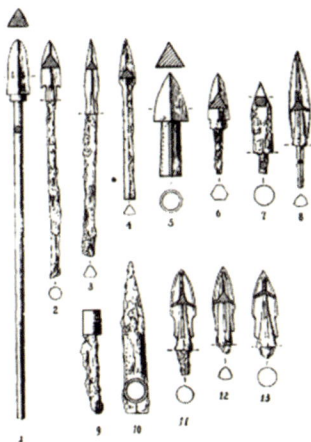

图68　芷阳遗址发现的箭镞

秦陵伴有箭镞同出，与同时期芷阳、湖北等地的秦墓半两钱伴随箭镞出土相类。秦地所见的箭镞，与象州所见的箭镞，类型上统一，应视为同一类型。

2. 湖北地区所见的箭镞

湖北地区所见的箭镞，代表了楚系（含曾侯随国）的箭镞工艺。与三棱型的秦地箭镞不同，有铤装与銎装两种（湖北省博物馆，1980）（图69至图72）。

图69　楚系銎装箭镞

图70　楚系铤装箭镞

楚系另一种有代表性的四棱型箭镞则更具特色（河南省文物考古研究所，2003），与象州所见箭镞有明显区别（河南省文物局，2014）。

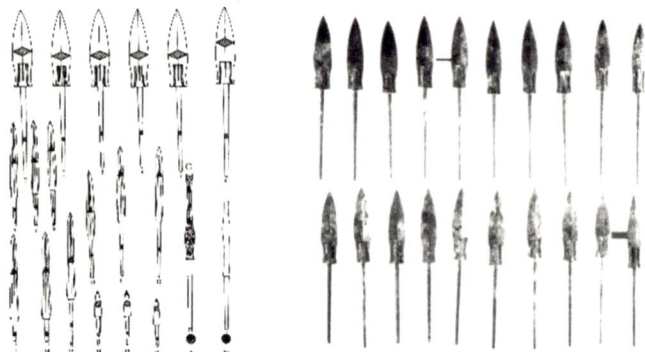

图 71 新蔡楚墓出土的箭镞

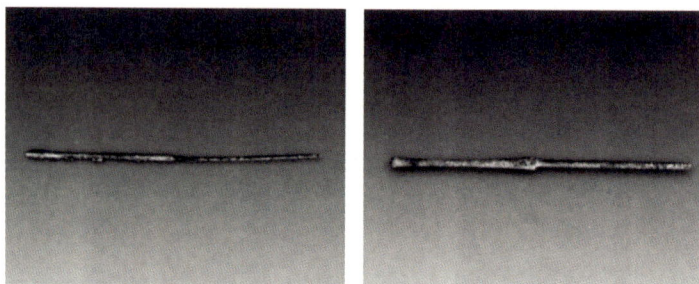

图 72 淅川楚墓出土的箭镞

楚地考古出现的箭镞，与秦系箭镞有较明显的区别，也不同于象州所见的箭镞类型。

3. 岭南地区所见的箭镞

图 73 南越王宫署出土的秦式铁铤铜镞

南越王宫署伴随半两钱出土的，也有秦式铁铤铜镞（冯永驱、陈伟汉、全洪等，2000），其形制也与象州所见之铁铤铜镞相吻合，南越国的箭镞形制是对秦的继承与发扬（图73）。

4. 象州发现的箭镞，有典型的秦系箭镞特征，不同于楚地箭镞特征

通过比较象州发现的箭镞和秦地、楚地考古所见的箭镞，可以发现，象州发现的箭镞有三棱、铤装的特征，与秦地所见的箭镞类型、工艺一致，与楚地所见的箭镞有明显的区别；同时，南越国出土的箭镞与秦地所见的箭镞类型、工艺也一致，是对象州发现的箭镞是秦系箭镞的佐证。

六、广西象州发现秦半两钱与秦置桂林郡等问题的探讨

（一）广西称"桂"源自桂林

公元前 230 年至公元前 221 年，"六王毕，四海一"，秦始皇先后灭掉韩、赵、魏、楚、燕、齐六国，建立了中国历史上第一个统一的封建王朝——秦朝。秦朝建立后废除诸侯分封制，在全国范围内推行郡县制，其疆域先是分成三十六郡，后又陆续增至四十八郡。

公元前 214 年，连续攻伐岭南 8 年未果的秦始皇派史禄成功开凿灵渠，打通湘水和漓水，连接了湘江和漓江，解决了运粮运兵之难题，派 50 万大军前来攻伐岭南地区，获胜后在此设置南海、象、桂林三郡。岭南三郡的设置体现了中央政府对岭南地区的主权。

秦朝设在岭南的桂林郡，领辖今广西绝大部分地方，面积达 20 万平方公里以上，与今天广西的疆域面积大体相当。而之所以取名桂林，是因为"桂林、桂岭因桂为名。今之所生，不离此郡。从岭南际海，惟柳、象州最多"（唐开元年间《本草拾遗》），"江源多桂，不生杂木，故秦时立为桂林郡"（《旧唐书·地理志》），与当时广西境内桂树多且桂树成林有关。

秦代领辖今广西大部的桂林郡，被公认为岭南地区纳入中华版图后，八桂大地上最早设置的一个省级行政机构，标志着广西从此成为祖国领土不可分割的一部分。与现在的内蒙古自治区、新疆维吾尔自治区、宁夏回族自治区、西藏自治区四个省级民族自治区相比，广西是最早进入祖国统一民族大家庭的。桂林郡治的地方，是当时广西政治、军事、经济和文化中心。广西简称"桂"，便是因为历史上广西绝大部分地域属桂林郡，正如《辞海》所载："（桂）广西壮族自治区的简称，因秦置桂林郡于此。"

（二）桂林郡治在象州说

广西简称"桂"，桂林郡治所在的布山县，被誉为"广西第一古城"。然而，这座"广西第一古城"——秦代桂林郡治究竟位于何处？过去一直是个争讼不决的重大历史悬案，关于这个问题，近两个世纪以来，学术界提出了五种说法：

一说在今广西桂平市西南。1978 年 3 月和 1981 年 11 月，教育出版社出版的初级中学试用课本《中国历史》第一册采用此说；1986 年正式版本沿用此说。此即秦桂林郡治"桂平说"。

二说在今广西贵港市。1988 年再版的初级中学课本《中国历史》第一册采用此

说。此即秦桂林郡治"贵港说"。

三说在今广西东兰、凤山县一带。1992 年 10 月，人民教育出版社历史室王宏志主编的初级中学课本《中国历史》第一册采用此说法。此即秦桂林郡治"东兰、凤山说"。

四说在今广西象州县罗秀镇军田村古城。此种说法为广西象州县文史学者陆干斌老师在《广西地方志》（1995 年第 3 期）发表的《秦桂林郡治新探》论文中首次提出。该论文运用翔实的文献史料和有关记载，循着建制沿革、地名起源及其演变足迹，并与出土文物和古城汉墓考古发掘材料相印证，全面系统论证了这一论点，具有说服力，获得很多专家学者的好评和肯定。此即秦桂林郡治"象州军田说"。

五说在今广西象州县象州镇鸡沙村委扶满村至水冲岭一带。此种说法为广西民族大学壮学研究中心助理研究员雷冠中在《广西民族研究》（2015 年第 3 期）发表的《秦桂林郡治所今址第五说》论文中首次提出。此即秦桂林郡治"象州扶满说"。

目前，五种说法中，秦代桂林郡治在今广西象州县罗秀镇军田村古城的"象州军田说"呼声最高。

2014 年以来，广西象州县政协组织和协助广西民族大学教授和广西文史学者，以及四川大学和广西考古专家对军田村古城进行了一系列的调研和考古试掘，在《中国文化报》《南国今报》《广西民族报》《来宾日报》《文史春秋》《广西地方志》等报刊和新华网、人民网、中新网等网站发表（发布）了系列文章，出炉了《广西壮族自治区象州县三座城址调查简报》，出版了《桂林郡治在象州资料汇编》和《桂林郡治在象州》等书籍，初步认定广西象州县罗秀镇军田村古城有可能为秦桂林郡治所在，也是壮族的先民——骆越人的祖居地和最早的都城。2019 年 6 月 6 日，军田村获国家住房和城乡建设部、文化和旅游部、文物局、财政部、自然资源部、农业农村部六部门联合公布为第五批中国传统村落，为在新的更高的起点保护开发军田村古城奠定了坚实基础。

（三）象州与秦半两钱币的渊源

秦始皇统一中国后在全国范围内推行新政，不但统一了文字、度量衡，还统一了货币。秦朝规定黄金为上币，单位为"镒"（合 20 两）；铜为下币，单位为"半两"。半两钱在战国秦即已铸行，初为圜钱，旋即改为方孔圆钱。秦统一以后，将半两钱推行中国。秦统一岭南，把统一货币——秦半两钱推行到岭南，推行到秦桂林郡。作为秦桂林郡治所在地的象州，当时的政治、军事、经济和文化中心，出土秦代文物的概率也相对较高。

据史学专家们考证，秦朝统治岭南仅有短短的 8 年时间，所以在广西各地，此前没有出土过秦半两钱币。此次象州出土的秦半两钱币为广西境内首次出土秦半两钱币，文物考古和学术研究价值巨大。专家们认为，此次出土的秦半两钱币是秦始皇南开五岭攻伐岭南地区时由秦军携带而来。秦半两钱币出土的谢家村及附近河滩，距象州军田村古城遗址仅 25 公里，乘船沿柳江河支流——罗秀河上溯可直达。古时交通以水路为主，谢家村是古时象州军田村古城联通外界的必由之路和重要关卡，地理位置十分重要，很可能是当时的一处重要战场。这些出土的秦半两钱币以及伴出的箭镞，为秦桂林郡治在象州军田村古城的"象州军田说"提供了新的证据，从而引起学术界的高度关注。

七、结束语

广西秦半两钱的发现对了解秦朝开拓南疆、在广西设立桂林郡及该郡的政治、经济、文化等方面历史具有十分重要的意义。尤其是象州发现的秦半两钱和箭镞，是广西首次发现秦半两钱和箭镞一同出土（水）的文物，为研究秦朝在象州设立桂林郡之说的可能性增添了新的考古实证，因此，我们认为：

第一，象州发现的秦半两钱和箭镞，地点明确、年代清楚，这不仅是广西首次发现，而且秦半两钱和箭镞一同出土（水），在全国也是罕见的。

第二，这些半两钱币经科学合金成分分析，与秦国故都以及其他地区出土的秦半两钱完全相同；象州发现的半两钱和箭镞上的黑色致密锈蚀层，是在象州特定埋藏条件下生成的铁化合物占主导的锈蚀层。说明象州谢家村发现的半两钱币无疑是秦国铸造的钱币，因此，在某种意义上说，秦国货币经济、文化已深入广西象州地区，从而填补广西以前未发现秦货币文化的空白。这些半两钱是广西早在秦朝即列入中央版图的有力物证。

第三，象州发现秦半两钱和箭镞一同出土（水）的现象，为研究秦时桂林郡治所置于象州军田之说提供了新的实物例证，尤其是这些秦半两钱币和青铜箭镞在柳江河谢家村段的河滩和岸上均有发现，为人们提供了秦军与当地土著骆越人在江上激战等许多遐想，甚至支持了史学家认为秦军"鸠占鹊巢"而置桂林郡的学说。

参考文献：

北京科技大学，1994. 中国冶金史论文集（二）[C]. 北京：人民教育出版社.

陈立新，李信龙，王波，等，2014. 成都新都秦墓发掘简报 [J]. 文物，（10）.

陈隆文，2005. 有关战国秦半两钱的流通区域问题：兼论秦经济统治力的扩张与形成 [J]. 郑州大学学报（哲学社会科学版），（4）.

陈秋歌，赵旭阳，2002. 泾阳宝丰寺秦墓发掘简报［J］. 文博，（5）.

陈彦良，2007. 四铢钱制与西汉文帝的铸币改革：以出土钱币实物实测数据为中心的考察［J］. 清华学报，（2）.

冯永驱，陈伟汉，全洪，等，2000. 广州南越国宫署遗址 1995—1997 年发掘简报［J］. 文物，（9）.

广州市考古文物研究所，2005. 广州考古十年出土文物选粹［M］. 北京：文物出版社.

何宏，2010. 从秦俑坑出土箭镞看镞的发展演变［J］. 文博，（5）.

河南省文物局，2014. 淅川东沟长岭楚汉墓［M］. 北京：科学出版社.

河南省文物考古研究所，2003. 新蔡葛陵楚墓［M］. 郑州：大象出版社.

湖北省博物馆，1980. 随县曾侯乙墓［M］. 北京：文物出版社.

蒋若是，1997. 秦汉钱币研究［M］. 北京：中华书局.

廖林灵，2019. 广西象州新见青铜高铁锈蚀层研究［C］//云南省博物馆，重庆中国三峡博物馆，云南省博物馆. 西南地区青铜器研究与保护学术研讨会论文集.

毛振伟，1989. X 射线荧光光谱单标样无损法测定古钱主要成分［J］. 中国钱币，（4）.

丘光明，2001. 中国科学技术史（度量衡卷）［M］. 北京：科学出版社.

陕西省考古研究所，2000. 秦始皇帝陵园考古报告（1999）［M］. 北京：科学出版社.

陕西省考古研究所，2006. 西安北郊秦墓［M］. 西安：三秦出版社.

陕西省考古研究所，2008. 西安尤家庄秦墓［M］. 西安：陕西科学技术出版社.

陕西省考古研究院，2018. 咸阳东郊秦墓［M］. 北京：科学出版社.

师小群，2000. 陕西绥德出土半两铜合范［J］. 中国钱币，（2）.

睡虎地秦墓竹简整理小组，1978. 睡虎地秦墓竹简［M］. 北京：文物出版社.

孙铁山，屈学芳，张海云，等，2006. 西北农林科大战国秦墓发掘简报［J］. 考古与文物，（5）.

田亚岐，1987. 凤翔出土秦代半两钱铜范［N］. 陕西日报，10 – 19.

西安市文物保护考古所，2004. 西安南郊秦墓［M］. 西安：陕西人民出版社.

咸阳市文物考古研究所，1998. 塔儿坡秦墓［M］. 西安：三秦出版社.

咸阳市文物考古研究所，2005. 任家咀秦墓［M］. 北京：科学出版社.

张海云，1985. 芷阳遗址调查简报［J］. 文博，（3）.

赵作勇，王纪洁，张晓梅，2009. 北宋和南宋青铜钱币对比分析研究［J］. 文物保护与考古科学，21（1）.

周庆忠，2018. 对桂林发现的窖藏秦半两探索［C］//广西钱币学会. 广西钱币研究集萃 2018. 南宁：广西科学技术出版社.

周卫荣，2004. 中国古代钱币化学成分研究［M］. 北京：中华书局.

浅谈梁启超对中国近代币制改革的贡献

袁俊杰　　夏语浓

（广西师范大学历史文化与旅游学院）

摘　要：梁启超是中国近代史上杰出的政治家、历史学家、资产阶级思想启蒙家，是一位"百科全书式"的伟大历史人物，既往的研究大多集中在政治学、历史学以及其资产阶级思想等方面。其实，梁启超对中国经济问题也颇有研究，且在一定程度上形成了自己的经济思想。北洋政府时期，梁启超曾短暂出任过中华民国币制局总裁，是民国初期币制改革的直接领导人，这些都直接影响到清末民初我国的币制改革。本文结合清末民初我国的财政和币制状况，重点论述梁启超币制改革思想的来源、主要内容和特点，以及对中国现代币制发展的意义。

关键词：梁启超；清末民初；币制改革

近代中国处于一个中外政治、经济和文化相互交融且大变革的时代，这一时期的主要特点是制度的现代化，其主要表现在金融经济方面。货币制度是金融制度的重要组成部分，它在经济中的核心地位日益突显，并且随时代发展不断适应、调整、完善和创新。毫无疑问，币制改革是中国近代改革中的重要组成部分，而梁启超的币制改革思想在其中占极其重要的地位。梁启超主张，首先要确立"银本位制"，继而到"虚金本位制"，再到"金本位制"；再由"称量货币"过渡到"铸币"；之后国家限量合并发行银元和纸票，最后形成大一统的货币制度。这一改革从实际出发，符合当时国情民生且循序渐进，缓解了清末民初水深火热的财政危机，同时也发展了经济。在众多币制改革中，梁启超的改革较为完善且有一定体系。

一、清末民初我国的财政状况

清朝前期社会稳定、人口增长、经济繁荣，所以财政收支较为平稳。1840年后，清政府被迫签署了许多极其不平等的条约，西方列强掠夺我国经济的方式由商品输出转为资本输出，其间对外战争的军费以及赔款使清朝稳定的收支被打破、财政恶化，但这并未使清朝根基动摇。直到 19 世纪末到 20 世纪初，大量的赔偿金额以及由此引发的负债使清朝陷入危难之中。其表现为以下四个方面：

（一）巨额的军费以及赔款

清末国家财政支出还有大量新项目的增加，其中主要有"勇饷""关局费""洋款"三项。勇饷即咸丰、同治时各省招募的营勇的饷需。当初招募营勇，是为镇压农民起义。迨太平军、捻军相继平定之后，这些地方军并未像过去那样予以遣散，而是大部分保留下来，成为各省督抚所倚重的武装力量，勇饷也随之成为国家在原有额兵饷之外又一项沉重的财政负担。光绪中期，勇饷支出每年近 2 000 万两，超过了额兵饷。但这还不是新增军费的全部。其时经常性的军费支出为旧时所无者，还有购置洋枪洋炮的军火费及筹建新式海军的经费。自光绪初正式筹建新式海军，每年额定拨款 400 万两作为海军军费。各项新增军费总数，光绪中期每年至少为银二千数百万两，加上旧有的额兵饷则岁出军费在 4 000 万两以上，占当时岁出总数的一半还多（江敬虞，2000：1307 – 1308）。甲午中日战争之后，列强侵略中国越发猖獗，这使我国局势越发动乱，为了维护清朝的统治，增强军事战斗力迫在眉睫。1895 年开始设立新军，随后西方、南方、东部沿海地区等省份递次操练起陆军。新军配备最新式的长枪大炮，这样一来极速增加了军费开支，至 1900 年，军费大约增添了一千万两。

1903 年正式设练兵大臣，次年成立京师练兵处，各省亦相继设立督练公所，又划定新军区为三十六镇，编练新军活动遂在全国展开。1907 年，京师及各省新练陆军除禁卫军外，共有官兵 17.9 万余人。1911 年，总计成军二十六镇。是年新军军费的度支部预算数，直接经费为 5 876 万余两，加上筹备军装、军事教育（陆军学堂）、制造局所、扩充兵工厂、炮台等项，总数在 8 000 万两以上（江敬虞，2000：1326）。

《马关条约》和《辽南条约》赔偿金额两万万两，买回辽东半岛花费三千万两，合计两万万三千万两（王铁崖，1957：614 – 615）。八国联军侵华之后，《辛丑条约》赔款四亿五千万两，但本利总额超原赔款一倍以上，多达九亿八千二百万两（王铁崖，1957：1002 – 1008）。近代赔款数额在《清史稿》中有记载："咸丰庚申之约，一千六百万两；光绪辛巳伊犁之约，六百余万两；乙未中日之约，并辽南归地，二万万三千万两；至辛丑公约，赔款四万万五千万两而极"（赵尔巽，1976：3712）。

（二）借取外债

"随着文明时代的向前推进，甚至捐税也不够了，国家就发行期票，借债，即发行公债"（中共中央马克思恩格斯列宁斯大林著作编译局，1972：167）。公债就是国家发行、定期付本息的票据和债券，即国家为筹集资金，凭借其信用，通过固定措施向投资人提供证据，许诺在固定期限还清所有本金和利息的一种债务股权凭据。货币本来就有一定的升值空间，发行公债可以将其剩余价值体现出来，还可以规避实业投资及偿还高额利息的风险，由此国家便把贷款而来的一定面值的纸币转换成了易转移的公债券。当代社会中，合理借内外债是建设国家的一大有效措施，可以适当缓和资本匮乏的重压。清政府对国外负债是从咸丰年间开始的，之后创办洋务、压制农民武装斗争、征战、战争赔款等也借了许多次外债，但都按时还款，至甲午中日战争前已还清，没有影响国家的主权及财政。

我国近代最大的外债是庚子赔款，且带来了系列镑亏借债。光绪某三年间，镑亏高达一千多万两，反复商议少至八百万两。为了填补这一亏款，清政府向银行借贷一百万镑，每一年的利息是 5 厘，20 年还清（徐义生，1962：38）。除了以上贷款，还有许多的实业性借款和地方性借款。实业性借款有 35 笔铁路业方面、25 笔采矿业方面、7 笔电业方面等（许毅等，1996：673-676）。地方性借款有广东、上海、江苏、云南等地的借款。

（三）中央集权财政体制的破坏

清朝的税收是在政府的规划和督查下进行的。咸丰以前的军队所需物资就是由户部操办的，政府任命钦差进行军需的储存及支出，每个省承担拨款。太平天国起义时，清政府国库贫乏，户部没有能力筹集资金，只能纵容各个省份自己筹集资金，这样一来地方的财政权便不由自主地落到了各省。于是各省打着维持军队的名义，上奏请求购买粮食的资金。再加上征集旧的税收、增加新的税收、捐厘以及各种附加税的出现和快速推广，最后地方脱离了中央的监控。到了光绪中期，每个省份基本都会增加一些粮食方面的税收，募集资金也无拘无束（胡钧，1920：347）。由于大量的赔款，1902 年开始，清政府每年又向每个省份征收白银两千三百万两，因此各省不得不增收更多的附加税款。中央财政权力分散，地方财政权力增多，使得清朝财政无法在关键时刻发挥作用。

（四）清末新政支出

庚子之后，清朝开始实施各种革新运动，如创建新式学校、编练新式陆军、革新选官用官制度以及倡导商业工业并行等。光绪二十七年（1901）后，清政府在军事方面有很大的投入。各种革新运动的支出从 1901 年的四千多万两涨到 1911 年的 1.3 亿两，1901 年，新建陆军的第六镇军事费用竟然高达 900 多万两（赵德馨、马敏、朱英，2002：511）。光绪末年筹备立宪、改革官制、兴办学堂也需要很多费用。

清朝末年革新运动在每个省份推广的重点是兴办学校、大力推行自治制度以及设立巡行警备。1901 年，设管学大臣（1903 年改为学务大臣）管理大学堂事，并谕令各省、府、县分别设立大、中、小学堂。自治制度即测量所有地面积、检查人口、办理保甲等；巡警始于 1902 年的巡警营和警察，之后各省设置巡警和警务学堂，各县也开始兴办巡警。革新运动的开展一定有庞大的资金需求，而资金来源就是大量税收。

二、清末民初的币制状况

（一）货币种类繁多且形式多样

清朝实行白银和铜钱并行，且许多地区还流通着一些不标准的银元。1911 年后我国市面上流通的本土银元有十余种，国外的有本洋、鹰洋、人洋等。北洋政府时期，每种货币样式不同，各个地区所用的白银单位准则共有 170 多种。因为这繁杂的类别，金融组织就凭此哄抬或压制其价钱来获得收益，这不仅牺牲了国民的利益，而且极大阻碍了我国经济的发展。

（二）铸币、发行权分散

清代前期中央和各省同样享有铸造钱币的权利，清朝末年也大多沿袭此政策。中央的户部和工部为中央铸造钱币，其他各省份由本省铸造钱币。1894 年以前，除了在政府管理之下的清政府户部银行和交通银行以外，还有很多机构也拥有发行权。

（三）银价波动

1870 年以后，欧洲和北美洲的现代资本主义国家纷纷开始实行以黄金为本位币的货币制度，导致全世界白银价格大幅度下滑。当时我国以银为主要货币，那么国际支付时难免处于劣势。1894 年之后，我国财政已经面临严重危机，赔付旧债，再加上新债以及英镑汇价上涨，无疑是雪上加霜。

清末民初的税收、军费、赔款、外债、新政等每一项开销持续上涨，币制情况也不容乐观，这些都体现了财政改革的必要性与危机性。

三、梁启超币制改革的思想来源

（一）自身因素

一个人的性格可能成为影响人一生的主因，而这大多取决于他的先人和幼时的成长环境。梁启超年幼时受祖父教诲颇多，学习了儒家传统思想，曾有这样的受教育情景：在他四岁的时候其祖父便开始向他传授"四书"和《诗经》里的知识。幼时的梁启超最偏爱的是听祖父朗诵宋朝和明朝悲昂壮烈的爱国故事（梁启超，1989a），这也在他幼小的心灵中深深地扎下了忧国忧民、心怀天下的根。除了祖父的教育，梁启超也受到父母的良好教育。其父莲涧先生是一位仁慈方正热心的公共事业者，其母赵氏温良淑德，其教育和言行也影响着梁启超的行为态度。梁启超回忆："在我的家教中，任何错误都可以被宽恕，但撒谎是绝对不允许的。在我六岁那年，忘记了事情的起因，但撒了谎，过了一段时间连我自己都忘记了，但被我的母亲发现了。从我记得事情开始，母亲每天都是笑眼待我，这次的母亲生气到了极点，让我十分的害怕。我趴在地上被母亲打了十多鞭子，母亲说：你如果以后再撒谎，将来就会成为小偷强盗乞丐。这些话我一直被我谨记在心，也是鞭策我一路走来的名言。"（梁启超，1989a：19－20）

梁启超在八岁时就可以写作，九岁时就能写一千字的文章，十岁因童子试途中吟诗，得神童之名。虽曾跟读过外傅，但还是受祖父和父母教育更多。《我之为童子时》中这样写道："母亲在我很小的时候教我识字，从幼时到十岁以前，受到的教育都来自我的父亲和祖父。"（梁启超，1989a：11）。梁启超十七岁中举，十八岁入京会试，十九岁在万木草堂奠定了其一生学术和事业的基础，这些都对梁启超币制改革的思想有一定影响。

（二）外部因素

除了家人和自身因素外，还有一位人物影响着梁启超的币制改革，他就是春秋时期的管子，管子经济思想中的货币思想对梁启超有一定的启迪。梁启超说：管子十分精通资金管理，这种思想也被后世所沿用。管子认为财务管理不要将重点全部放在国家层面，而要放在经营人这里，因为国民经济发展了，国家经济自然会发展提高（梁启超，1989b）。他借鉴了管子的一些思想，像物品价格高低与货币价值成反比，物品数量多就便宜，少就昂贵。梁启超认为管子这一思想较充分地体现出货币的媒介作用，符合经济原理，值得认同与弘扬。同时，物品价格贵贱与货币价值成反比，即国家管理要做到均衡物价，因此应出台合情公正的币制政策。

梁启超认为管子的这些思想更适合古代社会的管理，但近代社会生产力十分发达，且各国经济也相互影响，这便不利于管理货币。所以他在吸收中国古代币制思想之时，也充分借鉴西方资本主义国家已经发展了几百年的优秀经济思想。梁启超在戊戌变法后逃亡到了日本，这也是他了解西方国家的良好契机。这期间他阅读了多个领域的日译书籍，查核了日本国势上升阶段诸多领域的改革情况。之后又继续前往美国，考察美国银行的历史以及发展现状，分析其优劣之处，并结合中国国情，给出自己的银行建设方案。

通过这些我们可以看出梁启超的币制改革思想来源于三大方面，首先是对我国古代优秀经济思想的批判继承、古为今用，其次是对西方国家经济思想的取其精华去其糟粕，最后是亲身考察美国、日本等国家的币制改革和银行建设，与此同时根据我国实际情况，提出自己独特的币制改革思想。

四、梁启超币制改革的主要思想及措施

梁启超的币制改革思想具有一定体系、且较为完整。从 19 世纪末到 20 世纪初，约十年间，梁启超发表了数篇与之有关的论文，他曾说："我试图写文章讨论货币制度改革的速度与国家生存灭亡的关系……现在货币是贸易的中间者，是中国生存下去的关键点，如果币制无法平稳，那么人民经济就无法持续发展。"（梁启超，1989c）梁启超币制改革的基本思路也是循序渐进的，他分析了之前公债、银行和纸币政策的优劣，同时深刻了解到当前中国币制的缺点：第一是没有本位，第二是货币繁杂混乱，因此他认为，统一币制，完善金融体制是发展资本主义经济的第一步。梁启超最早阐述币制问题是在其 1904 年发布的《中国货币问题》中，这也是他币制改革的代表作，其开篇写道："自通商日盛，与地球诸工商国交涉日繁，凡懋迁我国者，靡不以货币制度混乱为病。屡相忠告，使图改革，莫或省也。庚子之役，偿款巨亿，而银价日落，亏累倍蓰，当局者始窃窃忧之。"（梁启超，1989d）全球范围内经济贸易的盛行、战争的巨额赔款以及银价大幅度下跌等，都严重影响了我国的政治和经济，币制改革迫在眉睫。

（一）从"银本位制"逐渐过渡到"金本位制"

本位这一理论并不是我国社会，而是西方资产阶级社会所提出的，与之有密切关系的就是我们所说的"银本位制""虚金本位制"和"金本位制"。梁启超认为中国的钱币体系缺少本位，他说："想要探究货币的人，首先要理解本位是什么意思，即在国家已确定的货币制度中，选择一种作为正统货币，其他货币都以此为准则，估算价值

比例、确定价格。"（梁启超，1989d：105）

梁启超认为确立币制的前提是确定本位，他说："所贵乎有货币者，以其能为一切物价之尺度也，货币所以能为一切物价之尺度者，以其自体有一定价格也。夫货币自体之一定价格，则恃本位币以为之纲，故语币制而不先致意于本位，蔑有当矣。"（梁启超，1989c：10）货币本身有一定的价值，清朝无固定的正统货币，也没有通过司法手段规定白银作为本位货币，便不能固定钱币的本位价值，这种状况会影响经济发展。

梁启超选择本位也是有标准的："凡选择本位之标准略有三端，一曰就币材性质以观其孰适，二曰就国民生计程度以观其孰适，三曰就四邻交通便利以观其孰适。"（梁启超，1989c：11）他分析了世界银价下跌对我国工业和商业的严重打击：货币贬值、物价上涨、国家收入骤降、巨额赔款以及每年的镑亏等。总结下来，我国不适合确立以白银为本位，退而求其次，采用以黄金为本位的"金本位制"。但当时的条件是黄金少白银多，黄金并无大量的储蓄，这不足以建立"金本位制"，所以不得不推广"虚金本位制"。

建立"虚金本位制"要考虑的问题也有很多，像建立货币信用、限制货币数量、引领汇率市场以及我国货币在对外交易中是否处于优势地位等。面对这些问题，梁启超再三考虑，决定先推广"银本位制"，充分运用国家已发行的旧白银，通过政府或各省份发行可兑换的契据，回笼散布在市场上的银元。然后向"虚金本位制"过渡，也就是我国需规定金本位制准则，国家不得铸造黄金货币，而是由白银货币取而代之；法令上明确金币和银币的比例价格；举国上下所需的所有钱银，由国家按照实际状况增加铸币或减少铸币。梁启超认为："政府当创设一局，专理国际汇兑之事，若市面汇价稍有涨落之时，政府既以此局操纵之，或收回银币于国库，或吸入金货于本国。"（梁启超，1989d：103）即应该在国外创建专门管理钱币兑换的机构，委托那边留有足够量的黄金，这种办法可以稳定币值。那么当我国有足够的储蓄黄金和政府信用时，便有了具备从"虚金本位制"过渡到"金本位制"的条件。

（二）发行纸币

梁启超认为纸币便于携带、所需成本少且发行数量可控，所以把纸币分为两种：第一种是可兑换纸币，像当面交易一样，一方给出货币，一方给回凭证，双方不受限制自由兑换。梁启超说："无异收别人存下之银，而给回一凭票。故原人持票取银，例当立刻对交。"（梁启超，1989e）他倡导发行可兑换纸币，国家法律要提出明确要求，如遇到不愿兑换者，可采取强制措施。第二种是不可兑换纸币，类似于公债，但面值比公债小，这也方便其流通于社会。梁启超虽然更赞同可兑换纸币，但出于对我国当时还没有建立国家信用以及民间已经把使用货币作为传统习惯的考虑，故较为主张使用不可兑换纸币。

19 世纪末到 20 世纪初，发行纸币这一制度备受关注，但纸币滥发这一问题给中国带来了很大的困扰。梁启超作为中国币制改革的领军人物，又一次给出了解决办法。

1. 国民银行制度下的多数发行制度

1909 年，流亡期间的梁启超仍一心挂念国内局势，并借鉴、总结经验，为中国财政问题出谋划策。他认为我国市场内流通的纸币发行分散，货币没有稳定性和统一性，原因在于中央银行建立前各大商业银行基本都有发行纸币的权力。清朝末年，政府开始筹备建设代表社会主流看法的、符合社会客观需要的、顺应国际银行制度发展潮流的、可以集中发行纸币以及整齐币制的中央银行制度。银行是国家社会活动经济的中心地带，国民经济不发达，国家财政也不会发达，因此，必须普及和发展银行。西方国家的银行大多没有推广纸币的权力，因为它们有许多储蓄且不依靠钱币发行带来的收益。相比之下，我国当时处于未开化状态，所以梁启超提倡，政府应给予私立银行在一定条件范围内发行纸币的权力，使其获得利益。

如果政府不下放部分发行纸币的权力，就要委托政府的银行或者国民银行制度下的多数发行制银行，中央银行可以在政府的监督之下进行纸币发行。垄断纸币发行权要做到：当市场利率高一些时增加发行量，利率低一些时减少发行量，纸币过于充足的地区要适量减少发行，过于匮乏的地区适量增加发行，否则对国民生计有很大的影响。梁启超认为采取什么纸币发行制度都要基于国情，中央银行发行纸币的弊端是无法避免的，所以他不建议实行中央银行发行纸币的制度。

多数发行制是比较自由的，金融机构、地主、富商都可以发行纸币，但缺乏管理，会造成多发、滥发和欠账无法收回等现象，这样会动摇社会市场稳定的局面，无辜的人民也会受到牵连。所以提倡在国民银行制度下进行币制推广，即国家不会全盘干预且会适当管理，这样可以防止纸币滥发等现象的产生。在国民银行制度下推广纸币是要以国家的借债作保证的，这有利于我国财政的平衡。为了国民银行制度下的多数发行制能在我国更好地流通，梁启超要求政府对待其发行的纸币要与正币一样，允许其用于收纳租税。这是一个双赢的大好局面，国家获得债券的利益，银行获得发行货币的利益。

但万事都有利弊，此制度下推广钱币数量的多少是由国家借债的推广面值决定的，且纸币数量可以与银行买进债券的面值相持恒。但当政府借债的市场价格大于面值时，推广钱币就无法获利，从而变得无意义，钱币流通状况也因欠缺调节而导致有时供给充足，有时供给不足。这样一来，各国逐渐开始采取中央银行发行纸币的制度。

2. 中央银行和国民银行并行的多数发行制度

1912 年，回国之后的梁启超依然在为中国财政问题出谋献策。他深知直接提倡国民银行制度并不可行，中央银行制度已被社会所公认，这样一来，我国完全可以在实行国民银行的基础上，增加中央银行，且仍是多数发行制度。梁启超的这一改革继承了之前的思想，考虑到国情的同时也解决了财政难题，加上中央银行也只是多了一个发行纸币的机构而已，合情合理。

我国采取二者间的哪一个发行制都有些不妥，因为只有中央银行能做到：市场平稳时留有一定的纸币保存余力，市场资金紧张时放出纸币，缓解资金需求。商业银行只会考虑利益，发行纸币当然是越多越好，但出现危机时只能收缩发行求得自保，这会使本已混乱的市场更窘迫，所以只实行多数发行制不妥。其实按道理来讲，只使用中央银行推广制度比多数发行制更好，但我国经济不发达且私立银行资产不雄厚，达不到实行单一发行制的条件。因此，梁启超采取折中的过渡办法，即中央银行和国民银行一起发行的多数发行制度，等到我国经济根基稳定，私立银行逐渐崛起之时再实行单一的中央银行发行制度。

3. 中央银行的单一发行制度

1917 年后，梁启超虽已退出政界，但也发表过两篇演说来阐述其新的纸币发行思想。他认为当时整顿我国财政的第一步，是从根本上改变推广制度，把发行纸币的权力还给中央银行，推行中央银行这一种发行制度。之后，不允许银行借钱给政府，这样一来，若政府出现危机，则不会波及社会。这时候的梁启超不再只考虑我国财政问题，而是从现代币制改革角度出发，较为全面地看待问题。

（三）统一币制

梁启超提倡我国首先要设立货币本位制，然后再由"称量货币制"转化到"铸币制"。他认为，应以重量为七钱二分的一元为单位，依据是：第一，选择重量适中的货币；第二，了解我国目前货币的种类并找出一种最方便换算的；第三，了解我国人民的习惯并选择最方便国民的；第四，满足前三条的同时也要考虑到国际贸易问题（张品兴，1999：641）。再者，我国要确立辅币，形成主币为一元银币、辅币为铜币的局面。由于当时的国家战乱纷飞且动荡不安，政府并不能完全取信于民众。所以铸币、纸币同时发行时，政府首先应积极地树立信用，使得纸币发行顺利。梁启超认为一切税款都需用新货币、政府发行的纸币或者经国家许可的银行纸币来代替，一千文改为一元，一两银改为一元半，国家得到纸币后，还是用在民众身上，这样一来清朝的铸币和纸币将逐步统一。

五、梁启超币制改革的特点

梁启超在民国三年（1914）二月十九日被袁世凯任命为币制局总裁，直到十二月请辞，币制局裁撤合并为财政部泉币司。这不到一年的总裁生涯，梁启超为民国早期金融改革进行了一系列擘画，主要体现在以下三个方面：

（一）出台币制条例和办法

梁启超在任币制局总裁期间并未发表有关币制改革的文章，但作为币制局领导人，在其任内出台了一系列有关币制改革的条例和办法（丁文江、赵丰田，1983）：民国三年（1914）六月出台《币制条例》，七月出台《拟参采国民银行制度以整顿商票维持金融办法》和《拟整理东三省纸币办法大纲》，八月出台《拟铸造镍币办法》和《拟处分旧币施行新币办法》，九月出台《拟推行国币简易办法》，十月出台《整理造币厂计画纲要》和《拟发行国币汇兑券说帖》等。

（二）立足国情，循序渐进

梁启超的改革从实际出发，依照当时国家经济基础以及人民生活习惯，优先确立银本位制。他了解到："熟察吾国中生计程度，内地细民，每日庸率，不过铜钱数十。易铜而银，犹不适，而况于金。"（梁启超，1989d：106）这都证明了我国更适合"银本位制"。梁启超也认为我国的币制改革需按部就班，他本来也主张中国使用"金本位制"或者"虚金本位制"，但就我国当时财力人力物力来看，最合适的还是"银本位制"，所以倡导应该先确立"银本位制"，然后逐渐过渡到"金本位制"。在各地区推行以白银为首的主币，与此同时，回收流通在市场中的其他种类的银制钱币，这样便可合并到"银本位制"。当时我国没有充足的储金量，无法推行"金本位制"，但可以推行"虚金本位制"，也就是"金汇兑本位制"，等到有了一定资本，再逐渐转变为"金本位制"。这样循序渐进，缓解了清末民初水深火热的财政危机，同时也发展了经济。

（三）量力而为，重视民生

梁启超认为，在币制改革中不论发行纸币还是银币，一定要有限度，要与国家实际所需相符。货币发行量不能过多，应低于一年租税收入总额，这样才能避免通货膨胀，保持政府良好信用，保护人民财产。货币也不能随意发行，若金银大量流入外国，则会造成纸币贬值，国家经济萧条。梁启超认为民乃国家之本，若中国币制不统一，则商业发展缓慢，这将严重影响人民生计，而且国民经济水平也影响着国家经济发展。

六、结语

清末民初，我国财政陷入危机，币制混乱，梁启超结合中国国情，继承我国古代优秀经济思想，对西方国家经济思想取其精华去其糟粕，并亲身考察美国、日本等国家的币制改革和银行建设情况。经过大量实践和思考后，主张实行从确立"银本位制"到"虚金本位制"，再到"金本位制"；继而由"称量货币"过渡到"铸币"；之后国家限量合并发行银元和纸票；最后大一统的货币制度。

这一改革较为完善且有一定体系，从实际出发，符合当时国情民生且循序渐进，缓解了清末民初水深火热的财政危机，同时发也展了经济。清末民初我国社会生产力水平较低，国力较弱，政治经济压力较大，币制改革一波三折，但通过不断深入的改革，改善了我国的财政状况，为我国向现代货币体制转型提供了改革经验。

参考文献：

丁文江，赵丰田，1983. 梁启超年谱长编 [M]. 上海：上海人民出版社.

胡钧，1920. 中国财政史 [M]. 北京：商务印书馆.

江敬虞，2000. 中国近代经济史（1895—1927）[M]. 北京：人民出版社.

梁启超，1989a. 饮冰室合集：专集之十一 [M]. 北京：中华书局.

梁启超，1989b. 管子传 [M] //饮冰室合集：专集之二十八. 北京：中华书局.

梁启超，1989c. 币制条议 [M] //饮冰室合集：文集之二十二. 北京：中华书局.

梁启超，1989d. 中国货币问题 [M] //饮冰室合集：文集之十六. 北京：中华书局.

梁启超，1989e. 吾党对于不换纸币之意见 [M] //饮冰室合集·文集之二十八. 北京：中华书局.

王铁崖，1957. 中外旧约章汇编 [M]. 北京：生活·读书·新知三联书店.

徐义生，1962. 中国近代外债史统计资料 [M]. 北京：中华书局.

许毅等，1996. 清代外债史论 [M]. 北京：中国财政经济出版社.

张品兴，1999. 梁启超全集 [M]. 北京：北京出版社.

赵德馨，马敏，朱英，2002. 中国经济通史：第八卷（下册）[M]. 长沙：湖南人民出版社.

赵尔巽，1976. 清史稿：第十三册第一百二十五卷 [M]. 北京：中华书局.

中共中央马克思恩格斯列宁斯大林著作编译局，1972. 马克思恩格斯选集：第四卷 [M]. 北京：人民出版社.

新中国成立前后广西旧货币与新货币的舆论表现
——以《广西日报》^①为例

黄文波

（广西壮族自治区图书馆）

摘　要： 新中国成立前夕，广西地区的金融货币市场较为动荡。面对不断恶化的金融环境，新桂系当局通过官方报纸《广西日报》等媒介对维持旧货币的信用体系和正常运行进行舆论应对与疏导，仍在作最后的挣扎。新中国成立后，中国人民银行广西省分行逐步开展推行新货币的工作，广西省委机关报《广西日报》在新货币的推行过程中发挥了极大的舆论宣传作用。最终，人民币顺利取代旧货币，在金融战和舆论战中均取得了完全的胜利。

关键词： 广西；新中国成立前后；《广西日报》；金圆券；银元；人民币

中华人民共和国成立前夕，受时局影响，广西地区的金融货币市场较为动荡。1948 年后取代法币而粉墨登场的金圆券不断增发和超发，票额也越印越大，主权货币的权威性遭到严重破坏，信用体系趋于崩溃。在金融货币市场，金圆券开始遭到民众弃用，随之各种版色的银元、银毫，以及美元、港币、安南纸等各显神通，进一步加剧了金融货币市场的混乱，给民众生活造成极大不便。面对金融货币市场不断恶化的困境，新桂系当局通过官方报纸《广西日报》大肆制造舆论声势、引导舆论走向，借机维系旧货币的信用，企图稳住摇摇欲坠的旧政权。1949 年 11 月至 12 月解放广西期间，中国人民银行广西省分行在桂林成立，并首要开展推行新货币——人民币的工作。同时期创刊的中共广西省委机关报《广西日报》在新货币的推行过程中发挥了极大的宣传作用，特别是在取缔旧货币、推行新货币、打击黑市、平抑物价等金融战中的舆论作用，助力巩固新货币的信用基础。1951 年 8 月之后人民币基本占领了广西全省市

---

① "《广西日报》（桂林版）""《广西日报》（柳州版）""《广西日报》（南宁版）"等为 1949 年之前的国民党系报纸，1950 年之后的《广西日报》为中共广西省委机关报。

场，新货币在金融战和舆论战中均取得了最终的胜利。

由于代表国共双方舆论的主流媒介《广西日报》存在的历史阶段有先后顺序，因此本文所称的舆论战大多不是直接的交锋，而主要是先后交替的宣传内容，即各自在金融货币领域的舆论表现。当然，在旧政权倒台至新政权建立前后这个关键的历史节点中，旧政权、旧势力、旧货币等不甘于失败，负隅顽抗，双方舆论方面势必会有一些直接的冲突和斗争。实质上，关于货币的舆论战或宣传战，其根本目的都是为了维系本方货币的权威和信用，打击、驱逐进而消灭对方的货币体系。新中国成立前后（1949—1951）这一阶段，广西流通货币的主线是"金圆券—银元及银元券—人民币"，其中前三者在本文中统称为"旧货币"，代表旧政权的旧事物，人民币则是"新货币"的具体化，其顺应了时代的发展，并一步步将各类旧货币驱逐出广西金融货币市场。

一、新中国成立前夕旧货币的舆论表现

（一）金圆券的维系和放弃

1948 年，伴随解放战争的进程，国内通货膨胀达到恶性阶段。为应对日益增加的军费开支，挽救财政经济危机，国民政府于 8 月 18 日实行币制改革，发行金圆券取代法币，金圆券与法币的比价定为 1∶300 万，限期于当年 11 月 20 日之前收兑法币。此举宣告了法币彻底崩溃，金圆券则成为国民政府在大陆统治末期的一种本位货币。

但仅仅不到 3 个月，法币的兑现期还没截止，金圆券即开始动摇。由于国民政府通过不断地超发来弥补财政赤字，金圆券很快突破了原定的 20 亿元发行额。于是，1948 年 11 月 12 日，国民政府颁布《修正金圆券发行办法》，每元代表的纯金由原来的 0.222 17 克减为 0.04 克，因而爆发了信用危机。《广西日报》（柳州版）曾对该办法予以评论，认为"这个办法对于收缩通货、紧固币值、稳定物价，已收到相当的功效，惟当局临事仓促，在存兑的技术上有不少缺点：一是存兑数额无限制，徒便利豪强大户及黄牛党大量套购及图利自肥；二是办理存兑的地方，仅限于几个大城市，一个城市里面又仅限于中央银行；三是金圆券收兑的手续，理应获根本的改善，前此办理存兑的银行没有计划，存款及兑现同时办理，兑换者拥挤不堪。"[①] 虽然这篇短文具有一定的客观性，但金融势态受到时局的影响，广西各地的物价飞速上涨，恶性通货膨胀将再次爆发。为了能够在一定程度上稳定金融秩序，新桂系当局不得不在舆论上进行疏导。1949 年初，《广西日报》（柳州版）刊登关于金圆券发行总额的文章称："外传

---

① 金圆券存兑新办法公布 ［N］. 广西日报（柳州版），1948－12－17（1）.

政府发行金圆券总额截至最近止，已达八百亿元。记者顷就此事询请有关当局负责人，据称：发行总额实数为二百亿元左右，外间传闻实属无稽，渠复告记者谓，倘照市内黄金每两值十万元计算，仅合黄金二十万两，而政府现在掌握之黄金超四百万两，其他外汇白银物资尚未计算在内。目前金圆券之贬值以及物价之高涨，当非完全通货膨胀所致，主要之因素其实为大多数人之心理听于大局之不安。目前财政当局拟有整理财政安定金融经济之几个办法，不久可实施，最后并以极大坚决语气告记者，以其个人观察，当前单独以财政而言，深信不致成为问题，其关键在如何澄清当前之局势，安定全国之人心而已。"① 通过援引金融界人士的表态，力图维系金圆券的公信力：首先否认社会上关于金圆券超发的传闻，其次对政府能够利用金银储备有效应对金圆券的金融危机充满信心，最后认为当局能够很好地稳定局势和安定人心。

不日，《广西日报》（柳州版）又撰文，强调金圆券仍为本位币，仍以金圆券为报账单位。国民政府财政部负责人在文中表示："中央银行具有控制金融市场、稳定币值之雄厚力量，金圆券币值虽将随市价涨落，但其差额不致距离过远。央行并准备运用充足之经济力量，控制市场，随时抛售黄金白银，平衡市价，以打击投机家之操纵。并将计划开放广州、上海、汉口、重庆四个资本市场。"② 但在短短的半年时间内，《广西日报》一方面陆续刊登维系金圆券本位地位的文章，一方面又不断刊登金圆券的发行资讯，详细描述金圆券每一次发行的面额、版别、肖像、图案、色彩等特征，整个过程折射出金圆券贬值速度之快（见表1）。市场交易人员对金圆券的失望与日俱增，同时，部分银毫开始重出江湖。针对这一情形，新桂系当局开始有所警觉，并在舆论方面加以警告。如柳江县政府在报端刊登信息："金圆券为中华民国之货币，凡属公私交易，均以金圆券为本位。乃查竟有不肖商人枉顾国家大体，金银得自由贸易之际，对于商品交易，公然以旧东毫议价，以致市场混乱，物价上升。不惜破坏国家币政，抑且影响民生，应予取缔，以惟金圆券之常用，特布告不准用以银毫议价，如敢故违，决以扰乱金融论处云。"③ 在报纸的舆论控制方面，明显地屏蔽了反映金融货币市场真实的流通资讯，继续频繁刊载金圆券的发行资讯。然而实际上，这类警告和控制并不奏效，反之，一周之后，柳江县政府发文，公务人员薪资待遇将改发银毫④，实在是滑天下之大稽。

---

① 金圆券发行总额实数约二百亿［N］. 广西日报（柳州版），1949－02－20（1）.
② 金圆券仍为本位币　央行随时抛售金银稳定币值［N］. 广西日报（柳州版），1949－02－27（1）.
③ 交易应用金圆券不得以银毫议价　如敢故违以扰乱金融论处［N］. 广西日报（柳州版），1949－03－20（2）.
④ 柳江县人员待遇下月起改发银毫［N］. 广西日报（柳州版），1949－03－27（2）.

表1　《广西日报》中关于金圆券的部分资讯

标题	涉及面额	版别日期
《六种金圆券出笼 政府黄金兑价绝不提高》	5角、10元、20元、50元	《广西日报》（柳州版） 1948 - 12 - 09（1）
《央行今日发出金圆券大票》	100元、500元	《广西日报》（柳州版） 1949 - 02 - 01（2）
《五百一千面额金圆出笼》	500元、1 000元	《广西日报》（柳州版） 1949 - 03 - 02（1）
《千万元大钞业已宣告出笼》	5 000元、10 000元	《广西日报》（桂林版） 1949 - 04 - 06（3）
《五万元大钞出笼 分绿色橘红色棕色三种》	50 000元	《广西日报》（柳州版） 1949 - 04 - 21（1）
《中央银行桂林分行公告》	100 000元	《广西日报》（桂林版） 1949 - 04 - 27（1）
《五十万元大钞业已出笼》	500 000元	《广西日报》（桂林版） 1949 - 05 - 08（3）

　　面对真实的金融困难，广西各地当局为保障公务人员生活，不得不逐渐试行地区性的金融货币改革，逐步放弃金圆券，重新启用银元。1949年4月底，广西银行决议将恢复银毫存放汇兑，并对团体、官兵、警察、教育等公务人员配发银元。广西省主席黄旭初也曾透露，将发行地方性的银元币券，此举一旦实施，将有利于解决地方金融困难。① 同时为适应社会的需要，广西省政府公告准许铜元自由流通。全文称："迩来物价上涨，金圆券贬值，市场交易媒介缺乏，省府据报各地盼以铜元代替通货使用，兹为适应社会需要，省内各地铜元，应准自由流通，其比值任由市场自然决定，唯以商品贩运出境及熔毁者，仍应照规定没充，各机关前缉获没充铜元，着即将数量报告候令处置。"②

　　1949年5月1日，广西省政府正式发布公告，从即日起税收不收金圆券，改用银元、外币，如无银元、外币则折征中白米或棉纱。柳州因铁路、邮电及省和县的税收

① 黄主席在周会中称　省将发银元币券　现正着手办理不久即可实施　地方金融困难今后可望解决 [N].广西日报（柳州版），1949 - 04 - 28（2）.
② 适应社会需要　省准铜元自由流通 [N].广西日报（桂林版），1949 - 04 - 24（3）.

机关改收银元，市面"无论大小交易一律拒收金圆券"（中国人民银行总行参事室，1991：641）。至此，中央银行桂林分行认为金圆券已经完全失去了流通作用。

值得注意的是，在新桂系当局宣布弃用金圆券的同时，国内的金圆券仍在不断地发行，10 万元、50 万元、100 万元纷纷出炉。但出于对金圆券的绝望，新桂系当局和广西民众已经不再相信这些夸张的钞票面额，从而自发地恢复到用银元交易和结算，这也是金融动荡中无奈的选择。金圆券在广西的实际流通时间约为 1948 年发行起至 1949 年中期，总计不超过一年，有关舆论方面的总体表现是：支持金圆券—维系金圆券—放弃金圆券。

（二）现实中的银元和空洞的银元券

金圆券的糟糕表现，被弃用实属意料之中，而银元被自发地重新启用并受到广泛的青睐则出乎意料。由于银元价值的相对稳定，经济生活逐渐恢复了秩序，金融市场貌似出现了短暂的"活跃"和"繁荣"。为了珍惜这一昙花一现的成果，国民党广西当局开始通过舆论手段，对银元大张旗鼓地渲染，一时间，各种关于银元的资讯充斥着报端。

1949 年 4 月底，《广西日报》（桂林版）刊载桂林市商会决议：启用以前遗存之东毫、铜元为银洋之辅币；银洋不分孙头、袁头、船版及有斧记者，一律通用，唯铜、哑、伪版或半边铜元，不得行使；其伸合兑换率如下：银洋每个合东毫一元二角（即双毫六个），东毫（双毫）价合铜元六十枚（一分大小），铜元只作补零用，不得以之交付巨额货款等。① 随后，桂林市政府决议：银洋不分孙头、袁头，一律通用。暂用以前退存之东毫、铜元作银洋之辅币。② 5 月，《广西日报》（柳州版）亦刊载柳江县商会制订银元东毫铜元比率：袁头一元折合东毫一元五角，东毫折合铜元四十枚。③ 6 月，又刊载广西省银行重订的比率：银元大小头不分，十足通用，帆船版九五折计算，法光、杂洋照旧五折通用；东毫七枚折合银元一元，中山毫八成计算，广西毫照旧五折通用；铜仙一百枚合东毫一枚。④ 这一系列的舆论资讯反映了当局对于采纳银元取代金圆券以求稳定金融的迫切心情。

但由于启用银元是地方性的行为，广西各地当局仍然需要报备国民政府中央银行。中央银行的复函称，金圆券仍为本位，但按照政府过去颁布的收兑金银条例，各种版

---

① 市商会昨决定银元不分版一律通用［N］. 广西日报（桂林版），1949 - 04 - 26（3）.
② 桂林通用银元　每个换东毫八枚［N］. 广西日报（柳州版），1949 - 04 - 29（2）.
③ 柳江县商会昨订定银元东毫铜元比率［N］. 广西日报（柳州版），1949 - 05 - 07（2）.
④ 市面流通硬币　省行重订比率［N］. 广西日报（桂林版），1949 - 06 - 14（3）.

次银元可以折算收兑。①默许"折算收兑"而不是允许"恢复流通",这其实是在大形势下不得不采取的折中口吻,相当于给各省各地此类的金融行为下了一个台阶。但实际上,此时金圆券在广西已经沦为废纸,在获得这种模棱两可的答复后,各种田赋征收、邮资收费以及其他市场交易均全面拒用金圆券,而是采取银元计价,广东银行桂林分行也适时开通了桂穗银元通汇,银元再次大行其道。

关于银元的弊端,国民党财政部长兼中央银行行长徐堪曾指出:"金圆券为人民拒用之后,民间日常所需,以及工业商业交易媒介,必须有代用之物。其时内地各省最普遍流行者,则为旧铸之银元,各种旧有铜镍辅币亦随时随地作价为流通之筹码,紊乱现象达于极点。"(中国人民银行总行参事室,1991:646)

于是,新一轮的币制改革又提上日程,银元券的概念被提出,徐堪正是银元券的主要倡导者。而早在1949年4月中旬,桂林市商界权威人士就呼吁广西省政府发行银元辅币券,作为补充银元的小额辅助货币,"依照目前情况,银元币券或银毫之发行实有迫切需要,依渠估计,如发行五百万元,在本省内流通,即可使市场趋于安定之情况"②。新桂系当局事实上默许并采用了银元辅币券的行为,决定发行并以之补贴和改善公务人员的生活,后又委托广西省银行在香港印制广西省辅币流通券,总计800万元,但这批未及发行,随着南宁解放,便胎死腹中(南宁市金融志编纂委员会,1995:16)。全国性的银元券改革浪潮稍晚一些。1949年7月3日,国民政府在广州发布《币制改革电》,实行《银元及银元兑换券办法》,规定银元每元含纯银23.493 48克,银元券为十足兑现券,金圆券5亿元折合银元或银元券1元。7月4日,中央银行公布《关于发行银元及银元兑换券、银元辅币办法》,指定包括桂林在内的若干城市中央银行分行办理银元兑换券的兑现工作(郑家度,1981:140)。

银元券面额有1元、5元、10元、50元和100元五种,辅币券有5分、1角、2角、5角四种。1949年7月9日和12日,桂林和南宁分别开始正式发行银元券。规定银元以民国二十三年(1934)所铸帆船银元为标准,孙洋、袁洋、龙版银元、墨西哥银元、澳洲银元、川滇等版银元等一律等价流通行使。但由于各版银元成色不一,且兑现不方便,因此银元券出笼时,在广西并不受欢迎。银元券发行后,国民党政权内部电财政部称"柳州未设兑换所,银元券被拒用或打折扣",西南军政长官公署也承认"银元券以兑现不便,形成普遍拒用现象"(郑家度,1981:141)。

为了迅速跟进中央的货币改革政策,同时也寄希望于新一轮币制改革能够带来效果,新桂系当局又企图通过舆论开始对银元券进行宣传。对于一个新鲜事物,人们总

---

① 民币东毫比值　央行有所解释 [N]. 广西日报(柳州版),1949 - 05 - 29(2).
② 省发行银元辅币券　目前实有迫切需要 [N]. 广西日报(桂林版),1949 - 04 - 18(3).

是充满激情和期待，报刊舆论也反映了这一规律，在 7 月、8 月间，报端关于银元券市场反馈和发行流通情况的信息量大增。

7 月 6 日，《广西日报》（南宁版）率先头版报道"银元及兑换券出笼，各地市场反响良好"。7 月 12 日，中央银行南宁分行开始发行及兑现银元券，这虽然引起了本地商民的关注，但由于一般市民不感兴趣，市面上未见流通。次日，即报道"为使新币顺利发行，本市国税局、海关、盐务局等机关，请收取纳税商民纳税时所缴纳之银元券"。仅一天后，又报道"记者昨日巡视市区各商场，已见该项银券小量流通，情形甚为良好，据商界权威表示，本市银券之是否能顺利流通，端视穗、桂方面之情形决定"①。桂林方面，也报道"记者走访桂林中央银行副理，谕以近日银元券兑换情形，承告前昨两日持券去兑现者人数增加……以往平均每日兑现约二万多元，而昨日则达三万五千余元……据悉，交易场各项交易价格尚稳定，不上不下"②。桂林绥署以币制改革后，只有桂林一地为兑换点，各地人民颇感不便，诚恐影响币信，特呈请中央准予在柳州、梧州、南宁、百色各设置兑换所，依照桂行办法办理兑现或现兑等业务。③南宁版报纸中还不时刊登推行银元兑换券的宣传标语："银元兑换券携带便利，完粮纳税及一切交易均使用。"由此看来，银元券似乎在短期内发生了质变，总体市场反馈是较为良好的。

关于发行情况，报端大多采用了追求稳定的口气。如中央银行桂林银行负责人曾承诺：银元券将绝对无限兑换，兑换拥挤可能委托他行代办，外地来桂兑现可以免费汇兑。报纸则迅速跟进报道：《银元券准备充足，准备金超过银券发行额》［广西日报（桂林版），1949－08－04］、《银券准备充足，续有银元千箱由港运穗，新铸银元贬值亏本颇巨》［广西日报（南宁版），1949－08－17］等。关于流通情况，则多以命令或通告的形式，如《央行请县取缔低折拒用银券》［广西日报（南宁版），1949－07－23］、《绥署发出禁令布告周知：银元券应一律通用，商民人等不准低折》［广西日报（南宁版），1949－08－13］等。再就是金圆券的回收，"银元券及银元兑换券发行办法公布实施后，财政部为收兑前发行之金圆券，经呈行政院令规，收兑期限，自本年七月二日起至九月一日截止，凡持有金圆券者，应于上项期限内向当地中央银行兑换银元成银元兑换券，逾期不兑换，一律作废"④。

从这些报道来看，银元券似乎又出现了问题，并有"此地无银三百两"的嫌疑，

---

① 银元券发行后　本市反映良好［N］. 广西日报（南宁版），1949－07－14（3）.
② 银元券兑现增多　两日来达三万五千余元［N］. 广西日报（桂林版），1949－07－24（3）.
③ 绥署电请中央增设银元兑换所［N］. 广西日报（桂林版），1949－07－25（3）.
④ 财部期限收兑金券［N］. 广西日报（南宁版），1949－07－18（2）.

但恰恰是这些报道的立场，显示了当局不愿意坦然面对再次迅速到来的失败。到了1949 年 9 月，报端关于银元券的报道急剧减少，一方面是由于战争局势不断吃紧，主要矛盾再次转移，另一方面则是新桂系当局已开始放纵银元券自生自灭。除了一些零星的画大饼式的短信息，如宣称政府仍备有大量白银，随时可以兑现应付银券①等，银元券的流通也随着国民党广西当局在华中地区的溃败而陷入僵局。

对于银元券，历史上并没有给予过正面的评价。银元券改革以后，国民政府当局承诺十足兑现，持有银元券者可随时到中央银行指定的地点兑现，并且规定如果无银元时，可以按照牌价折算付给黄金。但制度本身就有巨大的缺陷，主管财政收支的国库和主管发行通货的中央银行，收支系统是分割的，无法保证现兑。在当时的情形下，不管是中央还是地方，所有发行的纸币，始终是一种信用凭证，经历了数次纸币贬值浪潮、深受通货膨胀之苦的民众，还是更倾向于用货真价实的银元交易。实际上，银元券在 1949 年 7 月底已经达到了崩溃的地步，其狂跌之势"已创发行以来的最速纪录"（中国人民银行总行参事室，1991：674）。银元券存在的时间也很短暂，单靠舆论宣传而缺乏实践基础，其产生的效果非常微小，民众甚至没有真正理解它的含义，事实上新桂系当局的决策层也没有很好地理解，因此本文认为它是一种较为空泛、抽象的金融货币。

二、新中国成立后旧货币的舆论表现

1949 年 10 月 1 日，新中国在北京宣告成立。此时位于南疆的广西，正是大军南下解放的目标之一。新旧政权的更迭，势必是历史性的时刻，各种违背时代的旧事物会逐渐被淘汰，各种顺应时代的新事物将不断产生。随着 1948 年 12 月 1 日中国人民银行成立并统一根据地的货币，发行新货币——人民币，到新中国成立时，人民币在北方地区特别是解放区已经获得了逐步推广。反观此时尚未解放的广西地区，仍在为旧货币制造声势，作最后的舆论斗争。

1949 年 10—11 月，是国民党广西当局苟延残喘的最后时刻，战事的吃紧已经使其无暇重点顾及金融市场。报端涉及金融货币的舆论，全部仍以维持旧货币的流通（包括银元券、银元）、巩固旧货币的信用为主要特征。如广西省政府发布通告，"通饬所属对银元券及辅币券不得歧视或拒用，查银元兑换券及辅币券系十足准备直至发行，分在各大城市无限制兑现行使以来，商民称便，倘有散播流言，企图捣乱金融券，应

---

① 政府备有大量白银 应付银券随时兑现［N］. 广西日报（桂林版），1949-09-16（1）.

由当地政府严予纠正，尤呈各民意机关及各人民团体协助推行，以固币信"①。华中军政长官公署发布布告："查自币制改革以来，银元券在各地流通行使情形极为良好，本市近闻有贬折使用及贴水情事，显系奸匪趁机操纵，除饬军警机关随时查缉究办外，台函布告，凡我军民人等，务须恪遵法令，对于银元券不得歧视或贬折使用，所有政府公布之各版银元，并应一律等值流通，商品交易尤不得借故抬高物价，倘敢故违，即以扰乱金融论处，绝不姑息。"②中央银行桂林分行则通过行务会议指示：银元券十足兑现，所有税收机关及公用之事业机关，应绝对收受银元券，若查出有拒用银元券者，应予严办，并由财部及国库局派员协同调查。③《广西日报》（南宁版）也先后零星作了相应的宣传。

另外，各地警备司令部则负责缉拿"扰乱金融者"，通过舆论进行威吓。如桂林警备司令部于 1949 年 10 月宣称："近来有不肖之徒，在市区造谣蛊惑，扰乱金融，破坏币制，闻警备部于隔昨捕获打折使用银元券之犯二名，昨日捕获本市十字街口老凤楼银楼经理，及中山北路二三一号杂货商店经理拒用银元券犯各一名，除以上各扰乱金融犯警备部正依法严办外，并继续查拿中，望各商民幸勿以身试法。"④ 10 月底又出示布告："不准低折使用央行发行之银元券及任意抬高物价，自即日起无论官民人等，均应十足通用银元券，各货规定以本月十四日之价格为标准，倘有故违，即予拘禁，依照破坏金融、扰乱治安罪，从重法办，绝不姑息。"⑤ 11 月初则登出长篇社论，再次阐述了银元重启的意义，以及银元稳定的重要性，严词指出"凡有扰乱金融之行为者杀无赦"⑥。

在市场币制混乱和拒收银元券的背景下，关于银元，新桂系当局又作出一系列规定，先是规定各种版面银元一律兑换东毫 5 枚，大宗交易可以使用法光，这样一来无形中提高了法光的地位；后又决议袁洋与法光等价，执行袁洋本位，再后来又发出《省库税款收支以船洋为主币》的通电（郑家度，1981：173 – 174），决定船洋为交易本位。这一系列规定如同儿戏，既无公信力，也无约束力，市场混乱依旧如故。

1949 年 11 月 2 日，广西省政府主席黄旭初在《广西日报》（桂林版）发出关于货币问题的最后一张布告："查各版银元应一律等值行使，早经本府规定有案，现南宁商场交易均以袁洋为主，稍有斧印者即作拒绝行使，并对孙洋船洋澳洋鹰洋竟有低折或

---

① 省府重申前令 不得歧视银元券［N］. 广西日报（桂林版），1949 – 10 – 12（3）.
② 华中长官公署严令 不得贬折银元券［N］. 广西日报（桂林版），1949 – 10 – 14（3）.
③ 财长指示各央行 银券十足兑现［N］. 广西日报（桂林版），1949 – 10 – 18（3）.
④ 警备部连日查拿低折使用银元券犯［N］. 广西日报（桂林版），1949 – 10 – 18（3）.
⑤ 警备部布告市民 不准低折银元券［N］. 广西日报（桂林版），1949 – 10 – 22（3）.
⑥ 扰乱金融者杀无赦［N］. 广西日报（南宁版），1949 – 11 – 02（2）.

拒用情事。公私交收均感困难，亟应重申前令，严予取缔以维金融。兹定于本年十一月二日起，商场交易及税局银行收解税款应以船洋为主币，美元兑换双东毫五枚，其余孙洋澳洋鹰洋及无论有无斧印制袁洋均应一律与船洋等值行使，如有低折及拒用情事，既由南宁警察局拘案，照扰乱金融罪论处，除饬南宁警察局暨有关机关遵照外，合行布告，仰各商民一体遵照，勿违此布。"① 之后黄旭初便逃往南宁。

1949 年 11 月中下旬，解放军进入广西后，国民党广西当局仍在抛出银元券的大面额，企图"安定金融"，并通过舆论进行宣传。11 月 11 日，华中长官公署发布布告："（一）查自币制改革以来银元券在各地流通行使情形，极为良好，中央对于银元券之发行，亦极慎重，并确具有十足兑换之准备，本署前经布告晓谕不得歧视或贬折拒用有案。（二）除电请中央拨运金银充实准备办理兑现，以应需要外，特再规定于次：甲．辖区军民应一体推行银元券，乙．政府税收公管事业一律限收银元券，不得收受银元，丙．军政费用以支付银元券原则，丁．门市金银兑换为军人与非军人分别办理，任何人不得强求例外或滋扰生事。（三）凡违背上列各项规定，无论机关个人均以扰乱论罪，在机关则拘究其负责人员，决不实贷。（四）特此关切昭告。"② 这实际上已是最后博人一笑的惯用伎俩。

1949 年 11 月 22 日桂林解放，11 月 25 日柳州解放，而 11 月 27 日，《广西日报》（南宁版）停刊的前一天，仍然在头版颁布了《中央银行南宁分行公告》："本行奉命发行银元及银元兑换券、银元辅币券，兹将发行办法分列如后：（一）银元以民国二十三年（1934）所铸造船银元为标准，即每枚总重为 26.697 1 公分，成色为千分之八〇八，合纯银 23.493 448 公分，下列各种银元，一律等值流通行使。1. 国父像银元，2. 袁像银元，3. 龙版银元，4. 墨西哥银元，5. 澳洲银元，6. 川沪等版银元之重量成色合于上述标准者。（二）银元兑换券分左列四种一律为横式，正面印国父像，反面印帆船银元图案。一元券蓝色，五元券广州地名赭色、重庆地名褐色，十元券广州地名墨绿色、重庆地名红色，百元券广州地名紫红色、重庆地名绿色。（三）银元辅币券先发一角二角两种，一律横式，正面印国父像反面印天坛图样，一角券青绿色，二角券淡绿色。"③ 国民党广西当局再次在最后时刻重申了本位货币的地位，与此同时报刊又指出"央行已准南宁为兑现地点，惟南宁分行库存并无现银可以兑换，须待黄金银元运到之后，始可以正式开始办理"④。这说辞既突出了矛盾，也表现出了深深的无奈。

① 广西省政府布告［N］. 广西日报（桂林版），1949 - 11 - 02（1）.

② 长官公署发布布告安定本市金融 政府税收一律限收银元券［N］. 广西日报（桂林版），1949 - 11 - 11（3）.

③ 中央银行南宁分行公告［N］. 广西日报（南宁版），1949 - 11 - 27（1）.

④ 南宁银元券短期可兑现［N］. 广西日报（南宁版），1949 - 11 - 27（1）.

三、新中国成立后新货币的舆论表现

1949 年 9 月，中共中央军委作出解放广西战略部署的同时，中央人民政府政务院任命廖生东为人民银行广西省分行行长，李凌霄为副行长。桂林解放后，廖生东率领的金融接管组于 11 月 23 日到达桂林，对中国银行桂林支行及桂林市银行进行接收。12 月 1 日成立人民银行广西省分行。12 月 4 日南宁解放，同月中旬，李凌霄率领的金融接管组到达南宁，对撤到此的中央银行、交通银行、中国农民银行、广西省银行总行等进行接收。12 月 11 日广西全境解放。1950 年 1 月 12 日，人民银行广西省分行随同省人民政府迁至南宁，此后即全面组织开展接管各地旧银行，建立人民银行的分支机构，开展金融业务等各项工作。到 1950 年底，全省共建银行机构 133 个，计有分行 1 个，营业部 1 个，中心支行 9 个，街道办事处、分理处 11 个，县支行 57 个，在小县和较大的圩镇建得营业所 54 个（《当代广西》丛书编辑部，1996：10－12）。这些金融机构的建立，为人民币①的推行奠定了坚实的基础。

从 1949 年 12 月 1 日起，人民银行广西省分行甫一开始营业即挂牌收兑银元，以人民币 4 000 元收兑银元 1 元。12 月 3 日，桂林军管会颁布《严禁银元流通的布告》，规定：严禁银元买卖流通；一切公私会计、交易计价、纳税、汇兑、债务往来一律以人民币为计算单位；以往的债务及契约、票据以银元为计算单位的，一律按当地人民银行收兑银元牌价折为人民币。否则，政府法律不予保障。12 月 28 日，人民银行广西省分行公布兑换外币与纹银的牌价，英镑每镑兑人民币 25 000 元，美钞每美元兑人民币 9 000 元，港币每港元兑人民币 1 100 元，纹银每市两兑人民币 3 500 元（广西金融志编撰委员会，1985：2－3）。此时，广西市面流通的人民币面额多为 1 000 元及 10 000 元，有少数 100 元、200 元、500 元。人民群众对国民党政府每改发一次新币，则旧币变成废纸带来的创伤记忆犹新，疑虑重重，因此对新货币——人民币多持不信任的态度，仍然采用银元交易甚至物物交易，直接反映到市场交易上则出现了购大于销的反常现象。

1950—1951 年是人民币融进广西金融市场、成为唯一合法货币的关键时期，作为广西省委机关报的《广西日报》在这一过程中发挥了极为重要的舆论宣传作用，这一阶段的主要舆论导向也凸显了一定的时代主题。

---

① 新中国的第一套人民币于 1948 年 12 月 1 日开始发行流通，发行面额有：一元、五元、十元、二十元、五十元、一百元、二百元、五百元、一千元、五千元、一万元、五万元，共十二种。

（一）关于"拒银拥币"的宣传

1949 年底，广西军管会根据中原临时人民政府和华中军区的法令，宣布"人民银行钞票为中华人民共和国唯一的和统一的合法货币""金银外币为非法货币""银元限期禁用"（郑家度，1981：177）。由此，广西各界开始拒收银元，只收人民币，拉开了"拒银拥币"运动的序幕。

在这场暴风骤雨般的金融运动中，《广西日报》首先在舆论方面提供了强有力的支持，不遗余力地用多种形式进行宣传。① 首先是制定和公布了《拥护人民币拒用银元的宣传大纲》以及公布宣传标语口号（见表 2），主要内容为：①人民币是以全国的物资作为发行准备，并有全国工农业生产、交通运输和公营企业的支持，又有贸易公司的货物在全国各地出售和全国的税收来回笼人民币。②人民币既不是金银为本位，也没外国的投资，它是以人民日常所必需的布、米、油、盐、煤作保障，金银在老解放区，早已成为不用的废物，因为金银不是广大群众所必需，而在以前，更是被少数人所操纵，借以渔利的商品，帝国主义者和反动派常用金银当幌子来榨取人民的血汗，现在只有使用人民币才能到全国各地购买货物，只有使用人民币才能做到埠际交流，才能使生产得到恢复和发展，正当的工商业才能经营和发展，从而才能逐渐改善人民生活，所以拒用银元，使用人民币，是我们人人的责任，是对人人有好处的，只对极少数投机倒把的金银贩子不利，而这些投机倒把的金银贩子，正是扰乱市场、兴风作浪、妨害民生的蟊贼。③人民币是用于发展生产、繁荣城市经济的合法货币，它不同于敌伪币是用于反人民的战争和掠夺人民的财富，因此人民币与敌伪币有本质上的区别。④解放战争胜利后全国大陆已获得解放，全国的生产正在恢复与发展，交通运输已经恢复，今后的物价是日趋稳定，甚至有部分地区还可能下降。⑤金银只许人民持有或保存，不得私相买卖流通，如遵守政府法令者，既不没收，也不强迫兑换，需要带向他区或出口换回人民所需的必需品，政府给予携带证明和方便。⑥禁用金银后公教人员的生活，政府是会适当照顾与保证的，可持有人民币到各地贸易公司买到计实物，或至银行折实存款，既可保款又得利息，同时更给予方便，不愿定期折实，可存活期，十天一取，用之便利。⑦今后的公私交易均须以人民币计价，如极少数的不法之徒不遵守政府令，是不允许其存在的，全体人民都有互相监督与检举的权利。⑧全市的人民要动员、组织和行动起来，建设我们民主独立富强幸福的中国，拥护我们自己的人民币，拒用非法落后的被少数人所操纵的银元。

---

① 拥护人民币拒用银元的宣传大纲［N］. 广西日报，1950 – 01 – 25（1）.

表2　拒用银元的标语口号

序号	口号
①	人民币是全国流通的唯一合法货币！
②	人民币是人民自己的货币！
③	人民币是为发展生产建设我们新中国的货币！
④	全市人民行动起来坚决拒用银元拥护人民币！
⑤	拒用银元是为了稳定物价，保障大家的生活利益！
⑥	人人拒用银元，就使银元投机者无计可施！
⑦	反对银元投机，保障人民生活！
⑧	禁止银元流通！
⑨	取缔银元买卖！
⑩	检举和法办有意扰乱金融的匪特和奸商！
⑪	拥护保障人民利益的人民币！
⑫	使用人民币，才能使生产发展经济繁荣！
⑬	所有的工商业都要做到"拒收银元，收受人民币"！
⑭	一切公司会计，交易计价债务往来，都必须以人民币为计算单位！
⑮	人民币有全国雄厚无比的物资作为保障！
⑯	我们要用我们自己的人民币！

　　其次是刊登社会各界对这次金融运动的表态，涉及各行各业。如主要依靠薪资过活的邮政、公路、印刷等行业的职工，身先士卒要求禁用金银外币，但提议先宣传说清楚再禁用；① 紧接着各行业工人纷纷响应，表达意见称：人民币利于经济发展应该拥护，银元害人极大应即禁止流通。② 又如国立南宁师范学院学生印发《为拥护人民币拒用金银告社会人士书》，分别到南宁市区各条街道进行访问宣传；随后南宁市委宣传部勉励各校及时开展宣传工作，各校代表组成宣传委员会，联合出动，进行街头演讲、张贴街头壁报，其中南宁高中创作的活报剧《拥护人民币》吸引了众多的观众。还有多种文艺体裁的宣传。一是歌曲类。如南宁市总工会集体作词的《拥护人民币》："人民币，人民币，人民自己的货币，全国唯一合法的，呼儿啊呀，人人拥护人民币；人民币，信用好，全国物资作担保，我们的大物产多，呼儿啊呀，还有什么不可靠；人

---

① 本市邮政公路印刷职工要求禁用金银外币 ［N］. 广西日报，1950 - 01 - 23（1）.
② 工人们表示意见　响应禁用银元要求 ［N］. 广西日报，1950 - 01 - 25（2）.

民币,人民币,大家使用人民币,想要生活有保障,呼儿啊呀,大家使用人民币。"①
桂南人民创作的民谣《银元快滚蛋》:"嘿,嘿,银元银元快滚蛋;嘿,嘿,银元银元
快滚蛋;人民币信用高,人民爱人民币;人民币有保障,人民拥护它;人民币是唯一
合法的呀,嘿;银元它是破坏金融的啊,嘿;你拒用,我拒用,展开这个大运动;你
拒用,我拒用,大家来拒用。"② 二是随笔类。如市民杨某的文章《人民币——人民的
货币》③,讲述了旧货币的罪恶和新货币的壮大;市民古丁的随笔《我恨死了银元——
一个痛苦的回忆》④,讲述了自己的亲身经历,痛斥银元的危害。三是话剧类。如活报
小剧《银元滚蛋》⑤,用较大的版面刊登了整个剧本。四是讲座类。《广西日报》1950
年1月30日至2月2日连载刊登了刘平先生的人民币专题讲座,主要题目有《人民币
是建设新中国的货币》《人民币和金圆券有何不同》《银元不禁,经济不兴》《几个问
题》等。

(二) 关于人民币深入乡村流通的报道

1950年2月2日,人民银行广西省分行宣布:桂林、柳州、梧州、南宁四市禁止
银元、港币流通。广西四大城市率先进入人民币时代。同时,随着新政权不断采取打
击黑市、稳定金融的措施,人民币逐渐占领了较大城市、县城及大圩镇。《广西日报》
对人民币在各地的流通进行了舆论关注,撰写了一系列时事报道,如《隆安县、鹿寨
镇等地普遍拒用银元》《宾阳百色禁用银元:芦墟商人已普遍拒用银元,百色商民大会
拥护人民币》《龙州开始禁用银元外币,龙州人民银行已开业》《禁用银元运动普及玉
林北流》《柳州分区各县,人民币深入圩镇》等。

但其中非常关键的一点:人民币能否进入乡村普及流通,是人民币是否完全占领
市场的重要指征。特别是清末、民国以来,历次货币改革造成金融秩序的混乱,加之
人们思想意识的局限,许多边远乡村仍然保持旧有的或较为原始的交易手段,对新货
币产生抗拒和排斥心理,而货币经济对他们的影响也较为有限。因此,货币下乡成为
推行新货币的一个重要措施。1951年2月17日,广西省财委发出《关于货币管理、保
险事业、货币下乡的指示》,要求广泛宣传使用人民币,严禁银元、毫洋流通,并按规
定牌价收兑。对土改区农民在斗争中所得金银,经区政府证明,可接近市价(专区统
一规定,报省核批)兑换(广西金融志编撰委员会,1985:13 - 14)。

---

① 拥护人民币 [N]. 广西日报, 1950 - 01 - 23 (3).
② 银元快滚蛋 [N]. 广西日报, 1950 - 01 - 29 (3).
③ 人民币——人民的货币 [N]. 广西日报, 1950 - 01 - 23 (3).
④ 我恨死了银元——一个痛苦的回忆 [N]. 广西日报, 1950 - 01 - 29 (3).
⑤ 银元滚蛋 [N]. 广西日报, 1950 - 01 - 29 (3).

广西货币下乡，特别是推行到边远地区和边境地区，有力地驱逐了银元和外币，消除了它们的影响。有关进展和成效，1950—1951 年的《广西日报》予以了积极的报道。以下试举几例，从中了解一些工作动态和工作成效。

（1）《八步隆安横县等地禁用银元普及乡村》（《广西日报》1950 年 3 月 30 日）。本报讯，本省禁用银元运动，业已由各大中心城市逐渐推及各县，或由各县推及到各乡圩……八步的禁用银元运动已达最后阶段，整个市场交易基本上已完全以人民币为本位。至于隆安、横县等地，禁用银元运动亦已普遍开展，人民币在大部分地区可通用无阻。

（2）《人民币开始深入乡村，宁明动员人民禁止法钞流通》（《广西日报》1950 年 3 月 30 日）。本报讯，本省物价逐渐走向稳定，扭转了人民轻币心理，人民币开始深入农村。解放初期由于物价不稳定，大小城市虽先后公布禁用银元，并在桂、柳、梧、邕四大城市取得人民币市场的初步胜利，但广大乡村、交通不便地区仍使用银元、银毫或采用以物易物的原始办法。三月下旬，全国实行统一财经及现金管理后，物价就稳步下降，人民币的威信也就大大提高，一般人民已改变过去重货轻币的心理，开始相信自己的货币，人民币已成为主要的贸易媒介……宁明讯，宁明县人民政府接到龙州专区禁止西贡纸（法钞）在市场上流通的命令后，即发出布告，并且利用群众大会，向群众进行宣传和教育，使群众认识到西贡纸是法帝用来搜刮我们中国人民血汗和物资的，从六月九日开始禁止流通。

（3）《龙津县驱逐了非法货币，人民币深入到乡村》（《广西日报》1950 年 10 月 16 日）。龙津讯，龙津县因地处边陲，与越南接近，在镇南关封闭以前，法帝的东洋票，时常侵入境内，法光和袁大头银元，也常被一些商人带入境内，这些非法货币，兴风作浪捣乱市场，因之物价时起时落，人民蒙受的损失很大。但自封关以后，人民政府即发动各机关团体，广泛地向市民及深入农村进行宣传解释，指出使用外币和银元的害处，宣传人民币的好处。经过一个多月来的大力宣传后，一般农民和正当商人对人民币已十分信任，所以现在人民币不但在市面上普遍流通，在乡村也可以行使了。东洋票和银元现已绝迹，因此物价已趋于稳定。

（4）《桂平石龙圩人民币已普遍流通》（《广西日报》1951 年 3 月 21 日）。桂平讯，桂平石龙圩在解放后还一直用谷米及银元为交易本位，瑶山区剿匪胜利后，桂平人民银行根据需要及时成立了工作组，于二月二十四日起到该圩工作，首要工作即出版大字报，公布禁止银元、银毫流通，揭露银元、银毫是李白匪帮及奸商操纵物价剥削人民的东西，又说明谷米交易更是笨蛋，还有很多害处，并进一步说明本省各大、中、小城市县镇圩场都一律使用人民币，发展了工商业，用最现实的例子启发教育群众。

另外，与当地政府联系成立了粮食公司临时收购处，以人民币为本位大量收回谷米，投放出人民币，这样一来，十几天的时间，该地区基本上消灭了以物易物和银元、银毫市场，人民币已日益流通和巩固起来了，四千元一斤的猪肉都可买到了。

1950 年底至 1951 年，随着清匪反霸、减租退押、土地改革等运动的开展和最终胜利，广西社会转向安定，人民币的流通迅速扩展至广大农村地区，1951 年 8 月人民币基本占领了全省城市市场，1951 年底基本占领了农村市场。据 1951 年底统计，当年货币投放量比 1950 年增加 3 倍多（广西壮族自治区地方志编纂委员会，1994：42 – 43）。

（三）关于打击黑市、平抑物价的报道

1949 年底广西全境获得解放时，广西市面交易仍以银元为主，但同时开始流通随解放军而南下的新货币——人民币，最初市面交易以银元 1 元兑人民币 2 000 元的币值行使。12 月 1 日中国人民银行广西省分行成立后，银元 1 元兑人民币 4 000 元。一夜之间，人民币对折行使，引起了市场的混乱和黑市的活跃。此后人民币一路下跌，高峰时达到银元 1 元兑人民币 10 000 元。桂林军管会先后召集商界座谈会，宣传政策、介绍老解放区物价状况，并以私人名义在市场上用银元兑收人民币。此后，银元黑市价开始下跌，年底降至 6 500 元（广西壮族自治区地方志编纂委员会，1994：42）。由此，除了“拒银拥币”运动的积极推进之外，打击黑市、平抑物价也成为推行新货币所面临的重大任务。与国民党报纸不同的是，《广西日报》从 1950 年 1 月 30 日起，每日在首版版头位置挂出人民币兑换牌价或人民银行汇率，这表明新当局没有回避货币不稳的问题，也表达了要坚决治理的态度和打赢金融战的决心。另外，从几个方面就稳定金融局势进行了宣传报道。

宣传打击黑市。一方面是宣传黑市交易的危害，以及人民对黑市的痛斥。例如“读者呼声”栏目刊登了读者黄凤的来信：“我根匪特的原因，第一是他们破坏人民币，例如今天市价一千元人民币一斤白米，他们故意以五千元去买一斤使别人也照样跟他的价，抬高了物价；第二就是他们会造谣，关于他们造谣的太多了，请大家揭发吧。”[1] 这些简单的语言勾勒了匪特扰乱物价、破坏市场的形象，也代表了普通人民群众希望物价稳定的呼声。又如“批评建议”栏目刊登了读者李白的所见所言，他提到新世界戏院阳奉阴违，半明半暗地使用银元，这是一种欺骗政府欺骗人民的行为，希望各商店、戏院、小贩们一律自律自动地拥护人民币，不要偷偷使用银元，呼吁新世界戏院应迅速反省，不再违反政府法令。[2] 另一方面是布告严惩黑市投机行为，1950 年 2 月 1

---

[1] 打击破坏币信的匪特［N］. 广西日报，1950 – 02 – 14（3）.

[2] 不要偷用银元［N］. 广西日报，1950 – 02 – 25（3）.

日，《广西日报》刊登了军管会接受群众要求而制定的五条办法，规定一切交易计价必须用人民币，并派出金融纠察队进行检查，如有违犯规定者，一经查出，当分情形轻重予以警告、贬值收兑、罚款或没收等处分，破坏金融法令者，严惩不贷。① 柳州方面，报道了禁用银元以来，各界人民热烈拥护，市民纷纷持黄金白银前往人民银行兑换。在有关机关及纠察队的努力检举下，破获了贩卖银元案三起，给了奸商和银元贩子一个沉重的打击。② 南宁方面，报道了南宁市有不法分子趁机做买卖金银的违法勾当，利用金银到农村去低价购入粮食，运到城市卖，赚钱后换成洋纱，再到农村去出售。针对这种情况，南宁市人民政府为保障人民的利益，由公安局和工商局配合作重点的深入纠察，彻底肃清金银黑市。③ 桂林方面，报道了桂林市公安局在江东村破获制造假人民币、扰乱金融、接济土匪、进行反革命活动一案，逮捕主从犯十一名，当场搜出已印好的五千元票面假人民币一大捆，印钞模型、材料工具一箱。④

鼓励存款行为。如为了奖励节约存款，人民银行广西省分行适当调整存款利率，并在桂、柳、邕、梧四市将利率逐日挂牌，借以保障存款人的利益及指导私人借贷的进行。⑤ 又如中国人民银行广西省分行决定自 1950 年 6 月 1 日起全面调整货币存款利率，大力开展保本保值存款，存款户在物价上涨时可折实取得本息，如物价下落则可照原存货币计算本息。⑥ 11 月份，报刊发表短评，介绍了人民银行广西省分行正大力开展储蓄运动，这是为大众服务的、对自己对社会都有利的事，号召各界人民都应该拥护，带头把零钱存到银行去。⑦ 此类大力宣传的举措对于促进物价平稳、提高货币购买力起到了积极的作用。由于物价稳定、币信提高，包含广西在内的中南区人民银行提前超额完成吸收存款上解任务。

此外，关于实施货币管理、鼓励购买公债、财经会议要旨、金融办法章程等方面的报道也较多，这些报道较为正确地引导了人民群众走向健康的金融秩序，也反映了新货币不断站稳脚跟、新金融体系不断健全的历史过程。1951 年初，《广西日报》对 1950 年以来推行新货币的工作进行了多篇幅的总结，得出的结论是：人民币购买力普

① 军管会接受群众要求　后日开始禁用银元 [N]. 广西日报，1950 - 02 - 01 (1).
② 柳州禁用银元进展极为顺利　破获了贩卖银元案三起 [N]. 广西日报，1950 - 02 - 16 (1).
③ 市府重申前令　严格禁止使用金银 [N]. 广西日报，1950 - 08 - 07 (1).
④ 桂林市公安局破获伪造人民币案 [N]. 广西日报，1951 - 05 - 25 (1).
⑤ 为奖励节约存款　人民银行广西分行适当调整存款利率 [N]. 广西日报，1950 - 04 - 16 (2).
⑥ 人民银行全面调整存款利率 [N]. 广西日报，1950 - 06 - 01 (4).
⑦ 把暂时不用的钱送到银行去储蓄 [N]. 广西日报，1950 - 11 - 27 (3).

遍提高，金融物价基本稳定①，货币管理工作取得了预期的成效②。在进一步的努力下，1951 年后，人民币完全普及，顺利取代旧货币，在金融战和舆论战中均取得了完全的胜利。

四、结语

在本文涉及的新旧事物的要素中，虽然历史的结局是新政权取代了旧政权，新报纸打败了旧报纸，新货币战胜了旧货币，但抛开这种倒放电影的思维，通过对新中国成立前后（1949—1951 年）这段时期国共双方的《广西日报》（分别简称"旧报纸"和"新报纸"）货币舆论进行梳理，仍然可以找出旧事物失败的原因和迹象。具体体现在货币舆论时，可以作少许浅显的比较：旧报纸的舆论工作漫无目的，仅仅是为了工作而工作，导向除了有地方保护主义之外，没有明确的目标，报道的方式和时机都存在很大问题，前后不搭、相互矛盾、朝令夕改等舆论硬伤层出不穷，丧失了新闻的及时性、准确性、真实性等要素；而新报纸则目的明确，舆论紧紧围绕取缔旧货币、推行新货币、打击黑市、平抑物价等几个重点展开，坚持政治和经济的双轨导向，舆论报道实事求是，突出主要矛盾和解决矛盾的方案，尊重和反馈社会各层面的反应和动态。旧报纸舆论的风格多采用夸大式、承诺式、警告式等，有意掩盖时局的不利，作出虚假的承诺，并将姿态放得很高，脱离了最坚实的人民群众基础；新报纸舆论的风格则多采用温和式、合议式、鼓励式，以人民的利益为宗旨，不采取激进或剧烈的语言和措施，通过摆事实把主要问题和矛盾点列出，适时引导广大群众革除弊端，从而自然而然地步入到历史前进的轨迹中。

货币在人们经济生活中扮演着极为重要的角色。新中国成立前后（1949—1951 年）这段时期，广西流通的货币主线是"金圆券—银元及银元券—人民币"。通过旧报纸和新报纸的货币舆论，基本还原了这条主线相关的历史场景。旧货币的更替、新货币取代旧货币，势必会产生剧烈的冲突和波动，进而影响到社会的方方面面。这些货币舆论的背后就是舆论战，而舆论战服务的对象本质上是没有硝烟的金融战，在这种没有枪炮声的战场上，舆论的发声是至关重要的。

---

① 人民购买力普遍提高 一年来物价基本稳定［N］. 广西日报，1950 - 01 - 04（1）. 经济战线上大胜利 本省去年物价平稳［N］. 广西日报，1950 - 01 - 17（3）.
② 实施货币管理的重大意义［N］. 广西日报，1950 - 02 - 13（1）.

参考文献：

《当代广西》丛书编辑部 . 1996. 当代广西金融业 ［M］. 南宁：广西人民出版社 .

广西金融志编撰委员会 . 1985. 建国以来广西金融史料：上集 ［M］. 内部资料 .

广西壮族自治区地方志编纂委员会 . 1994. 广西通志：金融志 ［M］. 南宁：广西人民出版社 .

南宁市金融志编纂委员会 . 1995. 南宁市金融志 ［M］. 南宁：广西人民出版社 .

郑家度 . 1981. 广西近百年货币史 ［M］. 南宁：广西人民出版社 .

中国人民银行总行参事室 . 1991. 中华民国货币史资料：第二辑 ［M］. 上海：上海人民出版社 .

民国时期广西货币市场初探

黄秋红　阳文斌

（桂林博物馆）

摘　要： 随着清末废两改元的推行、军阀混战以及世界资本主义的强势入侵，广西金融市场固有的银钱复本位制在民国时期变得混乱不堪，经济交易市场上呈现出银两、银毫、纸钞、制钱、铜元、银元、军用券等多种货币混合行使的现象，这一现象的形成与当时广西货币市场先天不足后天畸形的发展环境有关，是货币市场秩序混乱的体现。本文试从政治、经济、地理环境等方面对民国时期的广西货币市场进行初步探讨。

关键词： 民国时期；广西；货币市场

民国之前，与全国货币体制一样，广西采用的是银钱复本位制，到了晚清时期，随着清朝统治的没落以及世界资本主义的强势入侵，广西传统的金融货币体系日趋混乱。货币市场呈现出以小洋为本位，银元、制钱、纸钞、铜元、军用券等多种货币并存的多元化交易局面，而且某些区域的交易市场上，外国货币在很长时间里占据一席之地，甚至还一度出现以物易物的经济交易方式。但是，综合考察民国时期广西货币市场的情况，其发展的总体趋势是"由统一到紊乱，从紊乱复归统一的过程"（朱浤源，1990：2）。多种货币交织并用，城乡货币无法统一，这样的多元化货币体系状况，是当时广西金融市场混乱的表现，从表面上看是与当时中国货币市场环境趋于一致的，与历届北洋政府未能确立一种全国性完整的近代化货币制度体系有关，但从根本上来说与民国时期广西军阀混战、经济贸易、币制改革等有着重要关系。

一、民国时期广西交易市场上的货币行使情况

民国时期，广西的政权更替频仍，先后历经旧桂系统治时期、"自治军"混战时期、新桂系统治时期，每个时期铸造及发行的货币均有不同，总体上是实行以小洋为

本位、银毫行使于整个民国时期、多种货币并行使用的多元化货币体系。

在这一时期，广西货币市场上流通的有纸币和硬币两种。纸币有法纸、金库券、兑换券、军用券、银行券、辅币券、边防票、铜元券、公债券等①；硬币主要有银元、银毫、铜元三类，银元有龙洋、港洋、袁头洋、鹰洋、法光，银毫则有龙毫、东毫、西毫，铜元仅当十铜元和当二十铜元两种。各种货币行使时间和地域范围均有不同，因本省对外贸易所需，港币、港纸通行于梧州、南宁等大商埠之中；法光和法纸乃东方汇理银行所发，在毗邻越南边境的龙州、百色及左、右江一带30多个县均通用。即使是行使地域最广泛的嘉禾双毫，在"与广东、贵州、云南等省毗连之贺县、宜山、南丹、凤山、西林等处，因受省外影响，尚不通行此币"（韩德章、千家驹、吴半农，1937：171）。城乡行使的货币也稍有差异，城市广泛使用银元、银毫、纸钞、军用券，农村则普遍流通银毫和铜元，"银毫铜元以县城、城镇、集市为中心的广大乡村作为主要流通区域，具有发行者分散而众多、面额零碎、流通区域狭小、个别发行量小而整体数量大、流通时间短但整体存在、不便管理的特点"（陈晓荣，2010：5）。因广西以银毫为交易之本位，故其他各种货币与银毫之兑换率各有不同，概而言之即外省银元、外国银元与纸币在广西境内各地的价格均较昂贵，尤以法纸为最，港纸次之。另外，铜元当中以当二十铜元兑换银毫价低，但因其不易磨损，故在民众之中信用极高，很多时候民众宁愿携带沉重的铜元而放弃轻便的银毫。

二、民国时期广西货币市场相关问题

（一）军阀混战、政权更迭频繁导致货币的铸造环境不稳定

中华民国建立后，由于中央势力衰微，各地滥铸私铸货币现象严重。军阀时代，兵燹频仍，货币政策朝发夕废，政府对货币的统一往往取决于政治上的统一，即先有政权上的统一，后有货币的统一，换言之，若无长久之政权，则无稳定之币制。以民国时期广西货币市场上行使最广泛、使用时间最长、版式最丰富的银毫为例，在清末的币制改革之后，广西一直未曾获得铸币权，尚须依赖广东造币厂，故而民国初年广西市场上流通的银毫均为广东造币厂输入，直至民国七年（1918）广西铜元局成立，广西方有铸币许可，但因旧桂系自行大量铸发西毫，没过多久便成"币制紊乱不可言状，通都大邑，分设币厂鼓铸银毫，籍取利益……更有所谓滇唐大鸡眼及各方私铸毫

---

① 朱滋源认为，"自治军"时期流通的军用券、银行券、边防票、铜元券、兑换券、公债券、金库券等类钞票，均系基于军务名义而发行，可以用"军用钞票"的名称来涵盖，与广西银行、广西省银行发行的兑换券、辅币券、金库券有所区别。

银流通市面，五光十色，花样繁多"（佚名，1926a：132－133）的现状。民国十年（1921）政局突变，旧桂系统治土崩瓦解，广西进入无政府的"自治军"时期，沈鸿英、林俊廷等在各自统治范围内强令民众使用自己铸造的货币，期间所铸之民国十一年、十二年、十三年、十四年双毫银币，出现多种繁杂的版式。民国二十五年（1936）在广西银行董事会会议决议对广西省内行使银毫进行成色判定并定级时，所采用的银毫标本计有民国十三年西毫（广西所铸之双毫）、正八属十一年东毫（广东所铸之双毫）、私铸八属十一年东毫、朦尖花十三年西毫等竟达 11 种之多（佚名，1936：71）。所出银毫版式多样，省内行使双毫版式不一，有年代、铸地之分，汇率不均，对民众生活影响甚大。

另外，"自治军"时期各军阀私铸滥铸银毫严重。民国十年（1921），陆荣廷失势，广西进入无政府的"自治军"时期，地方各系争相发行各类钞票。在这一阶段，货币市场进入十分混乱的局面，"政局纷扰，兵连祸结，迄无宁岁，于是有力者因饷粮之乏济，乃滥发各种低劣之硬币，扰乱市场"（韩德章、千家驹、吴半农，1937：171）。最初是陆荣廷为筹备军费，发行军务券，滥铸西毫，广西铜元局日产西毫竟达一万枚之量。接着沈鸿英、林俊廷拥兵自重，自铸货币，发行广西银行通用券。龙云等人占领南宁、柳州一带，带来外省硬币，强迫桂人使用。马君武任广西省长期间，发行广西军用券。谭浩明以督军身份发行辅币券。中央银行发行的"湘赣桂通用券"等，花样之繁多，可谓琳琅满目。民国十五年（1926），省政统一，当局对于金融秩序之维护颇具决心，货币市场渐回稳定。然而，民国十八年（1929）粤桂战争爆发，广西再次进入军事时期，客军入桂，省内金融紊乱，货币市场因此陷入一片混乱之中。直至民国二十年（1931）客军退出广西，广西复归统一，在建设广西的口号之下，广西金融秩序得到整顿。但民国二十五年（1936）又陷入混乱当中。

（二）经济贸易影响货币行使范围及本位制度

民国时期广西境内因经济贸易主体与地缘关系的差异而行使不同货币。广西的对外贸易，主要有两条路线：一是经梧州至粤港，一是由龙州到越南。经梧州至粤港者，除普通农矿产品出口外，另一个特殊行业——特货行（即鸦片贸易）之兴衰，足以决定广西商业之荣枯，云贵两省为著名烟区，其销往外地可取道广西，经桂分销珠江流域，广西为滇黔商人输出特货之中转站，久而久之，"鸦片贸易而盛，桂省市场即因之而繁荣，金融随之活泼，否则商场萧条，金融呆滞，其关系之重大，有如斯者"（韩德章、千家驹、吴半农，1937：19）。"照《桂政纪实》另项所列民国二十一年（1932）全部收入统计为三千一百万元，而鸦片烟就占了一千五百八十八万元。以每千两五百元计，就知道这年经广西中转的烟土在三千万两以上，数目惊人。此后二十二、二十三、二十四等年，虽略有减少，但总在一千万以上。也就是说烟土在广西运销的数目在二千万两以上"（黄绍竑，1963：20）。甚至特货行成为本省商业巨擘，当时一些大商埠均以特货行为主要营业对象。

而由龙州到越南者，其影响较深的是法币、法光在邻近越南的市县使用，"商民亦多用该省之货币（即法光、法币），仅于纳粮时用粤桂货币而已"（佚名，1932a：25）。

民国时期广西经济贸易的畸形发展，进而影响到广西的货币本位制度。民国初期，因清末币制改革和协饷省份的影响，广东双毫可以大量输入广西，久而久之，民众对其产生很大依赖，"上自省城商埠，下至穷乡僻壤，无不见粤币充斥，粤币支配全广西"（方规，1928：13－15）。东毫对广西货币体系的影响无疑是最大的，是广西以小洋为货币本位的直接原因之一，"当年桂地在货币上的最根本问题，并不在纸钞，而在毫币上，其起源是二十世纪以来，广西一直跟随广东走小洋本位的路线"（朱泫源，1990：30）。民国七年（1918）广西铜元局成立后所铸银毫，沈鸿英、林俊廷等人私铸的银毫以及民国十四年（1925）新桂系统治集团设立梧州造币厂、浔州造币厂、南宁造币厂铸造的嘉禾银毫，无不以东毫为模板。在广西自铸银币之后，东毫依然能够借广东对梧州贸易之"控制"进而影响广西的货币体系。"今省币嘉禾银新起，与外币行使上生冲突，时代幼稚之嘉禾银，竟受久经习用之粤币一度打击，究其原因，约有下列三种：一是社会心理……币之行用愈久，社会信用愈固，人多以币面之年代为抉剔之标准——愚见，色泽新，年代近者，必起怀疑。"（方规，1928：13－15）当时人们热衷于使用民国元年至民国九年的粤币，甚至市场上流通的民国元年至民国九年（1912—1920）的私铸粤币都为社会所公认，而对于本省自铸的嘉禾银毫、民国十一年至民国十三年（1922—1924）的粤币，多予拒绝和歧视。

广西对外贸易长期处于入超地位，这也是西毫受东毫制约的一个重要原因，"无市不驱东"的经济贸易格局影响着民国时期广西的货币本位制度。梧州是民国时期广西的出入孔道、全省咽喉，南宁为省治所在，握着两江总汇，两市商务均颇繁盛，且广西"内地各都市无不对梧州为入超，而梧州对港粤又为入超"（韩德章、千家驹、吴半农，1937：223），梧州的地位由此可见。出口货物大部分为农、林、畜、矿等产品，其中以谷米、桐油、茶油、牲畜、柴炭、木材、矿砂及纸料为大宗，进口的都是棉纱、棉布、食盐、煤油等工业品，出口货物明显不敌入口货物之数值。并且广西进口货物之情况，国货出自上海、天津等处，洋货则购于中国香港、泰国、越南等地，前者须以大洋交易，后者以港币交付，以小洋为本位的广西，既遭到港币市场之亏损，又受大洋汇率之损失。民国元年至民国二十年（1912—1931）广西共入超 13 194 万海关两，平均每年入超 660 万海关两，民国二十一年至民国三十二年（1932—1943），共入超国币 245 031 万元，平均每年入超 20 419 万元（广西金融志编纂委员会，1992：100）。

与港沪中外各埠办货之时，均需现金交易，但因西毫仅在本省及临省部分地区流通，交易之时，势必先要补水，比如民国十八年（1929）"桂币易粤币，每百元须补水四十元，大洋则七十元，港币则八十余元"，补水的差额，造成入超数值过大，当年的对外贸易情况即"自去年（1928 年）一月至十一月，入超共为六百七十余万"（佚名，1929：134）。此外，粤商长期以来占据广西商民之众，比如"梧市商店者，属于本省商人者，占商店总数百分之十九，他省商人投资开设者，占商店总数百分之三十八，其中粤商又占他省商人总数百分之九十五……至于店东籍贯未详者，凡 590 家，占商店总数百分之四十三"（广西省统计局，1933：365）。甚至"广东人在桂省之经济势力根深蒂固，且时呈喧宾夺主之现象"（韩德章、千家驹、吴半农，1937：20）。贸易的入超、在广西的商民中粤商占比之大，再加上乡土情怀之种种关系，粤商出于对粤币连带之习惯，重粤币而轻桂币成为大部分粤商的潜意识，在交易过程中更是压低桂币而抬高粤币，各埠商业"粤港货商，因而施以种种操纵，使直接不能附以广西币，必先变为粤币或港币方可。此种之转折损失不赀，影响本省货币甚大"（方规，1928：13 – 15）。

（三）货币发行机构的断续影响着货币市场的稳定

民国时期，早期广西境内除广西银行外无其他银行[①]，民国二十六年（1937）后始有广西农民银行，广西农民银行专办农村放款以调剂农村金融，在广西农民银行建立之前，商民之存汇款项，大部分与银号往来，广西银行成为此时广西的货币发行机构。广西银行历经三个阶段：旧桂系治时期陆荣廷成立的广西银行，其始发行纸币，进一步实现废两改元；新桂系治时期成立广西银行又分两个小阶段，一是民国十年至民国十八年（1921—1929）李宗仁、黄绍竑主掌桂政时的广西银行，一是民国二十一年（1932）李宗仁、白崇禧、黄旭初掌桂政时的广西银行。三个阶段的广西银行皆因政治因素倒闭，前两个阶段的广西银行完全为官办，"一遇政变，政府以基金作战费，钞票低折，遂至倒闭后无从恢复"（佚名，1932b：18 – 19）。陆荣廷执政后期，通货膨胀，纸币不断贬值。民国十年（1921）陆氏下野，货币市场发生挤兑，广西银行无法应付，宣告倒闭，一时之间，其所发行的钞票成为废券，散落民间，"人民所持二千七百万之纸币，亦悉成废纸"（韩德章、千家驹、吴半农，1937：171）。这批散落民间的钞票在经数年的混乱之后由广西银行渐次回收。民国十五年（1926）省当局再创广西

---

① 中央银行于民国十六年（1927）在北海设立分行并成立分行金库，授权北海分行发行地方钞票，加印"北海"字样，作为地方流通通货币，由于民国时期北海、钦州、防城港隶属广东省钦廉道，故忽略不述。

银行，重建金融机构，发行兑换券，券面皆印"广西省银行通用货币"字样，惜于三年后的粤桂战争中无法应付挤兑而倒闭，所发券钞，又留有大批钞票于民间，辗转数年，于民国二十一年（1932）收回。

最后一个阶段的广西银行是在政局稳定之后，省政府当局认为要建设广西，发展生产，维持金融市场秩序，就必须建设广西银行，扩大省立银行力量，统一金融货币市场。民国十九年（1930），新桂系统治集团重掌桂政，民国二十一年（1932）8月1日，成立广西银行，并在成立初期就将其定为官商合办性质，称"广西银行官商合办股份两合公司"，"鉴于前银行之纯由官办，易受政权之支配及政潮之影响也，故规定官商合办，俾人民获有监督及维护银行之实权"（韩德章、千家驹、吴半农，1937：184）。虽称官商合办，实际上省政府为无限股东，商股仅为少数，甚至广西省银行的董事会中看不到商民的影子，官股还是起决定作用。广西银行之外，成立货币管理局，专门负责购买金银及管理通货之资。在广西银行成立的头两年，对货币发行和回收银毫、纸币较为慎重，币值保持稳定，每年均有盈余，"资金准备之充实，实不亚于其他省立银行……其所发行之钞票，近中央并已明令可照比价通行外，行见其信用日广，对于运用资金将愈获其便利，而其业务之发达，当不难预测也"（广西省政府财政厅，1938：119）。当时省内各大城镇均设有分行或办事处，省外香港、衡阳、广州也设办事处，以通汇兑。但是"广西银行营业的对象是政府机关、鸦片贸易、洋货商，其获利的手段是利用高利贷的环境……营业基础是建在该行与政府的关系、政府与鸦片商的关系、鸦片商与洋货商的关系这一总的连锁之上"（紫薇，1935：1-7）。一旦时局有变，银行就存在经营风险，民国二十五年（1936）"六一运动"爆发，军费开支庞大，滥发纸币成灾，广西银行发行的"兑换券"名存实亡。

（四）整顿金融市场的失败增加了货币市场的复杂性

民国时期广西的货币市场问题，除东毫占据本省货币市场主体、以小洋为本位、私铸滥铸银毫之外，纸币的质量和行使也是当时金融市场的一个突出问题。早在民国初期，纸币的质量就引起民众的诸多不满，"广西纸币，纸质太薄，而五角与一角币，尤腐败不堪，类皆破裂片片，赖粘贴凑成张数行使，此会用桂币者，皆能言之，以是遂生普通一种厌弃之心理，其不能不勉强使用，实仍不外上说各便利之理由"（佚名，1920：17-18）。民国十五年（1926），广西民政长黄绍竑向广东政府报告广西金融状况的时候，也重点提出新纸币及兑率引起商民的不满，"银行纸币，由五月起发行，票面声明以桂省十五年新铸之银币（即嘉禾双毫）为基金，因新银币银质较高，能令人们信用，但梧州总商会则不以为然，因为票面既声明以新毫为基金，即不啻只通用于新毫……并致电桂当局，谓此举直予市面以恐慌，请即取消，以免生风潮"（佚名，1926b：143）。"总之，本省纸币，自民国以降，每经一度政潮，必废旧币而另发新币一次，其被废者，除民十五至民十八所发行纸币，与二十一年以二成五发给金库期票取回外，其余均为设立救济，任作废纸，以致信用日躐，尤使乡人寒心"（广西省统计局，1933：481）。

为整顿广西金融货币市场，民国时期广西当局也曾试图进行币制改革和采取各种调控措施，在两次币制改革以及无数次整顿金融市场措施中，统一币制、发行兑换券、收回劣币、鼓铸双毫大洋、禁运生金银和铜元、调控兑率等方式都在试图统一广西货币市场和稳定金融秩序，民间商会组织也多次组织钞票委员会维持货币市场。币制改革主要是试图将小洋本位更换为大洋本位，以摆脱广东经济的控制。民国十五年（1926）新铸之嘉禾花纹银毫，"增加鼓铸十五年新银币，广西造币厂，月前已铸足，梧州银行发出之钞票现金，近日该厂自购置新机回梧州后，而浔州之制银机及南宁铸银大炉，亦已运到……每日所铸之银毫，不下二万余元"（佚名，1926c：86–87）。新铸的嘉禾银毫与广东造币厂法定成色相等，商民异常欢迎。但民国十七年（1928），当局对铸嘉禾银毫之事又有新的看法，"请广西财政厅推代表来粤，会同粤财政厅及经济专门委员等，将统一币制问题，讨论多次，拟议结果，分为两项，其一即根本将两粤币制，改以大洋为本位，恢复造币厂，鼓铸大洋，其二即维持纸币，救济目前金融"（佚名，1928：178）。财政厅厅长黄蓟于省政府第 129 次会议提出广西省银行改用东毫作为准备金，并将之前所铸嘉禾银毫回收改铸东毫，但此事并无下文。币制改革的关键点还在于造币厂的建设与开业，但从民国初期广西铜元局的设立到梧州造币厂、浔州造币厂等的设立，无一不受广东、香港银根的限制。因两广经济唇亡齿寒之关系，若桂改粤不改，大洋本位根本无法实行。而后新桂系在建设广西过程中，为实行货币之管理，制定了"金银首饰业购买生金银办法""违反管理货币规定惩治办法""各县收买银币暂行办法""广西银行委托各商号收买生金银通则"等数种（广西省政府十年建设编纂委员会，2015：222），甚至民国二十四年（1935）"自颁布管理货币后，最近由桂省政府规定银毫与桂钞之比价，以免商场争执"（佚名，1935a：64–65），"省内不论公司款项，债权债务，交收行使，总限用广西省金库发行之钞券，照旧十足行使……一切硬币及生金银之比价，应限定由银行以行钞库券收买之……所有舟车在本省钞票库券流通区域内，代人运载一切银币及生金银，非经政府许可者，应并一律禁止，如违严重处罚，省（广州）港（香港）轮船着由（饷捐局）严密查缉"（佚名，1935b：2785–2787），等等。

但是，显而易见，由于时局所限，民国时期的币制改革以及货币市场调控的成果收效甚微。比如民国十五年（1926），"滥发纸币吸收现币或鼓铸低劣现币，因此又几成军阀倾覆一度，币制改革一度，至少也金融扰乱一度，民生凋敝，社会衰颓，遂至每况日下……陆氏倾覆，林张过渡，黄李代兴，政府也曾用过改良广西币制的口号，而给过我们以水深火热的惨剧！这就是今天春夏间全省的劣币大风潮"（宁培英，1926：11-12）。社会动乱，币制不稳，则币信不存。这次的劣币大风潮，初起梧州，继而蔓延至藤县、浔州、昭平各县，接着波及南宁、龙州、百色、武鸣、宾阳等地，几乎全省的市县均受影响，其结果则是市面银根短绌，铜仙价格陡涨，南宁官绅商各界集议维持办法，提出查禁银毫出入口办法，而梧州造币厂则新增铸银毫十五万元、铜元二百万枚运至救济。而民国二十五年（1936）广西境内因战事滥发纸币现象更为严重，桂钞价格一跌再跌，物价飞涨，社会骚乱，民众生活苦不堪言，广西货币市场又陷入一片混乱之中。

三、总结

民国时期，广西货币市场的混乱是中国货币市场的一个缩影，它反映的是社会的动荡、军阀的混乱、经济的不发达、人民生活的不稳定。综合考察民国时期广西的货币市场和金融秩序，也偶有币制统一和稳定的时期。比如广西银行成立之前，各系发行的兑换券、铜元券、凭票等，虽导致货币市场变得十分混乱，但总体均以小洋为本位，使得币制在广西境内相对来说是统一及稳定的。但是，当广西当局试图进行币制改革时，采取的各种措施确又因军事问题而加剧了金融市场的混乱，导致各种劣币充斥广西市场，桂币低折使用，物价上涨，最终在民国二十四年（1935），桂币受到民国以来未曾有过的大震动。

民国二十六年（1937）南京政府接管广西金融，下达《维持广西金融六项办法》，发布《整理桂钞办法》，中央银行、中国银行、交通银行、中国农民银行四大银行陆续在广西设立分行，收回广西银行发行纸币之权力，收兑桂钞，发行法币，核定发行广西金融公债，核准中央造币厂广西分行铸造镍币作辅币之用。在全国普遍实行法币政策的币制改革风潮中，新桂系统治集团主动申请接受法币，结束小洋本位的货币制度，外国货币、铜元与银元渐次退出广西货币市场。

参考文献：

陈晓荣，2010. 民国小区域流通货币及乡土币制 [D]. 河北：河北师范大学.

方规，1928. 广西货币问题 [J]. 新广西旬报，(7).

广西金融志编纂委员会，1992. 广西金融志 [M]. 广西金融志编纂委员会.

广西省统计局, 1933. 广西年鉴（第一回）[M].［出版地不详］.

广西省政府财政厅, 1938. 广西财政纪要新编 [M].［出版地不详］.

广西省政府十年建设编纂委员会, 2015. 桂政纪实（1932－1941）[M]. 北京：国家图书馆出版社.

韩德章，千家驹，吴半农, 1937. 广西省经济概况 [M]. 上海：商务印书馆.

黄绍竑, 1963. 新桂系与鸦片烟 [M]//中国人民政治协商会议广西壮族自治区委员会文史资料研究委员会. 广西文史资料选辑：第4辑. 南宁：中国人民政治协商会议广西壮族自治区委员会文史资料研究委员会.

宁培英, 1926. 广西造币厂复工与币制问题 [J]. 群言月刊, 5（2）.

佚名, 1920. 广西纸币之现状 [J]. 北京银行周刊, 1（14）.

佚名, 1926a. 广西：币制行将统一 [J]. 银行月刊, 6（6）.

佚名, 1926b. 广西：劣币克斥之广西 [J]. 银行月刊, 6（7）.

佚名, 1926c. 广西积极整顿金融 [J]. 银行杂志, 3（22）.

佚名, 1928. 统一两广币制计划 [J]. 广西财政月刊, 2（6）.

佚名, 1929. 广西实行统一金融：收回桂币改铸粤币 [J]. 钱业月报, 9（3）.

佚名, 1932a. 广西金融现状 [J]. 工商半月刊, 4（18）.

佚名, 1932b. 广西省银行定期成立 [J]. 工商半月刊, 4（13）.

佚名, 1935a. 桂省颁布现金接受惩治办法，并确定银毫与桂钞比价 [J]. 银行周报, 19（47）.

佚名, 1935b. 广西管理货币办法 [J]. 中央银行月报, 4（12）.

佚名, 1936. 广西银行收买杂币 [J]. 银行周报, 20（2）.

郑家度, 1981. 广西近百年货币史 [M]. 南宁：广西人民出版社.

郑家度, 1984. 广西金融史稿（上）[M]. 南宁：广西人民出版社.

郑家度, 1984. 广西金融史稿（下）[M]. 南宁：广西人民出版社.

朱浤源, 1990. 近代广西货币的变革（1662—1937）[M]//"中央研究院"近代史研究所编辑委员会."中央研究院"近代史研究所集刊：第19期. 台北："中央研究院".

紫薇, 1935. 广西银行与广西经济 [J]. 中国经济, 3（6）.

广西容县出土萨珊银币初探

李晓嘉

（中山大学历史学系）

摘　要： 20 世纪 60 年代以来，广东地区相继有三地在考古发掘中出现了萨珊银币，80 年代之后于华南地区再无新出萨珊银币。2013 年 4 月，在广西容县出土了两枚萨珊银币。新发掘出的银币在时间段上承接广东三地出土银币的推测流通年代，其发掘地所处位置也在一定程度上表明了银币与海上丝绸之路以及唐时的域外贸易存在一定的联系。本文意图通过对广西容县 2013 年出土的萨珊银币进行介绍与初步探讨，以讨论其在海上丝绸之路中的意义。

关键词： 广西；容县；萨珊银币；海上丝绸之路；探讨

阿尔达希尔一世在 226 年推翻帕提亚王朝后，建立起了萨珊王朝，由此开始铸造萨珊朝钱币。萨珊钱币在世界范围内的出土以银币为主，金币与铜币稀少。因其金币主要用于当时上层阶级与宫廷贵族之间的赏赐，而铜币多作为银币的辅币使用。萨珊银币与拜占庭金币一样，在 3 世纪之后长期作为古代跨洲长途贸易中被广泛接纳的国际货币使用，后世发掘出的萨珊银币多见于陆地与海上丝绸之路沿途。萨珊银币的单位是"德拉克麦"（Drachm），平均每枚银币重约 4 克。萨珊银币一改前朝帕提亚的铸币风格，有意复兴了阿契美尼德王朝时期的图案元素以示政权之正统。银币两面皆有花纹，以模子压制银片而成，正面为时任统治者的半身像，背面则是代表了萨珊国教的琐罗亚斯德教祭坛图案。萨珊的货币文化对周边国家和地区产生过深远的影响，在萨珊王朝覆灭之后印欧大陆上不少政权的铸币仍沿用萨珊样式与形制。在中国境内出土的萨珊银币以库思老二世时期的最多，其次为库思老一世时的铸币。萨珊银币在中国境内的使用与流通于 8 世纪时逐渐停止，与其灭国时间大致吻合。

萨珊银币在中国的发现地主要分布于陆上丝绸之路与海上丝绸之路的沿途：陆上丝绸之路沿途以新疆与两京地区（两京地区指以长安、洛阳为中心的陕西、河南、河北、山西以及内蒙古等地区）为主，而海路则集中于华南地区。其中华南地区出土的萨珊银币是本文关注的重点，广东省的英德、曲江以及遂溪三处于 20 世纪曾出土一定数量的萨珊银币，而在 2013 年初于广西容县又发现了两枚萨珊银币，为华南地区的萨珊银币研究增添了新实例。

一、在中国境内萨珊银币的发掘地分布与出土情况

20 世纪初，在新疆的吐鲁番和库车两地首次发现萨珊银币。之后陆续在西安、洛阳、太原、定州、固原、曲江、英德、遂溪等地也有出土。中国境内出土的萨珊银币共属 12 位王，时代最早的为沙普尔二世时期的银币，最晚的为伊嗣埃三世时期的银币，其中出土数量最多的是库思老二世与卑路斯时期的银币（夏鼐，1974：94 – 95）。

萨珊银币在中国境内的发掘地点分布较广，各地出土数量也参差不一。其主要沿陆、海两条丝绸之路分布，陆路传播集中分布于新疆与两京及其近畿，而海路则分布于沿海的两广地区。

新疆出土的萨珊银币大量分布在高昌古城及其附近的阿斯塔纳、哈拉和卓等墓葬及乌恰山地区，也零星出土于焉耆与库车等地。高昌古城出土的银币年代较早，为沙普尔二世、阿尔达希尔二世和沙普尔三世时期的铸币。吐鲁番的阿斯塔纳、哈拉和卓等墓葬出土的银币时代偏晚，多为 7 世纪产物，且磨损较严重。乌恰山地区出土的银币则与金条夹杂，其中库思老二世时期的银币最多，其次为阿拉伯倭马亚王朝时的"库思老二世式样"的仿币（孙莉，2004：36 – 39）。

陆上丝绸之路除新疆外，另一出土银币较为集中的区域当是隋唐时期的长安、洛阳两京及其近畿，另有部分在西安以西的地区零星发现。两京地区出土的银币种类丰富，以卑路斯时期之后的银币为主，埋藏时间主要集中于隋唐。而西安以西则指青海、甘肃和宁夏等地，该地区出土的九十多枚萨珊银币皆为卑路斯时期的铸币，埋藏时间基本集中于 5 世纪（孙莉，2004：39 – 41）。

通过海上丝绸之路到达中国的萨珊银币主要出土于广东地区，英德、曲江以及遂溪三处为出土地点。三处出土的萨珊银币皆以卑路斯时期的铸币为主，且遗迹同属南朝晚期。其中英德与曲江出土的银币出自墓葬，且银币存在剪边现象；遂溪的萨珊银币出自窖藏。

1960 年 7 月于广东英德的南齐墓中出土 22 件文物，其中有 3 枚萨珊银币（图 1、图 2）。两枚已残，一枚较为完好（图 3），三枚皆属于萨珊王朝卑路斯时期的铸币（一枚形制为卑路斯 A 型，另两枚形制为卑路斯 B 型）。其中较为完好的一枚银币，其币面呈圆形，剪边。直径为 2.7 厘米，厚度为 0.1 厘米，重量为 2.3 克（杨豪，1961：140）。

图 1　波斯萨珊朝卑路斯王朝银币（正面）

图 2　波斯萨珊朝卑路斯王朝银币（背面）

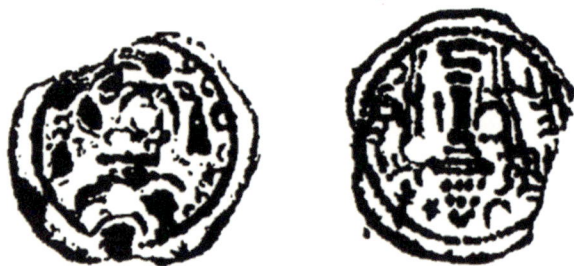

图 3　波斯萨珊朝卑路斯王朝银币拓本（正、背面）

　　1973 年 10 月广东曲江南朝墓中出土 9 片萨珊银币，各片大小不等（图 4）。其中除两片可对合外，其余均不能对合（杨少祥，1983：605）。从出土的 9 片银币来看，与夏鼐先生考证的萨珊朝卑路斯 D. 03 银币相同，但其具体形制尚不明确。

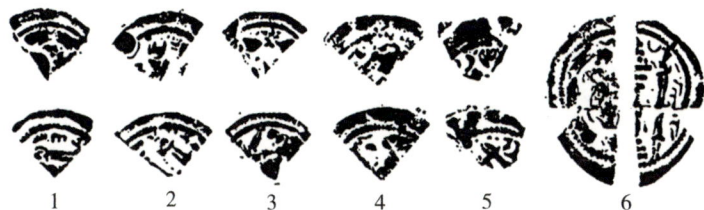

图4　波斯银币拓本正（上）背（下）面

　　1984年9月广东遂溪发现的南朝窖藏中收回约20枚可辨认的银币及其残片，皆出自一个带盖陶罐中，银币均被穿孔。每枚重量约4克，直径约2.8厘米。银币以正面纹饰图案可分为四式（图5），同一式的银币中，背面的缩写铭文亦各有差别，应为铸币地点不同所致。此批出土的萨珊银币数量目前为华南地区较大的一批，其铸造年代大约在383—484年之间。其中铸造于沙普尔三世时期的银币有3枚，伊嗣埃二世时期的银币有5枚，形制为卑路斯A型的为1枚，剩余12枚银币的形制为卑路斯B型（陈学爱，1986：244）。

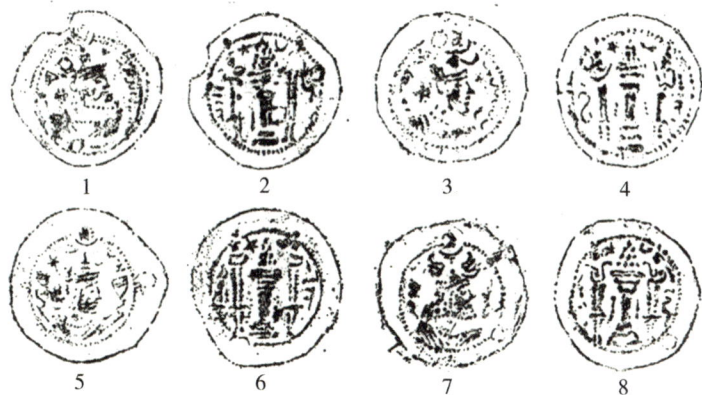

图5　银币拓本（1、2为Ⅰ式银币；3、4为Ⅱ式银币；5、6为Ⅲ式银币；7、8为Ⅳ式银币）

二、广西容县出土的萨珊银币

　　华南地区出土的萨珊银币多于20世纪发掘，且年代较为久远。近些年在华南地区新增的萨珊银币发现地点，还有广西容县一处。现就广西容县所出土的萨珊银币作介绍，以增添华南一区可供研究参考之例。

2013 年 4 月于广西容县杨梅镇山林排水沟挖掘出唐代灰色无釉素陶罐，两枚萨珊银币藏于陶罐内，除银币外，还藏有一只银手镯。两枚银币可分别被归类为卑路斯 B 型（或称卑路斯Ⅱ式）钱币和库思老二世时期钱币（梁华汉、梁庆荣，2014：24），其中卑路斯 B 型一枚重 3.85 克，直径（取最大处测量）2.8 厘米；而库思老二世时期一枚则重 2.85 克，直径 3 厘米，一面刻有钵罗婆铭文。由于两枚银币同时出土，则其埋藏年代应不早于两枚银币中形制较晚出现的那枚，故其流入中国境内的时间段应在库思老二世统治时期（590—628 年）或其之后。

其中样式为卑路斯 B 型的银币，正面（图 6 左）为国王半身像，边缘由单圈联珠围成，国王王冠越过圆珠圈，四周无新月抱星标记。王冠的冠球部分以及帽冠的前方皆有新月装饰，鸷翅装饰于冠球与新月装饰下侧的两端。帽冠周围有雉堞形装饰物，冠籍上饰联珠纹。冠后有两组呈飞扬状的三角形带饰，每组为两条呈相同曲度重叠至穗尾的带子，长度延伸至国王半身像背后。国王面部特征为高鼻深目，有络腮胡，耳垂处似有三个圆形饰品。半身像与联珠圈之间的空隙有三处铸钵罗婆文。银币背面（图 6 右）亦以单圈联珠作边缘装饰，四周亦无新月抱星标记。联珠圈内有一座琐罗亚斯德教祭坛，其下部设有三层底座，坛内火光熊熊。火焰左右各有星与新月装饰在上方，其下方且有两明显人形分别侧身立于祭坛两边。

图 6　广西容县出土卑路斯 B 型萨珊银币（正、背面）（广西钱币博物馆提供）

而样式为库思老二世时期的银币，其正面（图 7 左）亦为国王半身像，边缘由双线条围成，圆圈外的左、右，以及下部各有一个新月抱星标记。王冠部分越出双线圆圈，圆圈外围的顶部左侧有铭文溢铸。王冠无冠球，其顶部为一枚六芒星，下托新月，鸷翅装饰于新月之下的帽冠两侧。帽冠后部有雉堞形装饰物，冠籍为双层联珠纹，冠后有穗状带饰。国王面部特征为高鼻深目，有络腮胡，耳部有三个圆点组成的抽象装饰。边缘的双线圆圈与半身像之间的空隙铸有铭文。银币背面（图 7 右）以三圈联珠纹作为边缘装饰，四周各有一个新月抱星标记。联珠圈内有一座琐罗亚斯德教祭坛，其中间呈沙漏状，坛内火焰为四层。火焰左右各有星与新月装饰，祭坛旁有两人形呈正面站立状，其手中执十字长形物体。联珠圈与站立人像之间似铸有铭文。

图7　广西容县出土库思老二世时期萨珊银币（正、背面）（梁华汉、梁庆荣，2014：24、25）

三、对华南四地出土萨珊银币是否存在关联性的讨论

华南四地出土的萨珊银币在埋藏年代上有一定关联性。广东英德与曲江所发现的银币皆为卑路斯时期形制，则流入时间应不早于484年。而英德一地发现银币已可证为南齐永元元年（499）流入中国，上距卑路斯铸币下限时间仅16年（王贵忱、王大文，2005：1072），说明于此时间段内两国海上商贸往来频繁，才会出现新铸成的银币在其铸造期内流入异国又埋入地下的情况。遂溪窖藏的银币则形制较为多样，虽有沙普尔三世、伊嗣埃二世以及卑路斯时期的银币，但流通年代上限应由出土中年代最晚的一枚银币而定，故此地出土银币的流通时间上限与英德和曲江两地相同，且早于波斯与滑国使节入贡南朝之时（姜伯勤，1991：26－27）。而广西容县出土银币在上文已有详细叙述，其流通时间段不早于590—628年间，即广西容县出土银币的流通时间要比广东三地出土的银币晚一百余年。容县靠近珠江水系的内陆水道，不邻出海港口，外国货币流入此地或许较广东出土银币三地有一定的时间差。

还需要注意的是出土银币是否被剪边：英德与曲江两地出土的银币皆存在剪边的现象，而遂溪与容县出土的银币则未被剪边。王贵忱与王大文（2005：1072）认为，萨珊银币流入中国被剪边乃是因为其输入量较小，剪边使用的方式是看重了银币的含银量，这是萨珊银币加入了货币流通的证明，也可从剪边这一现象推测出当时或许处于通货膨胀的状态。英德和曲江出土皆为卑路斯时期的银币，其银币种类单一，流通时间相近，且都有被剪边的情况，或可作两地在此时间段对外贸易情况相似的猜想。

而遂溪出土的萨珊银币未出现剪边这一情况，王贵忱与王大文（2005：1070）对此的猜想是，因南朝时期与波斯的往来贸易频繁，交易量上升，当地对银的需求可能被银币的总量所满足，所以没有出现长期的通货膨胀现象。遂溪出土银币在年代种类和数量上较英德与曲江两地要多一些，从而可猜测南朝时岭南地区外币流通量不小，故萨珊银币成为此间行用外币的主要品种这一说法有一定的依据。而容县出土银币未被剪边，由于当地出土银币仅两枚，则情况应与遂溪出土银币不同。若银币在容县当地作正常货币交易，则为求贵金属的最大利用价值应会被剪边；此地虽离古时商镇梧州近，但从其地处西江支流的地理位置推测，此地有大量域外贸易行为发生的可能性十分小，故因交易量大而产生的不剪边情况也是不成立的。排除掉了作为货币和随葬品的用途，则容县出土的银币或许是被当作宝物放进陶罐埋入地下，且从其未被穿孔的保存情况来看，银币作为装饰性宝物的可能性较小。

若结合华南四地的具体位置来看，则四地的银币情况异同与疑点或可有新角度可考。从地理位置上看，曲江与遂溪靠近北部湾，遂溪有湛江港与广州湾可出海，而曲江亦可通安铺港，两地港口相离不远；英德属粤北，位于北江河段，其水道航运从安铺港出海既不方便也无必要，则从运输成本及方便性考虑多采取顺北江而下，至西江于珠江口入海的路线。而容县位于广西东南部，县内河道属绣江中段，既可由南流江至北部湾的合浦港出海，亦可由北流河溯西江而通珠江水系入海，实为海上丝绸之路的内陆水道。既然容县附近水道可通珠江水系入海，且此地又可由合浦港出海，则出土的萨珊银币可与之前广东三地出土萨珊银币作有所联系的猜想。

作为海上丝绸之路的内陆水道，其对外贸易量不如更为靠近港口所在的曲江，则以较大商贸交易量作为前提条件才会出现的钱币剪边情况便很难在容县一地发生，萨珊银币更有可能以被当作宝物的方式保存下来。而遂溪出土银币未被剪边的情况则是因其贮藏量较多，而推断出当时交易活动十分频繁，在交易时经手的萨珊银币流转速度较快，没有给予商人们克扣钱币银边的充裕时间。其中出土的卑路斯钱币在年代上与萨珊波斯本土铸造流通的年代下限仅相距16年，从出土数量和年代判别上足可证明当时中外贸易之繁盛，这是与仅出土两枚银币的容县完全不同的情况。所以，容县一地出土银币较为完好可能是当时海外贸易较港口城市要少，银币被当作与随同埋藏的银手镯同等珍贵的宝物进行贮藏所致。而容县出土银币的流通时间段较广东出土的要迟一百多年，则也可通过地理位置得到一定的解释。正因为流经容县的水道为海上丝绸之路的内陆水道段，则在贸易活动上与邻近出海口的城市存在一定的时间差。在港口附近兴盛的海外贸易，其所进行交易的物品与货币要再经过一次河道转运才能从港口运输至较深入内陆的河道网络。那么，在交易中被当作常用货币的萨珊银币也自然随着这个运输流程缓慢深入珠江水系的腹地。从认知萨珊银币、接受萨珊银币，以萨珊银币进行交易——这一种在入海港口已经被熟知的货币在内陆的商贸城镇又重新进行了一次被认知与接受的过程。这两个认知过程中间因地理距离而产生了时间上的间隔，故而使得内陆商镇所发现的萨珊银币在流通下限年代上与入海港口城市有一定的时间差。这在容县出土的两枚不同形制的萨珊银币上也得到了印证，既有与广东三地出土银币形制重叠的卑路斯 B 型银币，也有流通时间更晚一些的库思老二世时期银币。则可据此产生两个猜测，一是在广东流通过的卑路斯时期的银币通过内陆水道流通至广西容县一带；二是最早至库思老二世时期钱币流通之时（590—628 年），对外贸易已经延伸至珠江水系的内陆航道，来自萨珊波斯的银币在此时已经为华南内陆地区所认可。

四、结语

综上所述，广西容县出土的两枚萨珊银币在流通年代上要晚于广东三地出土的银币至少一百年，这两枚银币的保存方式表明了其作为宝物而被贮藏，且从容县附近水道的支流归属可知银币有极大可能是从合浦港或珠江入海口进入内陆腹地的。这或许可作为对外贸易活动于隋唐时已延伸至内陆水道的物证，也可以此猜测——作为珠江支流流经的位于内陆腹地的广西容县虽不比广东出土银币的三地在贸易活动方面活跃，但其本地商品抑或是内地货物借其水道运输至入海港口远销域外的行为，即内陆地区参与海上丝绸之路贸易活动的行为，在隋唐已有所体现和可考。由此可见，海上丝绸之路在内陆水道的延伸是有迹可循的。珠江入海口和合浦港不仅是海上丝绸之路上的港口点，更是将这条贸易之路上承载的域外物品与文化，通过四通八达的水路航道带入内陆腹地的依托之地。

参考文献：

陈学爱，1986. 广东遂溪县发现南朝窖藏金银器［J］. 考古，（3）.

姜伯勤，1991. 广州与海上丝绸之路上的伊斯兰人：论遂溪的考古新发现［M］//广东省人民政府外事办公室，广东省社会科学院. 广州与海上丝绸之路. 广州：广东省社会科学院。

梁华汉，梁庆荣，2014. 容县出土古波斯钱币及其对它的考证［J］. 广西钱币，（2）.

孙莉，2004. 萨珊银币在中国的分布及其功能［J］. 考古学报，（1）.

王贵忱，王大文，2005. 从古代中外货币交流看广州海上丝绸之路［M］//孙海，蔺新建. 中国考古集成：华南卷·综述（二）. 郑州：中州古籍出版社.

夏鼐，1974. 综述中国出土的波斯萨珊朝银币［J］. 考古学报，（1）.

杨豪，1961. 广东英德、连阳南齐和隋唐古墓的发掘［J］. 考古，（3）.

杨少祥，1983. 广东曲江南华寺古墓发掘简报［J］. 考古，（7）.

（本文为广西钱币学会 2019—2020 年度学术课题"学生研究项目"结项成果）

苏区票证上的马克思像辨析
——兼谈几款票证上的人像

刘亚璋

（中山大学）

摘　要：土地革命时期，有多款印有马克思像的革命货币在苏区流通。考察苏区纸币人像的视觉元素的排列组合可判断它们"像不像"原型马克思。万载县工农兵银行、湘鄂赣省工农银行发行的货币上的人像"不像"马克思。鄂北农民银行银元人像"不像"马克思，但又是马克思。"像不像"的原理不能准确判断人像的身份。本文结合图像学原理，通过考察这几款货币上人像的视觉元素、设计人员的意识形态，推论湘鄂赣三款红色纸币人像为马克思。

关键词：苏区票证；马克思像；图像元素；意识形态

　　苏维埃政权货币上的马克思像是我们研究早期红色金融建设的重要物证。对红色纸币上的马克思像进行一般意义的图像研究，可以帮助我们更好地了解革命的历史，填补由于资料缺失而造成的历史空白（洪荣昌，2014）。当年闹革命，根据地造币条件有限（罗开华、罗贤福，1992：34-35），印刷工匠制作的钱币上的马克思像精致程度参差不齐。有些苏区票证上的头像很难辨认，主要是这些人像的五官和我们熟悉的革命人物差异很大，但也可以通过挖掘史料和文献，确定其身份（杨枫、谢启才，1991：16-25）；或者根据图像本身另辟蹊径（赵爱国，2014）。将图像研究和历史研究结合起来，对我们理解苏区货币图案的意义、理解革命的历史有一定帮助。

一、参考源的辨别

　　土地革命时期，苏区发行了多类印有马克思肖像的票证。至红军长征之前，可资参考的马克思肖像主要来源为进步书籍。1907 年上海世界社出版了《近世界六十名人》一书，这是马克思像第一次出现在中国（巩梅，2020），其刊载的摄于 1875 年的马克思照片（图1）随此书在中国广为流传。苏区发行的各类含马克思像的票证中，多以此照片为参考。其典型的识别特点是身体朝右，头随身体向右，左脸面积较大，眼神向左聚焦；胡子花白，长且浓密；头发花白，发型两侧较厚。

发行于1930—1932年间的江西工农银行一元纸币，其上印制的马克思像（图2）属于1875年版的马克思像，非常清晰，可直接辨认。鄂豫皖省苏维埃工农银行1932年发行的二角券，人像虽然模糊不清，但头部的朝向可以大概分辨，略微向右，左脸面积大（图3），该币上只印了头部，但从朝向、发型和胡子的形态来看，这个马克思像也属于1875年版。1928年发行的耒阳工农兵苏维埃政府劳动券（图4），其上印制的马克思像为右四分之三头像。从马克思像面部朝向、发型和浓密的大胡子来看，其原型也属于1875年版。耒阳劳动券整体上属于版刻的风格，人像线条比较明显，可以说是二次创作。鄂东银行于1931年发行的铜元票二串文券（图

图1 马克思像（上海世界社《近世界六十名人》1907年版）

5），其上印制的马克思像也属于二次创作，设计者把马克思的头部特征用线条概括地表达出来，比如两侧较厚的发型，人物的衣服所表现的身体角度是正面的，不过从头部的朝向、胡子和头发的形态来看，这个头像的参考原型也是1875年版的。

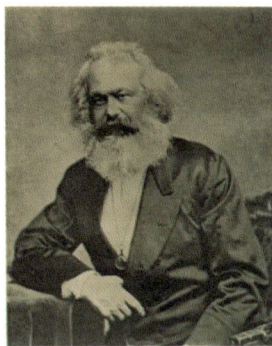

图2 江西工农银行一元纸币①

图3 鄂豫皖省苏维埃工农银行发行二角券上的老人像②

---

① http://www.airmb.com/html/7/2018/0929/63784.html.

② https://www.sohu.com/a/271312665_366532.

图 4　耒阳工农兵苏维埃政府劳动券副本（耒
　　　阳党史陈列馆藏）

图 5　鄂东银行铜元票二串文券①

　　从这四张票证来看，各根据地金融战线的革命工作者面临的条件不尽相同，刻版师傅的手艺也各有高低，所制作的马克思像造型质量参差不齐。有忠实于原版照片的，也有二次创作的，还有用简笔画的形式来再现的。尽管如此，我们仍然可以根据这些肖像表现出的一些具体的视觉元素去锁定它们的参考原型。同样的情形也出现在另一款马克思头像上。闽西工农银行 1930 年的一元券（图 6）、闽西工农银行 1931 年的股票（图 7）和汀州市调剂粮食合作社 1933 年的五角（图 8）上都印有马克思像，从这些头像的面部朝向、胡子（颜色发黑，黑色面积一部分表达的是阴影，但大部分应该是胡子的颜色）和发型来看，我们可以辨认出它们参考的是 19 世纪 60 年代马克思中年时期的照片（图 9），这时他的胡子还没有变得完全花白。

图 6　闽西工农银行一元券②

图 7　闽西工农银行股票③

---

① http：//www. crt. com. cn/news2007/News/jryw/2018/5/1857927245JG78CDI11160GB4943F. html.

② http：//www. crt. com. cn/news2007/News/jryw/2018/5/1857927245JG78CDI11160GB4943F. html.

③ http：//www. yangmingauction. com/culturedetail. html？ id＝246.

图8　汀州市调剂粮食合作社五角①

图9　19世纪60年代的马克思

（卡尔·马克思，2004：插图1）

　　以上归纳的图像辨析原理主要由两部分组成：首先是分解这些图像的视觉元素，比如票证上的马克思的发型、胡子和面部朝向，然后根据它们的排列组合去对照原型。我们在看图的过程当中很容易得出"像什么"或"不像什么"的评价，其基本视觉原理便在于此。这一过程，本质上是从原型到原型，反映的是单纯的视觉方面的观看过程。然而，"像"或"不像"只是简单的视觉逻辑，因为一旦图像的视觉元素排列组合超出了人们对原型的视觉认知，情况就变得复杂起来了。

　　广西钱币博物馆藏有一张特殊的纸币（图10），由湘鄂赣省工农银行于1932年发行，币值三角，其上印制了一个老人像。这个版式设计同样出现在湘鄂赣省二期革命公债券上（图11）。此前，江西万载县工农兵银行于1931年发行了同样款式的纸币（图12）。1931年11月湘鄂赣省工农银行成立后，沿用了万载县工农兵银行的版面设计。1931年江西工农银行发行的铜元十枚纸币上（图13），有另一个老人像。这两个老人像都有大白胡子和白头发，在此情形下若沿用上文所述的图像辨析原理，也就是按照"像不像"原理进行原型对照，显然有些棘手。这两个老人像，视觉元素也可以分解成三个：面部朝向、发型和胡子。这两者的视觉元素的排列组合已经超出了马克思照片所包含的视觉元素的构成框架，确实"不像"马克思，但依据这些视觉元素去寻找"像"的原型，候选人就很多了，几乎1930年之前的中国人和外国人都有机会成为这两者的参考原型。比如《近世界六十名人》里面的达尔文像（图14），除了发型外，胡子眉毛、面部朝向都非常符合纸币上头像的视觉元素构图秩序。原型对照方法可以使人们根据图像视觉元素的排列组合，或者说根据构图来确定参考原型，前提是两者的视觉元素的排列组合结构相似。因而这个方法能让人们判断"像"或"不像"，但能否确定图像反映的真实原型还需要具体情况具体分析。

---

①　http：//www.lytv.net.cn/folder88/folder153/2018－09－07/40438.html.

图 10　湘鄂赣省工农银行银洋三角（广西钱币
博物馆藏）

图 11　湘鄂赣省二期革命公债券大洋五角①

图 12　万载县工农兵银行银洋一角②

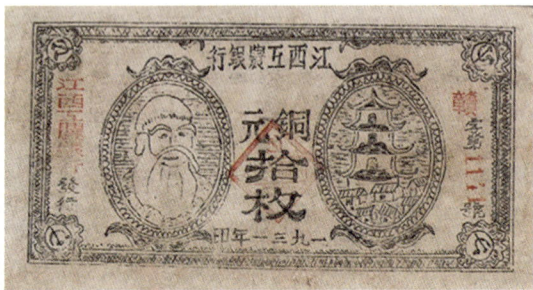

图 13　江西工农银行铜元十枚③

图 14　达尔文像
（上海世界社《近世
界六十名人》1937
年版）

二、"像""不像"的问题

关于湘鄂赣省工农银行银洋票（图 10）、湘鄂赣省二期革命公债券（图 11）和江西万载县工农兵银行银洋票（图 12）上面的同款式老人像，赵爱国先生在《万载县工农兵银行银洋票人物头像辨误》一文中有精彩的辨析。这个老人像的身份有争议，一般被认为是马克思，但这种说法并不能服众，因为这个人像"不像"马克思。赵先生认为这个老人像"是我国炎帝神农氏而不是革命导师——马克思"。文中列出了三点理由：一是马克思像早在 20 世纪初便在中国传播开来，各根据地发行的印有马克思像的票证

---

① https：//auction. artron. net/paimai – art0007064604/.

② https：//auction. artron. net/paimai – art90716887/.

③ https：//graph. baidu. com/api/proxy？mroute = redirect&sec = 1603530591041&seckey = 6bdffdde31&u = http% 3A% 2F% 2Fbook. kongfz. com%2F261941%2F915318413%2F（2019 年 12 月）.

很多，但与万载县纸币不类；二是湖南、江西其他地区的根据地也发行过印有马克思像的票证，但都与万载县这种风格有很大出入；三是民国五年（1916）由湖南实业银行发行的一百枚铜元券（图15）上出现了一位头上有角的老人像，各方面与万载县纸币老人头像都类似。这其中最有力的证据是民国五年（1916）由湖南实业银行发行的一百枚铜元券。赵先生综合钱币收藏界的意见认为，这张铜元券上的人像是炎帝神农氏。不过炎帝和神农氏是否为同一人，素来有争议。西晋的《帝王世纪》最早记载了炎帝的形象："炎帝人身牛首。"为避免争议，本文以下统称"炎帝"。湖南实业银行的铜元券上的炎帝形象，其视觉元素有四个，面部毛发、发型、面部朝向和头上的两只角，两只角是炎帝的关键特征。万载县工农兵银行、湘鄂赣省工农银行发行的纸币上的老人像，其视觉元素与湖南实业银行铜元券头像基本吻合，甚至表情也基本一致，所以万载县工农兵银行、湘鄂赣省工农银行纸币上的老人像的确很"像"湖南实业银行铜元券上的炎帝像。很明显，赵先生提供的这个铜元券人像比达尔文像更好。

图15　湖南实业银行铜元一百枚①

　　但是，湖南实业银行铜元券上的炎帝像有个极其重要的视觉元素——角。没有这个角，这个老人像的身份根本无法确定。可万载县工农兵银行、湘鄂赣省工农银行纸币上的老人像没有角，这一关键元素的缺失，使得我们无法确定其反映的人物的真实身份。因为万载县工农兵银行、湘鄂赣省工农银行纸币上的老人像从属性上来说应该是人，而湖南实业银行铜元券上的炎帝属于神话人物，正常的人头上是不会长角的。不过，赵先生提供的证据是非常有力的，这个事实可以说明万载县工农兵银行与湘

---

　　① http：//data. shouxi. com/item. php？id＝561642.

鄂赣省工农银行纸币上的老人像在设计上、构图上确实参考了湖南实业银行铜元券上的炎帝像；从整体票面布局来看，纸币正面右侧的宝塔是重要的参照物。当然，我们也可以推测，万载县工农兵银行的同志们手上可能就有湖南实业银行发行的铜元券。

赵先生根据"像不像"的原理否定了老人像是马克思的说法，找到了"像"的原型，湖南实业银行铜元券上的炎帝像。但两者的人物属性存在根本差异，所以也不能断定万载县的银洋票上的老人像的原型是炎帝。我们应该回过头来思考，为什么存在万载县的银洋票人像是马克思的这种说法。问题的关键之处是，负责票面设计的万载县工农兵银行的同志们，有没有见过马克思像，他们的设计思维又是什么，这也是断定老人像身份的关键。

万载县工农兵银行成立于 1931 年 1 月（中国人民银行江西省分行金融研究所，1987），此时距万载县苏区成立不足半年，当地的革命形势并不乐观；银行行址选在了潭埠陂田大木山黄家湾，地处边远山区，交通并不便利；而且印钞设备也非常简陋，以手工石印为主（李怀德，2011）；行长钟学槐，万载黄茅人（姜建清，2014：420）。关于万载县银行更加详细的信息就没有留下来了，银行的同志们有没有见过马克思像不得而知，他们的设计过程在文献资料上也是一片空白，老人像引起争议的根源就在这里。然而见过马克思像与否，也不是解决这个争议的关键。

鄂北苏区的农民银行（湖北省十堰市房县）曾于 1931 年铸造过一款印有老人头像的银元（图 16）。鄂北农民银行成立于 1931 年 7 月，由房县苏维埃政府经济委员王守训主持具体工作，王守训同志是房县城关人（姜建清，2014：89），负责制作银元的银匠也是来自房县的。房县苏区与万载县苏区情况大同小异，但房县银元上的头像被公认为是马克思像，且具有特殊的历史意义。不过，这个老人头像与马克思几乎没有任何相似之处。

根据当年参加制造银元的银匠散家春回忆，他们那时"并不知道马克思长的什么样子，完全是凭自己对外国人模样的想象创作：长胡须，穿西装，系领带"①。

---

① https：//www.hbzx.gov.cn/49/2018－05－16/56305.html.

图16　鄂北农民银行马克思头像银元①

如果我们单纯地观看这个人像，除了可以辨认当年的设计者分解出来的三个视觉元素，根本无法寻觅出原型，更何况这是"想象"出来的外国人形象。设计者明确说明没有见过马克思像，所以房县银元上的头像刻画得"不像"马克思。以此类推，万载县工农兵银行的同志们有极大可能也没有见过马克思像。

之所以人们如此确定房县银元上的人像是马克思像，是依赖后人挖掘到的当事人留下的关键历史信息：

"在拟定银元图案时，王守训与苏维埃政府其他同志研究，认为共产党是搞马列主义的，是为工农大众谋利益的，银元的图案必须有鲜明的代表性。这样就确定了银元的正面图案为马克思头像，背面以镰刀斧头为主景。"（杨枫、谢启才，1991：17）

可惜的是，到目前为止，我们还没发现关于万载县工农兵银行的同志们设计银洋票的历史信息，而万载县银洋票人物是马克思的说法难以服众的关键也在这里。那这个人像究竟是谁不就成了悬案一桩了吗？

三、图像学原理与人像身份的确认

按照潘诺夫斯基的说法，图像解读有三个层次：第一层次是观察图像上有什么；第二层次是识别它再现了什么；第三层次关注的是图像意义，即"揭示一个民族、一个时代、一个阶级、一个宗教和一种哲学学说的基本态度"，它们"会不知不觉地体现于一个人的个性之中，并凝结于一件艺术品里"（欧文·潘诺夫斯基，2011）。这也是一般人从看一张图到看懂一张图的过程。

---

① https://www.sohu.com/a/231078239_100137497.

　　人们对房县银元头像的解读体现了这个过程，尤其是探讨图像意义的部分。即便没有王守训同志留下的历史信息，我们也能从银元正面铸字"中国苏维埃共和国造"，以及背面的镰刀锤子图案析出足够的历史信息。

　　相形之下，万载县工农兵银行、湘鄂赣省工农银行纸币留下的直接线索非常少。万载县工农兵银行行址位于潭埠陂田大木山黄家湾，山高地远，条件恶劣。关于行长钟学槐同志，我们所知有限，可以明确的是，他是万载县本地人。万载县工农兵银行的创办人、万载县苏区财政部部长、湘鄂赣省工农银行行长陈鸿钧同志，也是万载县本地人。陈鸿钧同志出身贫苦，早年在石印店做工，打交道的都是农民和小作坊工人；1929 年加入中国共产党，参加革命后，陈鸿钧因熟悉金融业务，被党和人民委以重任，主持地方财政工作；红军北上后，他坚持与国民党反动派进行游击斗争，1937 年壮烈牺牲，头颅被残忍割下示众（龙彩英、梁洁、李怀德，2014）。可见，奋斗在万载县苏区金融战线的陈鸿钧同志是信仰坚定的无产阶级革命者，真正为革命事业抛头颅洒热血。王守训同志是房县本地人，1931 年牺牲于国民党反动派的屠刀之下。就此看来他们都属于出身本地乡村的、革命觉悟高、革命信仰坚定的工农阶级。可以推测，由共产党员陈鸿钧同志创办和管理的万载苏区的银行，在银洋票设计的指导思想上与房县王守训同志的想法应该是一致的，因为他们的意识形态和革命信仰是一致的。

　　我们已有足够的证据表明万载县工农兵银行、湘鄂赣省工农银行银洋角上的老人像在构图上参考了湖南实业银行铜元券上的炎帝像，但前者头上没有角。万载县工农兵银行的同志们是信仰坚定的共产党员，"是搞马列主义的，是为工农大众谋利益的"，毛泽东同志强调过："我们是信奉科学的，不相信神学。"（毛泽东，1982）共产党员是无神论者，是唯物论者，这样的意识形态决定了万载纸币上的老人像不会是炎帝这种上古神话传说中的人物。进一步来看，万载县工农兵银行、湘鄂赣省工农银行发行这种带老人像货币的时间，正处于前三次反"围剿"的艰苦斗争时期（1930 年 11 月至1931 年 9 月），在货币上印制炎帝，会不会不合时宜呢？

　　1931 年 11 月全国苏维埃第一次代表大会在江西瑞金胜利召开。会议通过了《关于经济政策的决议案》，此案强调"苏维埃应发行苏维埃货币"（中国社会科学院经济研究所中国现代经济史组，1986）。毛泽东同志提出，货币的设计要体现"工农政权的特征"（古向东，2011）。1932 年湘鄂赣省工农银行仍然发行带老人像的银洋三角（见图10），这说明该款纸币是符合文件要求的，也是符合根据地意识形态的，其上的人物图案也必定和革命事业相关。回过头来看这个老人像的主要视觉元素，即大白胡子和白头发，将其与革命导师马克思的照片对照，可以发现这个人像拥有的主要视觉元素与马克思像的关键识别特征是一致的——他们都有大白胡子和白头发。最后可以确认万载县工农兵银行与湘鄂赣省工农银行发行的银洋角上的老人像是马克思。

1931年江西工农银行发行的铜元十枚纸币上的老人像（图13），也可以按照同样的思路去判断其身份。这个人像属于二次创作，是简笔画的风格，这种形式将人物的形体用线条概括地表达出来，表现力更强，特征更明显。首先，分解视觉元素，胡子、发型和面部朝向，这是最明显的特征；视觉元素还可以再细致些，比如弯曲的眉毛和额头处的头发。之后，根据视觉元素的排列组合，寻找原型；由于正面右侧的宝塔图案给了明显的提示，另外从用线条勾勒出来的弯曲眉毛和额头处的碎发来看，这张纸币的老人像与万载县工农兵银行银洋一角（图12）上的老人像非常相似。江西工农银行和万载县工农兵银行在1931年同时发行了带老人像的纸币，这两者具体孰前孰后，难以考证。江西工农银行创办于1930年，革命资格更老；纸币正面四个角的镰刀锤子图案及背面的文字"拥护中国共产党的领导"等，可以证明设计者的意识形态和银行性质与万载县方面或者说与中国共产党领导下的苏区银行的革命特性是一致的。这个老人像的视觉元素的排列组合与万载县工农兵银行银洋一角人像极为相似，既然万载银洋一角上的人像是马克思，那么江西工农银行发行的铜元十枚纸币上的老人像也应该为马克思，从根本上讲，这是由图像的创作者及图像载体的意识形态决定的。

四、总结

苏区纸币上的马克思像形态各异，有些很"像"，有些"不像"。从视觉元素来看，无论"像"的还是"不像"的，都离不开大白胡子和白头发。这些也的确是马克思本人的主要识别特征。今天我们探讨的那些"不像"马克思的人像，可能在当时不是一个困惑人们的问题。当时负责设计这些人像的同志都不一定见过马克思的照片。从土地革命时期到现在已有近百年的时间了，马克思标准像、马克思的照片早已传遍大街小巷。现在的我们对马克思标准像当然非常熟悉，当面对这些苏区纸币上的人物图案时，自然会根据"像不像"这种图像辨析原理、原型对照方法去判断苏区纸币上的人物身份。苏区纸币是革命的货币，根据前文的探究，革命货币上必有革命的图腾，出现的人物必定是革命的人物。"像不像"不是判断人物图像身份、性质的标准或关键，但"像不像"是辨析解读图像的关键步骤；确定人物身份的关键在于货币的设计者、发行者的意识形态、货币本身的意识形态，以及其所处的时代背景。

土地革命时期苏区情势艰难，"围剿"和反"围剿"的斗争非常激烈。湘鄂赣苏区大多是乡村地区，山高地远，经济落后，反动当局剥削残酷，金融建设事业任务艰巨；革命宣传的手段极为有限，根据地也并不总是连成片的，各根据地之间的信息交流和沟通，很多时候与军事行动结合，得时刻防备反动武装的干扰（罗开华、罗贤福，1992：14－16；丁国良、张运才，1993）。即便在这样的情势下，苏区金融战线的共产党员也想方设法宣传马列主义，号召人民起来反抗压迫。货币图案是一种非常有效的宣传手段，王守训同志和房县银元就是极好的例子。房县银元上的马克思像是"想象"出来的，对于房县的革命工作者而言，见没见过马克思像、像不像马克思不是很重要，关键是把这个人像所代表的内容传播出去。万载县工农兵银行银洋上的人像，流传时间更长，出现在随后的湘鄂赣苏区多款票证上。尽管与房县银元头像一样"不像"马克思，但对于当年的革命者而言，最重要的可能不是我们关注的"像不像"的问题，而是让人民群众知道有马克思这个人。我们应该意识到，这算是马克思主义中国化、大众化的另一种形式。

参考文献：

丁国良，张运才，1993. 湘鄂赣革命根据地货币史 ［M］. 北京：中国金融出版社.

巩梅，2020. 辛亥革命前介绍马克思生平的两本名人读物 ［N］. 中华读书报，05－13（14）.

古向东，2011. 中华苏维埃货币上列宁头像的由来 ［J］. 东方收藏，（8）.

洪荣昌，2014. 江西工农银行一元纸币 ［J］. 中国钱币，（5）.

姜建清，2014. 近代中国银行业机构人名大辞典 ［M］. 上海：上海古籍出版社.

卡尔·马克思，2004. 资本论　第一卷 ［M］. 中共中央马克思恩格斯列宁斯大林著作编译局译. 北京：人民出版社.

李怀德，2011. 红色金融　丰碑永存：万载县工农兵银行旧址寻踪 ［J］. 武汉金融，（7）.

龙彩英，梁洁，李怀德，2014. 红色金融的先驱者：写在成功烈士牺牲 77 周年暨首个烈士纪念日 ［J］. 中国钱币，（6）.

罗开华，罗贤福，1992. 湘赣革命根据地货币史 ［M］. 北京：中国金融出版社.

毛泽东，1982. 毛泽东农村调查文集 ［M］. 北京：人民出版社.

欧文·潘诺夫斯基，2011. 图像学研究：文艺复兴时期艺术的人文主题 ［M］. 戚印平，范景中，译. 上海：上海三联书店.

杨枫，谢启才，1991. 苏维埃货币二题 ［J］. 中国钱币，（1）.

赵爱国，2014. 万载县工农兵银行银洋票人物头像辨误 ［J］. 中国钱币，（4）.

中国人民银行江西省分行金融研究所，1987. 湘鄂赣革命根据地银行简史 ［M］. ［出版地不详］.

中国社会科学院经济研究所中国现代经济史组，1986. 革命根据地经济史料选编：上 ［M］. 南昌：江西人民出版社.

（本文为广西钱币学会 2019—2020 年度学术课题"学生研究项目"结项成果）

广西钱币博物馆藏旭日型钱币考

李晓羽[1] 李艳焱[2]

（1 广西师范大学历史文化与旅游学院 2 广西外国语学院）

摘　要： 5—9世纪，东南亚高棉人国家——扶南、真腊存在使用旭日型钱币的现象，中国学者普遍将此种钱币命名为"扶南金/银币"。东南亚考古研究者多数认为旭日型钱币应是由骠国最早于5世纪制作发行的一种印度风格货币，自中南半岛西北（伊洛瓦底江流域）向中南半岛南部（湄公河三角洲流域）城市传播流通。旭日型钱币纹饰主要由旭日、卍字符、Shrivatsa（拉克什米女神抽象符号）、沙漏型符号共同组成；其中卍字符、沙漏型符号被中国学者辨读为仿五铢钱纹饰，此观点与外国学者存在分歧。旭日型钱币依类型学还可分为早期高质量、中期中质量、晚期低质量共三种类型。依此分类，广西钱币博物馆藏扶南王国金币、真腊王国银币应是骠国出口至扶南、真腊地区，亦可能是真腊地区仿制的旭日型钱币实物。

关键词： 广西钱币博物馆藏；旭日型钱币；考辨

　　广西钱币博物馆藏有扶南王国金币、真腊王国银币共3枚，其造型纹饰基本一致（详细钱币藏品数据、图像见表1）。这些钱币是该馆东南亚古代国家货币展厅的特色藏品之一，也是我国难得一见的东南亚早期国家货币实例，为我国研究古代东南亚国家货币的使用情况提供了珍贵的实物资料。随着中国与东盟的往来与合作不断加深，正确了解东南亚古代国家货币的实际情况，是中国与东南亚诸国增加理解与互信的历史基础。

　　此外，广西钱币博物馆还藏有室利差呾罗银币等钱币，从名称与纹饰上看，与表1中的3枚钱币有一定关联，但并不统一，故本文仅对表1中的3枚钱币进行讨论。

表1 广西钱币博物馆藏扶南王国金币、真腊王国银币一览表

序号	名称	正面	背面
1	扶南王国金币		
	规格	直径 2.8 厘米，厚 0.09 厘米，重 4.75 克	
2	真腊王国银币		
	规格	直径 3.16 厘米，厚 0.2 厘米，重 9.43 克	
3	真腊王国银币		
	规格	直径 2.45 厘米，厚 0.15 厘米，重 4.49 克	

一、扶南、真腊、骠国概况

（一）扶南

扶南国没有留下史籍，仅在 1 世纪时开始被中国史籍记载，《梁书》中记载了扶南国开国的历史，经文献分析可以认为扶南国原处于母系氏族社会，社会生产力也较为原始，统治阶层与印度建立了较深的联系。[①] 现代研究多数认为，扶南居民应属于孟—高棉语族（何平，2009：99 – 103），主要疆域在湄公河中下游地区（现柬埔寨南部、越南南部地区），国家很大程度依靠海上贸易的优势而得以强大。从考古学上看，1944年发掘的俄厄（Oc Eo）是扶南国最重要的港口城市。它位于湄公河三角洲地区（现在的越南南部安江省），丰富的物产、独特的地理和气候优势以及人工运河的存在，使得俄厄在 2—3 世纪变得繁荣和强大。考古遗址中出土了罗马钱币（2 世纪）、印度陶器（1—4 世纪）、中国铜制佛像（5—6 世纪）、旭日型钱币（莽甘，2006：261 – 264），均证明了俄厄沟通罗马、印度、东南亚以及中国的重要中转港地位。6 世纪后，航海技术不断发展，来往东西方的船只可以不再靠海岸航行，俄厄的核心中转港作用开始式微，这也导致了扶南国的衰落（尼古拉斯·塔林，2003：193 – 196），随后另一个高棉人国家——真腊兴起了。

（二）真腊

依据柬埔寨碑铭记载，公元 540 年左右，拔婆跋摩一世（Bhavavarman I）发动战争进攻扶南，最终在 7 世纪取代扶南国，极盛期疆域以洞里萨湖为中心，北至南诏，南至湄公河下游。考古发现真腊与扶南相比发生了很大变化，一是政治中心内陆化，二是体现出灌溉技术发达的农耕社会特征（查尔斯·海厄姆，2017：298）。中国的史籍出现真腊国名最早见于唐代魏征等（2005：1208）撰写的《隋书》，至明万历（1573—1620）期间中国史籍依据真腊的发音，开始将真腊写成现在的国家名——柬埔寨。需要指出的是，我国史籍中将 6—16 世纪的高棉人国家均称为真腊，现在部分国内学者也采用此说法。但国外学者依据高棉人国家历史发展的过程，分为真腊时期（6—9 世纪）、吴哥王朝时期（9—15 世纪）、金边—洛韦时期（15—16 世纪末）。

[①]《南齐书》卷 58 有对扶南开国神话的记载："扶南国……其先有女人为王，名柳叶。又有激国人混填，梦神赐弓一张，教乘舶入海。混填晨起于神庙树下得弓，即乘舶向扶南。柳叶见舶，率众欲御之。混填举弓遥射，贯船一面通中人。柳叶怖，遂降。混填娶以为妻。恶其裸露形体，乃叠布贯其首。遂治其国，子孙相传。"

（三）骠国

骠国位于伊洛瓦底江流域，现缅甸境内，起止时间为公元初至 9 世纪南诏国攻陷统治中心室利差咀罗为止。骠国作为早期国家，其统治结构较为松散，城镇成为各地的权力中心（贺圣达，2015：338），进行各自管理。外国学者以城邦（city – states）描述骠国国家统治结构。骠人以灌溉农业经济为主（张江英，2012：11）。骠国时期的毗湿奴古城（Beikthano，今天缅甸伊洛瓦底江中游）、汗林古城（Halin，位于缅甸北部）以及室利差咀罗城（Sri Ksetra，位于缅甸南部）的考古发掘中出土的丰富的银币证明了骠族可能是东南亚第一个将金银制作成货币来使用的民族（貌丁昂，1983：11）。

二、扶南、真腊时期钱币研究现状

（一）国内研究

1. 中国古籍记载

我国史籍没有扶南国使用货币的明确的文字描述。但至 13 世纪末，元代出使真腊（国外学者称吴哥王朝）的周达观在《真腊风土记》中，以亲身经历明确描写了 13 世纪高棉人的贸易采取以物易物的形式，在较大宗的贸易时才使用贵重金属[①]，基本否定了高棉人在 13 世纪使用货币的可能。

此外应该注意的是，宋代欧阳修、宋祁（1997：3962）撰写的《新唐书》（卷222）记载骠国"以金银为钱，形如半月，号登伽佗，亦曰号足弹陀"，这说明古代骠国使用一种称为"登伽佗"或者"足弹陀"的金币或银币。下文还将讨论此种骠国钱币。

2. 中国学者研究

目前国内对扶南钱币的直接研究相对缺乏，国内部分研究者依据广西钱币博物馆藏的扶南王国金币、真腊王国银币进行了分析，认为该类型钱币可能是对中国汉代五铢钱的一种仿制（祁兵，2005：30 – 32）。部分研究东南亚的中国学者在论及东南亚史、中国与东南亚交流时，提及有扶南钱币的存在（段立生，2019：16），但未有进一步的分析。此外如果将视野放大，北京外国语大学缅甸语教授赵瑾（2013：96 – 103）提及骠国考古发现的四种钱币，其中的第四种骠国钱币与广西钱币博物馆藏的扶南王

---

① 在《真腊风土记》的记载中，对于真腊国的贸易有如下描述："闻亦有纳官司赁地钱，小交关则用米谷及唐货，次则用布若乃，大交关则用金银矣。"夏鼐先生将其考据为"《真腊风土记》谓小项交易用米谷及唐货，大宗交易则用布与金银"。

国金币、真腊王国银币高度类似，文中也提到该币与扶南钱币存在某种联系。

由此将中国学者们对扶南钱币的认识归纳为三点：一是扶南钱币的存在缺乏古籍的直接证据；二是大部分学者仍然肯定了"扶南钱币"的存在；三是对扶南钱币的定名、纹饰特点、制作及使用流通范围均未有详细严谨的考证，部分观点也存在冲突。

（二）国外研究

即便是东南亚国家的学者也承认东南亚早期国家钱币资料的不完整。通过能收集到的材料来看，从 1944 年马勒雷（L. Malleret）发掘扶南国重要港口城市俄厄并发现扶南钱币（Funan Coin）（熊昭明，2018：11）开始，陆续就有外国学者对扶南钱币进行比较研究。如 Pamela Gutman（1977：17）以东南亚的整体视角介绍了古代东南亚钱币，在扶南出土的银币因钱币图案中有一轮升起的太阳而被称为旭日型钱币（Rising Sun Type Coin，为方便讨论，下文也将使用"旭日型钱币"代替"扶南钱币"）。柬埔寨学者则依据 2011 年在柬埔寨茶胶省吴哥波雷县（Ankor Borei，有学者认为其是扶南国首都）一处被称为 Konlah Lan 的地点考古发现的约 2 000 件旭日型钱币，勾勒了旭日型钱币在古代扶南国的使用流通的基本情况（Guillaume Epinal、Jean-Daniel GARDE-RE，2014b：12－13）。2018 年柬埔寨国家钱币与经济博物馆（Cambodia Museum of money and economy，位于柬埔寨首都金边市）首次开放，展览中将旭日型钱币作为重要藏品进行展示，但值得注意的是，该馆并未将旭日型钱币视为柬埔寨主体民族——高棉民族制造和使用的货币。

由此可以看出，由于接触了第一手资料，外国学者对旭日型钱币的研究相对充分，本文将梳理外国学者对旭日型钱币的研究成果，考辨其基本情况与流通过程，并与中国古籍记载、现代学者的观点进行比较，分析广西钱币博物馆藏的扶南王国金币、真腊王国银币的纹饰、时代，并讨论定名问题。

三、对旭日型钱币的分析

旭日型钱币为圆形，以其中一面有升起的太阳为显著标志；目前在骠国的毗湿奴古城、迈莫古城（Maingmaw，位于缅甸中部）、汗林古城以及室利差呾罗城，堕罗钵底国的乌通古城（U－Thong，今素攀武里府境内），扶南国吴哥波雷 Konlah Lan 遗址（今柬埔寨塔科省）、俄厄古城等多处均有发现（Robert S. Wicks，2018：302）；有金、银、锡 3 种材质；也有大小、重量不一的多种面值版别，由于手工打制并存在仿制现象，不同时空的钱币亦各有差别。总体来看，是一种带有印度风格的东南亚钱币。由于东南亚的旭日型金币、锡币发现较少，而现代仿品过多导致相关研究不充分，也由于篇幅原因，本文主要以旭日型银币为对象进行分析。

广西钱币博物馆藏的扶南王国金币、真腊王国银币的一致特征是一面有一轮正在升起的太阳，另一面从左至右依此有小卍符号、大盾牌型神庙符号、小沙漏符号，与中国学者以国家名称命名该钱币不同，外国学者依据此类钱币的纹饰特点，将此类钱币命名为"旭日型钱币"（Rising Sun Type Coin）或者依据其正面、背面的纹饰组合称为"旭日/神庙型钱币"（Rising Sun/Temple Type Coin），为统一认识、方便讨论，下文统一称此类钱币为"旭日型钱币"。

（一）纹饰分析

依据旭日型钱币的特点，下图将旭日型钱币分为正面和背面（图1），并分别对钱币纹饰元素以及来源进行介绍。

图1　旭日型钱币正背面（柬埔寨国家钱币与经济博物馆）

1. 正面纹饰

从中心开始往外看，钱币正面画有一条水平线，代表着地平线，地平线上方的圆角是刚从地平线上升起的太阳，以太阳为中心，以地平线为界，上下方各有六道光芒，各道光芒之间有一个小点，上方光芒与下方光芒间的小点比例为7∶7。钱币的外围装饰有一圈大点，共27个，可能代表了吠陀占星术（Vedic Astrology，印度占星术的一种类型）中的27个星宿。

骠国宗教信仰以佛教为主，但是骠国考古发现也有信奉婆罗门教的现象。骠国的婆罗门教主要崇拜毗湿奴，有时以太阳神的形象出现（贺圣达，2015：380），有学者认为毗湿奴崇拜与来自波斯的太阳崇拜发生了混合（尼古拉斯·塔林，2003：290）。

古代东南亚统治者也往往使用太阳神的称号，强调君权神授以强化统治，建立吴哥窟的吴哥王朝君主苏利耶跋摩二世（Suryavarman，？—1150），其名字中的苏利耶（Surya）在古梵语中即为太阳。旭日型钱币正面的太阳形象，应该是当时制作发行钱币的统治阶级用以强调君权神圣的一种体现。

2. 背面纹饰

由于背面纹饰元素较多，在此将左右两个小符号与中间的较大纹饰分类进行阐释。

（1）左边卍符号考辨。

左边纹饰主要是卐或卍（两种方向均有）的符号，应是印度教或佛教的一种宗教符号，被认为代表着轮回、永恒，在印度教中，部分神的胸口也有卍形纹饰。

（2）右边沙漏型符号考辨。

右边纹饰类似于沙漏，但与普通沙漏不同的是，在沙漏的腰处有一横线，沙漏的上方普遍出现三个点。有外国学者认为以中间的横线为界线，横线下方的沙漏部分为地狱，横线为地平线以及人类世界，横线上方的沙漏部分则为天堂；而沙漏上方的三个点，则可能代表了印度婆罗门教最重要的三个神：梵天、毗湿奴和湿婆神（Guillaume Epinal，Jean-Daniel GARDERE，2014a：60）。也有部分学者认为，该纹饰是国王王座的符号化；但也有另一种看法认为该符号代表了印度创世神话"搅动乳海"的场景（Pamela Gutman，1977：17），对此下文还将详细解释。

（3）中部盾牌型符号考辨。

中部纹饰被称为 Shrivatsa，其纹饰及其变形出现在绝大多数的古代东南亚货币中。上方分别为散发光芒的太阳和月亮（也说成星辰）。其下是一个盾牌型的神庙纹饰，东南亚钱币学者认为该神庙是"搅动乳海"神话故事中，水中浮现出的吉祥天女"拉克什米"（Lakshmi，也称为 Sri）的象征，神庙的下方有三个点，可能是其他类型钱币水波纹纹饰的一种变形，也可能与婆罗门教三位

图2　缅甸若开邦邦旗（维基百科）

一体的宗教观念具有某种关联。拉克什米是婆罗门教中毗湿奴神的妻子，象征着繁殖、物质及金钱。古印度北方地区也有使用拉克什米作为钱币纹饰的现象。该符号的变形至今仍在使用，现代缅甸若开邦的邦旗（图2）主要元素就取自 Shrivatsa，而古代若开人国家在 5 世纪也出现了印度风格的货币。

（4）"搅动乳海"、拉克什米女神与沙漏型符号。

由于旭日型钱币的纹饰元素与"搅动乳海"有深刻的关联，故在此略对甘露争夺战中"搅动乳海"神话与钱币纹饰的细节进行分析。

"搅动乳海"是印度著名的创世神话，可见于《摩诃婆罗多》《往世书》《罗摩衍那》，最早成书于公元前 3 世纪至公元 5 世纪。故事梗概是善神（提婆）与恶神（阿修罗）为了获得长生不老的甘露，用巨蛇作为搅绳，缠绕须弥山作为搅杵，毗湿奴一边化身巨龟托住须弥山，一边化身大法身坐在山顶，灌注神力，随后善神与恶神共 180 名，各执一边拉扯搅动千年（图 3），其间诞生了各种宝物与生命，拉克什米女神也从此诞生。通过一番斗争，最终善神得到了长生不老甘露（杨怡爽，2015：30 − 44）。

旭日型钱币背面的沙漏型符号，也被部分学者解读为甘露争夺战场景，其中沙漏中间最细处伸出的线被认为是甘露争夺战中缠绕须弥山的巨蛇，上下的三角形可能构成了作为搅杵的须弥山。

图 3　19 世纪"搅动乳海"主题绘画作品（大英博物馆藏品网站）

广西钱币博物馆藏室利差呾罗银币的纹饰主要突显的就是这种沙漏型符号（图4）。通过比较骠国出土钱币的图案（赵瑾，2013：99），也可以看到沙漏型纹饰在骠国出土的其他类型银币正面均有体现，依据旭日型钱币正面图案的太阳有君权神授的意义，沙漏型符号解释为国王王座也并无不可。但无论如何解释，该符号要么表示神权（王座说）含义，要么表示宗教（天堂地狱说、"搅动乳海"说）含义。结合旭日型钱币其他纹饰图案，便可以看到其深深体现了东南亚早期国家宗教与王权紧密联系的社会特征。

3. 与中国五铢钱关系的讨论

我国部分研究者对旭日型钱币背面的纹饰有不同看法，将前文所述的卍符号与沙漏符号，辨识为"五""金"二字，并认为这是外国模仿中国钱币文字发行的金属货币（温法仁，2016：90；祁兵，2005：30 - 32）。

首先从整体风格上看，旭日型钱币与汉代五铢钱差异较大。五铢钱的特点可以概括为方孔圆形、青铜铸造、整币无纹饰而仅有左右铸小篆体"五""铢"两个汉字，与旭日型钱币相比整体风格清新淡雅；旭日型钱币则是圆形无孔、白银锻造、宗教王权纹饰图案布满币内，无文字，整体华丽繁缛。可以看出旭日型钱币是受到印度风格影响较深的钱币，与中国一脉相承的方孔圆形铜钱有整体风格的差异。

图4　室利差呾罗银币正面
（广西钱币博物馆网站）

旭日型钱币整体风格受印度影响应该可以得到普遍认可，新疆地区发现的"和田马钱"上的汉字"六铢钱""铜钱重廿四铢"，则为西域与中原风格融合制造使用钱币提供了实例。中外研究者对旭日型钱币的看法争议主要在于：表1中的1号藏品扶南王国金币的背面中，左右的纹饰是否模仿了汉代五铢钱的"五"字与"金"字，这也是判断旭日型钱币是否受到中国钱币影响的理论逻辑。

笔者认为，仅从广西钱币博物馆藏扶南王国金币（表1中的1号藏品）的背面纹饰角度看，尽管沙漏符号与小篆的"五"字有相似之处，但如前文已述旭日型钱币沙漏符号普遍在上方都有三个点，沙漏最细处都伸出系带状的纹饰；对比广西钱币博物馆藏室利差呾罗银币（图4）后，其放大的沙漏型纹饰更是与五铢钱的"五"字有明显区别，该符号应表示特殊的宗教或是王权意义。至于旭日型钱币背面的卍符号，经与不同版本的旭日型钱币对比后，可以看到如释读为"金"字，则钱文"金"缺少第一笔撇，钱币上也没有空间容纳这第一笔，第二笔捺则是借用了拉克什米神庙符号的左边外轮廓，若辨读为"金"字则拉克什米神庙的纹饰将无法左右对称，极不协调。故笔者认为广西钱币博物馆藏扶南王国金币的纹饰，应不是"五"字与"金"字。同时结合钱币整体风格与东南亚早期国家受第一波印度化影响的历史发展背景，可见旭日型钱币具有印度化风格符号的解释更有说服力。

（二）钱币类型学的比较分析

依据 Dietrich Mahlo（2014）的研究，完整的旭日型钱币可分为 3 个类型：

（1） A 型。

A 型是最早的旭日型钱币，于 5 世纪开始制作使用。在正面的太阳光芒，地平线上和地平线下光芒的比例严格保持为 6∶6，钱币外围环绕着约 27 个点，直径区间在 27～31 厘米，重量区间在 9.3～9.5 克。该类型硬币制造标准最为严格，质量最高。A 型仅在缅甸境内被发现。

（2） B 型。

B 型是 A 型的发展版本，其制造使用时间大约为 6—7 世纪，与 A 型相比，B 型重量与尺寸仍然保持了总体的一致，但在质量与技术上相较于 A 型产生了衰退，有纹饰符号出现了倒置（inversions），太阳在地平线上与下的光芒比例出现了小部分的变化，偶尔会不遵从 6∶6 的比例。出现了部分较小的面值版本，体现在大小和重量上的区别。同时该类型钱币使用地区较 A 型发生了较大的扩散，绝大多数在湄公河三角洲地区发现的旭日型钱币属于这种类型（图 5）。

图 5 扶南钱币正面（赵瑾，2013）

（3） C 型。

C 型是最晚的旭日型钱币，被认为出现于 7 世纪，钱币造型基本一致，但质量与设计发生进一步的退化，钱币左边的卐或卍符号退化成为一个十字，间隔之间有圆点；中间的拉克什米神庙变得细且长，重量与大小发生了许多种类的变化，成为不同的面值。就出土地点来看，湄公河三角洲没有发现此类钱币。

依据上文类型学研究成果，还可以对广西钱币博物馆藏扶南王国金币、真腊王国银币进行分类，表 1 中的 2 号藏品真腊王国银币可能是骠国地区使用的 A 型；3 号藏品真腊王国银币则应属于 C 型。

（三）旭日型钱币的命名问题

依据赵瑾（2013）的研究，在骠人城市遗址中共发现了 4 种类型（包含旭日型银币）的钱币，而在扶南国城市中的考古发掘中，也发现有三种类型的古钱币（包含旭日型银币）。目前中国学者普遍认为本文描述的旭日型钱币是扶南钱币；尽管未有确切的解释，但以扶南国名称命名该类型钱币，是建立在认为该类型钱币是由扶南国制造、发行的认识基础上，若如此也忽略了骠国使用旭日型钱币的历史过程，下文将对旭日型钱币的命名问题展开进一步讨论。

1. 史籍的相关证据

《新唐书》清晰指出骠国"以金银为钱，形如半月，号登伽佗，亦曰号足弹陀"，这表明骠国可能使用了 2 种货币，而所有关于扶南的史籍、碑铭中，均没有提到扶南人使用货币的文字表述。但是骠国钱"形如半月"的记载又与骠人城市考古仅发现圆形银币产生了冲突。在 2012 年柬埔寨吴哥波雷 Konlah Lan 的考古工作中，发掘了约 2 000 个旭日型钱币样本，其中有完整但大小重量不一的不同面值版本，此外还发现将完整旭日型钱币剪半甚至是剪为 32 分之一的情况（图6）。这反映了旭日型银币价值较高，扶南、真腊的高棉人缺乏小面额货币，故使用计重贵金属进行小宗交易的情况，而剪半的旭日型钱币的发现也与中国史籍记载的"形如半月"的骠国钱币建立了联系。此外，这种将完整货币切割以代表一半面值使用的方式，在印度孔雀王朝时期也曾出现过（帕尔梅什瓦里·拉尔·笈多，2018：22）。

图 6 柬埔寨 Konlah Lan 发掘的剪切的旭日型钱币 （柬埔寨国家钱币与经济博物馆）

2. 现代考古及学术认识分析

尽管部分柬埔寨学者对 Dietrich Mahlo 的类型学分类提出了不同意见，提出了少数反例①，但是 A 型旭日型钱币的看法还是主流，即年代最早、质量最高的旭日型钱币绝大多数在缅甸骠国遗址中被发现，说明应该是骠国统治阶层最早创造了旭日型钱币，并一定程度控制了旭日型钱币的制造，保证了骠国旭日型钱币的质量与重量。而其他地区钱币工艺的退化，则说明其远离统治中心，部分区域存在手工业仿制钱币的现象。如必须在命名中体现钱币最早制造、使用地区，则旭日型钱币可称为骠国钱币（Pyu coin），更准确地说是骠国钱币的一种。而国内研究中所指的扶南钱币、真腊钱币，应是东南亚或印度商人带入扶南国，并在城市范围内流通使用的货币，可能表示了该枚钱币出土或是入藏的地点。但是如果仅使用扶南钱币、真腊钱币以命名此类货币，则

---

① 柬埔寨有学者认为 1886 年在靠近西贡 Philippe Cappon 发现的两枚旭日型钱币属于 A 型，柬埔寨 Konlah Lan 发现的 2 000 件银币或碎片中似乎也有 A 型，均说明 Dietrich Mahlo 的分类仍不完善，但完全推翻该结论还需要更多的考古证据。

会使参观者、学者对该钱币的制造历史和流通范围产生错误的认识。

对于没有流通、出土准确信息的货币而言，使用货币特征命名该类钱币，可以更准确地概括该货币背后的经济、文化、族群历史信息，也便于中国钱币学界与东南亚钱币研究人员加深理解、扩大共识，推动中国与东南亚贸易互动研究。我国同时期的五铢钱，也是一种以钱币特征命名的古代钱币。故笔者认为使用"旭日型钱币"为藏品定名，较"扶南钱币"更为恰当。

四、结语

骠国与扶南、真腊都是东南亚大陆上的早期国家，5 世纪起，东南亚开始受到印度影响，骠国诸城市制造发行了包括旭日型钱币在内的多种钱币，并在东南亚中南半岛印度化地区被广泛使用。扶南、真腊的高棉人选择和接受了旭日型钱币，并主要在湄公河流域城市使用。10 世纪后，高棉人国家逐渐发展到吴哥王朝的鼎盛时期，但内向的农业经济模式使得高棉人放弃了货币，回到了以物易物的阶段，故《真腊风土记》中留下了高棉人以物易物的记载，直到 16 世纪高棉人国家柬埔寨才第一次发行了自己民族的货币。

广西钱币博物馆藏的扶南王国金币、真腊王国银币应是 10 世纪以前，东南亚商人在湄公河三角洲区域使用的货币，是我国收藏东南亚早期国家货币的珍贵实物。国内学者认为旭日型钱币是模仿中国五铢钱的这一看法，应在更谨慎和全面地了解旭日型钱币资料后再下结论。而在藏品定名方面，我国学者以"扶南金/银币"来命名的方式将导致人们对钱币真实情况的片面理解，使用旭日型钱币的文物名称，更能反映 10 世纪以前东南亚诸国贸易、文化的真实情景，也便于中外学者就东南亚古代钱币问题扩大共识并继续深入研究。

参考文献：

查尔斯·海厄姆，2017. 东南亚大陆早期文化　从最初的人类到吴哥王朝 [M]. 云南省文物考古研究所，译. 北京：文物出版社.

段立生，2019. 柬埔寨通史 [M]. 上海：上海社会科学院出版社.

何平，2009. 扶南主体民族的族属与现代高棉民族的形成 [J]. 广西师范大学学报（哲学社会科学版），45（1）.

贺圣达，2015. 东南亚历史重大问题研究　东南亚历史和文化　从原始社会到 19 世纪初　上册 [M]. 昆明：云南人民出版社.

莽甘，2006. 关于扶南国的考古学新研究：位于湄公河三角洲的沃澳遗址 [M]//陈星灿，米盖拉．法国汉学：第 11 辑．北京：中华书局．

貌丁昂，1983．缅甸史［M］．贺圣达，译．云南省东南亚研究所．

尼古拉斯·塔林（Nicholas Tarling），2003．剑桥东南亚史　第 1 卷　从早期到公元 1800 年
［M］．贺圣达等，译．昆明：云南人民出版社．

欧阳修，宋祁，1997．新唐书：4 册［M］．陈焕良，文华，点校．长沙：岳麓书社．

帕尔梅什瓦里·拉尔·笈多，2018．印度货币史［M］．石俊志，译．北京：法律出版社．

祁兵，2005．真腊遗金：太阳王朝经贸史略考［J］．广西金融研究，（S2）．

魏征等，1995．隋书：卷八十二·真腊传［M］．长春：吉林人民出版社．

温法仁，2016．"海上丝绸之路"货币对商贸作用的研究［J］．区域金融研究，（11）．

熊昭明，2018．汉代合浦港的考古学研究［M］．北京：文物出版社．

杨怡爽，2015．印度神话［M］．西安：陕西人民出版社．

张江英，2012．骠国文明初探［D］．昆明：云南大学．

赵瑾，2013．骠族的起源及其文化特征［J］．东南亚研究，（6）．

Dietrich Mahlo，2014. The Early Coins of Myanmar（Burma）：Messengers From the Past. First Millenium AD［M］//Guillaume Epinal，Jean – Daniel GARDERE. Combodia from Funan to Chenla a thousand years of monetary history. A national bank of Cambodia publication.

Guillaume Epinal，Jean – Daniel GARDERE，2014a. Combodia from Funan to Chenla a thousand years of monetary history［M］. A national bank of Cambodia publication.

Guillaume Epinal，Jean – Daniel GARDERE，2014b. The hoards of Angkor Borei – Discovery，description and interpretive essay［M］. A national bank of Cambodia publication.

Pamela Gutman，1977. The ancient coinage of Southeast Asia［J］. Journal of the siam society，（8）.

Robert S Wicks，2018. Money，Markets，and Trade in Early Southeast Asia：The Development of Indigenous Monetary Systems to AD1400［M］. New York：Cornell University Press.

（本文为广西钱币学会 2019—2020 年度学术课题"学生研究项目"结项成果）

南流江流域出土钱币与社会经济发展

毛明霞

（厦门大学人文学院）

摘　要： 南流江发源于大容山南麓，流经玉林大部分地区，最后由合浦入海。在以航运为主要交通方式的古代，南流江成了著名的南北通道，在促进社会经济发展中发挥着重要的作用。南流江出海口的合浦在汉代因海上丝绸之路的开辟而成为著名的港口，其境内的汉墓中出土了大量的钱币，是当时经济繁荣发展的明证。此后南流江流域内的社会经济随着航运的发展逐渐繁荣，宋明时期郁林因漕盐的转运而成为岭南都会，商业活动频繁。

关键词： 南流江；钱币；社会经济

南流江位于降雨量丰富的亚热带及热带地区，汛期较长，具有优良的航运条件。南流江干流在玉林市境内长66.7千米，在博白县境内全长95千米，在合浦县境内长约100千米，流贯玉林盆地、博白盆地和南流江三角洲，地势平坦、物产丰富，适宜发展农业和工商业。沿南流江南下可由合浦出海，北上可陆行至桂门关，再沿北流江进入西江、桂江，最后经灵渠沿湘江进入长江流域，是一条沟通海外与中原的黄金水道。

自汉武帝开辟海上丝绸之路以来，南流江流域的农业、手工业、商业等逐渐发展起来。合浦位于南流江出海口，地理环境优越，在汉代以海外贸易闻名于世；大浪古城及草鞋村遗址等早期遗址的发现，为合浦汉代海上丝绸之路及南流江航运发展的研究提供了考古证明；汉墓出土的琉璃、玛瑙、水晶、琥珀、海蓝宝石等具有异域特色的器物与《汉书·地理志》中关于海上丝绸之路开辟的描述相互印证；汉代合浦采珠业兴盛，有珠还合浦之典故，说明其时合浦南珠因细腻凝重、浑圆剔透而成为朝贡及贸易的重要商品。

宋代大力发展海外贸易，于大中祥符三年（1010）在廉州设沿海巡抚司，把廉州辟为对外互市口岸。随着内河航运的繁荣和廉州盐业的兴起，南流江中上游的浦北、玉林、博白、陆川、兴业得到了发展，一时间南流江沿江地区出现"商舟辐辏""舸舰迷津"之盛。

研究古代交通要道上的钱币，有助于了解当时的社会经济的交流和发展。从目前的考古资料及文献资料来看，南流江流域内出土的钱币主要见于墓葬、河流中，上至两汉，下至明清的货币均有发现。这些货币包括铜钱、金饼、铁钱等，多为用于贸易活动的钱币，从侧面反映了当时南流江流域经济发展的情况。本文以南流江流域出土的钱币为研究对象，通过对南流江出土钱币的研究，了解流域内商贸往来和社会经济发展情况。

一、南流江流域发现的钱币概况

（一）南流江流域出土的汉代钱币

合浦作为南流江的出海口，在汉代海上丝绸之路开辟以后，成为当时重要的港口城市，社会经济迅速发展。合浦汉墓中出土大量的五铢钱，便是当地海外贸易繁荣和经济发展的证明。

1971 年在合浦县望牛岭发掘的西汉晚期木椁墓中出土五铢钱 200 枚，金饼 2 枚。五铢钱（图 1）形制有三种：第一种廓径 2.5 厘米、穿宽 0.9 厘米，"五"字交笔略微缓曲，"金"字四点较短，"朱"字头方折，应为武帝时所铸；第二种廓径 2.5 厘米，穿宽 0.9 厘米，穿上有廓，重 3.5 克，"五"字交笔如两枚炮弹，"金"字四点较长，"朱"字头方折，应为宣帝时所铸；第三种的特点和第二种基本相同，但相对较小，廓径 1.2 厘米、穿宽 0.4 厘米，重 0.7 克，相当于大钱重量的五分之一，应为元帝时所铸（广西壮族自治区文物考古写作小组，1972：27）。此外，合浦爆竹厂一座西汉晚期墓出土汉代五铢钱 800 多枚，合浦盐堆的一座西汉晚期墓出土五铢钱达七八千枚之多（廖国一，2005：7）。合浦汉墓中发现如此多的钱币，不但说明墓主人的身份显贵，同时也说明了当地货币经济的繁荣。

图 1　合浦汉墓出土的五铢钱

黄金是汉代海上丝绸之路的贸易商品之一，合浦西汉木椁墓中出土了两枚金饼（图2），很有可能用于海上丝绸之路的贸易。"金饼为圆形凹心，一刻'阮'字，在'阮'字上方细刻一'位'字，直径6.5厘米，重247克；一刻'大'字，在大字下方细刻'太史'二字，直径6.3厘米，重249克"（广西壮族自治区文物考古写作小组，1972：29）。金饼的出土不但说明墓主人的身份尊贵（可能是当时的合浦太守），同时也说明了当时商品经济的发达，经济交易数额巨大。这两枚金饼出土于合浦，由此可见合浦港的商贸繁荣，社会经济发达。

图2　合浦汉墓出土的金饼（北海市政协文史资料委员会、北海市文物局，2015：134）

1979年在博白南流江大桥以下半公里的河滩上出土一批五铢钱，据说这批钱币装于一个陶罐中且被埋在岸边的坡地上。这批钱币重达8千克余，有些锈结严重，难以分解。整理发现完整的钱币有2 400多枚，枚重2.3克左右。博白县博物馆林燕（2014：315）认为这批窖藏五铢钱从钱文和形制来分析，应属东汉前期。

南流江流域内货泉和大泉五十等钱币主要出现在墓葬中，如九只岭汉墓M5出土50枚大泉五十（图3之①、②），正方形穿，直径为2.5～2.7厘米（广西壮族自治区文物工作队、合浦县博物馆，2003：73），这些铜钱的边廓大都锋利，是入葬时尚未流通的新钱。丰门岭汉墓出土大泉五十（图3之③）95枚，一种直径2.55厘米，66枚，一种直径2.3厘米，29枚；货泉10枚，直径2.2厘米（合浦县博物馆，1995：230）。

①　　　　　　②　　　　　　③

图3　合浦东汉墓出土的钱币拓本

（二）南流江流域出土的三国至南北朝时期钱币

南流江流域内出土的三国至南北朝时期钱币仍集中于合浦地区，如合浦县岭脚村三国墓出土钱币近百枚，"出土时部分成串，可见绢布包裹的痕迹，部分散叠在一起，大多锈蚀黏结，能辨认的不多，可辨认的有'半两''五铢''货泉'三种，且'五铢'大多是剪轮五铢"（广西壮族自治区考古工作队，2006：352－353）；"合浦公务员小区一期 M8a、M8b、M11a 及李屋村 M3、罗屋村 M6 等三国墓各出土铜钱 1 串，共约 271 枚钱币，均为五铢钱"（广西文物保护与考古研究所、合浦县文物管理局，2016：284）。公务员小区三国墓出土的五铢钱可以分为两种形制，Ⅰ式"五"字交笔呈两个对头炮弹形状，"铢"字金头似等边三角形，四点较短；Ⅱ式"五"字亦呈对头炮弹形，不过"金"字四点较长。这两种五铢钱可能是宣帝后期所铸。

（三）南流江流域出土的唐宋至明清时期钱币

南流江流域内唐宋至明清时期的钱币的发现主要来自南流江玉林段。一是 1994 年一淘沙工在玉林城区南江桥下游的河段用抽水机抽沙时，随沙抽上古钱币 73 枚；二是一钱币爱好者从 1999 年起，经数年淘挖，在玉林城区云龙桥附近的河床淘到古钱币 583 枚。这两批古钱币计有汉代钱币 11 枚、唐代钱币 22 枚、宋代钱币 189 枚、明代钱币 30 枚、清代钱币 374 枚、民国钱币 24 枚（陈亮，2008：23）。在南流江历代钱币均有发现，说明自汉代以来，南流江流域的商品经济就得到了发展。从被发现的钱币的数量来看，尤其以宋代和清代最多，说明宋、清两代商业繁荣，这与当时食盐的运输以及靛蓝的制作息息相关。在以航运为主要交通方式的古代，南流江成了沟通玉林、合浦乃至广西与中原地区的重要通道，在促进南流江流域内经济的繁荣方面具有重要的地位和作用。

二、南流江流域出土钱币反映的社会经济面貌及变迁

（一）汉代钱币与合浦的珍珠贸易

南流江流域内出土的汉代钱币集中分布于合浦地区，这与合浦的珍珠贸易关系密切。合浦的珍珠贸易早在汉代就闻名于世，汉成帝时，王章因为得罪大将军王凤而被处死，其妻子"皆徙合浦"（班固，1962：3239）。王凤死后，王章的冤情得以平反，王章的妻子得以归还故郡，"其家属皆完具，采珠致产数百万"（班固，1962：3239）。可见当时合浦珍珠贸易的繁荣。

东汉时期，合浦的珍珠贸易较之前更加繁荣，与交趾商贸往来频繁，这在很大程度上归功于合浦太守孟尝。《后汉书》载："（合浦）郡不产谷实，而海出珠宝，与交趾比境，常通商贩，贸籴粮食。先时宰守并多贪秽，诡人采求，不知纪极，珠遂渐徙于交趾郡界。于是行旅不至，人物无资，贫者饿死于道。尝到官，革易前弊，求民病利。曾未逾岁，去珠复还，百姓皆反其业，商货流通，称为神明。"（班固，1962：2473）通过这段材料可以看出，合浦与交趾之间不仅珍珠贸易繁荣发展，而且因为海域相邻，商业竞争激烈。当合浦采珠过于频繁之时，珍珠"遂渐徙于交趾郡界"，合浦政治清明之时，又恢复了往日的繁荣。

三国时期，合浦地区与交趾保持着珍珠贸易，仍采取两汉时期以米易珠的方式。后来吴国政府发现珍珠贸易利润巨大，于是由官方垄断了珍珠的采集和贸易。自此之后，合浦的珍珠虽偶有民间贩售，但从三国直至明代基本上都处于政府垄断的状态。

（二）合浦港与海上丝绸之路贸易

合浦地区社会经济在汉代的繁荣发展还与海上丝绸之路息息相关。合浦汉墓中出土的具有外来元素的文物包括水晶、绿柱石、琥珀、玛瑙、玻璃制品等。如合浦望牛岭西汉木椁墓出土：白水晶六棱珠形 6 件，六棱柱形 7 件，圆球形 1 件；蓝水晶网坠形 3 件，六棱柱形 4 件，不规则 6 件。花玛瑙穿坠由 9 件玛瑙珠组成，包括红色算珠形玛瑙珠 4 件，橄榄形花玛瑙珠 5 件。蓝玻璃串珠 3 串，直径 0.5～0.6 厘米（广西壮族自治区文物考古写作小组，1972：20 – 30，68 – 71）。"印度传入合浦的钾玻璃主要是中等钙铝的亚类，主要包括六棱柱、扁壶形等特殊几何造型的串饰，以铜着色的红褐色玻璃珠，文昌塔 M70 出土的淡青色玻璃杯等"（熊昭明、李青会，2011：124 – 125）。中等钙铝钾玻璃在印度、东南亚和广西均有分布，"合浦黄泥岗 M1 出土的湖蓝色玻璃杯与文昌塔 M70 出土的青色玻璃杯的化学成分接近，但器形有差异，推测其可能为东南亚传入"（熊昭明、李青会，2011：136）。值得注意的是，合浦九只岭东汉早期墓葬 M5 和寮尾东汉晚期墓葬内发现了钠钙玻璃。"九只岭 M5 的钠钙玻璃为湖蓝色串珠，寮尾的主要为蓝紫色串珠。从串珠的成分特点来看，九只岭 M5 和寮尾发现的钠钙玻璃属于罗马玻璃"（熊昭明、李青会，2011：137 – 138）。合浦出土的文物还有狮形的玛瑙和琥珀，狮子产于亚洲的印度、斯里兰卡以及欧洲、非洲等地，汉代水晶、玛瑙、琥珀等均来自缅甸、印度甚至更远的罗马等地。从狮子造型的玛瑙、琥珀来看，合浦地区的玛瑙、琥珀等更有可能来自印度或罗马。

对合浦汉墓发现的印度、东南亚、罗马等地传入的玻璃及本地生产的玻璃，从其制造技术可以认识到两汉时期合浦与海外交通十分发达，是海上丝绸之路贸易的城市点之一。同时，在广西的平乐、贺州、钟山等汉墓中也出土了一些具有外来元素的玻璃器，这些玻璃制品的传播路线很有可能是由海上丝绸之路转运至合浦，再沿南流江转运至广西内陆地区的。

汉代统治者对于珍奇异物的渴求推动了海上丝绸之路的开辟，海上丝绸之路的开辟使南流江入海口的合浦成了贸易中转站。其后，随着中原地区对岭南的开发及海上贸易的扩张，南流江沿岸经济贸易不断向内陆延伸。

汉王朝对合浦地区的开发，几乎是与汉代海上丝绸之路的开辟同时进行的。汉武帝平定南越之后，将南流江与出海口合浦组成了相对畅通的水、陆并举的交通运输线。随着交通的顺畅，中原地区先进的生产技术和文化通过南流江迅速传入合浦，合浦的社会经济在西汉晚期开始崛起。合浦经济的发展为汉代海上丝绸之路的开辟、发展做出了巨大贡献。海上丝绸之路开辟后，海外诸国的奇珍异宝和中原各地的丝绸集中于合浦，南流江则成了这些货物的输送纽带。这些货物或通过南流江、西江、漓江等水路及与之相连接的陆路如潇贺古道等贩运到中原等地，或通过汉代海上丝绸之路运送至海外。在承接商品的南北转运和对外贸易的过程中，合浦的社会经济又得到进一步的发展。

自汉武帝开辟海上丝绸之路以来，中亚、南亚、东南亚等地的工艺技术，包括玻璃制造、冶金工艺等通过海上丝绸之路最先传入南流江沿岸地区，促进了当地手工业经济的发展。合浦作为汉代海上丝绸之路的重要港口，其发展与中外贸易交流密切相关。

（三）宋代廉州盐场的兴盛与南流江内河航运的发展

北部湾海域有众多河流汇入，海水含盐量大，再加上地处亚热带，日照时间充足，具有盐业生产的优越条件。居住于北部湾沿岸的廉州居民煮海为盐，食盐生产成为廉州沿海地区最重要的经济活动。

宋代以来，廉州盐场开始兴起。据《宋会要辑稿》记载，宋代廉州设有"白石、英罗、大廉、石康、平陆"等盐场（徐松，2014：6492）。当时"廉州白石、石康二场，岁鬻三万石，以给本州及容、白、钦、化、蒙、龚、藤、象、宜、柳、邕、浔、贵、宾、梧、横、南仪、郁林州"（脱脱，1977：4466），这些海盐通过南流江转运至广西诸州，可见当时南流江内河航运相当繁忙。周去非（1999：179）《岭外代答》云："今日广右漕计，在盐而已。盐场滨海，以舟运于廉州石康仓。客贩西盐者，自廉州陆运至郁林州，而后可以舟运，斤两重于东盐，而商人尤艰之。自改行官卖，运使姚资颐重，实当是任。乃置十万仓于郁林州，官以牛车自廉州石康仓运盐贮之，庶一水可散诸州。"《岭外代答》认为海盐"自廉州陆运至郁林州",显然不符合当时的实际情况，每年从廉州运往郁林的海盐至少有十万石，通过牛车陆运如何满足广西诸州的需求？因此《岭外代答》中的陆运至郁林州之说存疑，可能是当时贩卖私盐经过的道路，而官盐买卖需要经过南流江运往广西各州。

《宋会要辑稿》记载："石康县有小江处，其一泒流至郁林仓，岁差常运官六员，客钞多即般盐赴仓，应副静江、藤、容、梧、浔、昭、贺、柳、象、宜、融、郁、贵十三州支请；其一泒流至武利场，岁差常运官四员般盐赴仓，应副邕、宾、横三州博马。今来客钞既就武林仓支请，所纳盐本、般车脚钱，合并依郁林仓体例施行。"（徐松，2014：6595－6596）从上述材料可以看出，宋代廉州盐场的海盐通过船运到达石康仓，然后又经过南流江运往郁林仓和武利仓。廉州海盐经过南流江、绣江（北流江）、西江、桂江、浔江、郁江、黔江、左右江运往广西各州，南流江在海盐运输中扮演了至关重要的角色。廉州海盐除运往广西各州外，还被朝廷征调至邕宁博易场购买马匹。

廉州盐场的发展极大地促进了南流江内河航运的发展，同时也促进了流域内社会经济的发展。随着商品经济的发展，宋代，户部曾上疏建议在广南西路南流江沿岸设置郁林和廉州两个钱监，这充分说明了南流江商业的繁荣。《续资治通鉴长编》记载元祐七年春正月庚子，户部上疏言"'广南西路转运司奏，本路融、柳、郁林、廉、邕等州及邻近全州、灌阳县各产铁甚多，已依陕西等路条例鼓铸铁折二钱，与本路铜钱兼行'……欲令广西转运司先且踏逐拘收本路出铁坑冶，召人采纳，如可鼓铸，选官并工铸大钱，及一十万贯，令与铜钱兼行，惟得于本州行使，向去民间铁钱渐广，即具实开奏，立定铜钱铁钱并行分数法"（李焘，1979：11203）。从上疏的内容来看，其时南流江沿岸商品经济得到了很大的发展。

1989 年 8 月，玉林市政府大院在基建动工时发现一大堆已熔化、锈蚀的钱币及钱范。玉林市博物馆曾到工地采集了一大块熔化锈结物存放于馆内。1998 年 9 月玉林市博物馆的李义凡先生在拍摄馆藏文物标本时，对标本进行了冲洗辨认，发现标本为夹有砂泥的层叠铜、铁钱，重约 7.5 千克（李义凡，2001：27－28）。目前可辨认的铜钱有"皇宋通宝"和"至和元宝"两种，其余因锈蚀严重无法辨认。玉林市区发现数量如此大的铜、铁钱，与当时南流江内河航运的发展关联紧密，是南流江沿岸地区商贸发展的具体表现。

此外，郁林生产的大米品质优良，其中"以晚稻鼠牙占为最。有黄壳、白壳两种极上者。白壳米小香软，色如银，价常昂，客争贩往四方。京都称为'广西细米'"（冯德材等，1967：69），当时广东米市皆以郁林米为贵，客商争相来郁林抢购大米，初步形成了"西米东输"的商贸结构。郁林的大米主要通过南流江水道转运往广东各埠，一时之间，南流江的内河水运一派兴旺，社会经济迅速发展。

（四）明清商业会馆的兴起

商业会馆是明清时期伴随着传统市场经济扩张、人口流动频繁而由外地人在客居地建立起来的一种地缘或业缘社会组织，其宗旨是联络乡情、敦睦桑梓。南流江自宋代以来便是广东食盐运销进入广西的航道之一，沿岸地区建立了众多商业会馆。随着南流江流域内食盐和大米的商贸发展，许多由粤东进入郁林贩卖食盐和大米的客商开始在郁林建立商业会馆。如"玉林县城和大平山圩都建有粤东会馆"（饶任坤、陈仁华，1989：30），《郁林粤东会馆沿革》考证郁林最早的粤东会馆建于郁林城西北隅（唐祥，1993：59），乾隆六十年（1795）迁建于城西（李义凡，2016：125），通过道光年间和光绪年间的扩建达到全盛时期。这些商业会馆的建立充分说明了当时郁林商贸的繁荣发展。

《光绪郁林州志》载："郁林为州，由岭以南亦一都会。南连雷化，至于琼管；西接廉钦，达于横山；为海道之蔽翼，桂林之藩篱也。地平广而无险，水纡回而不深。况盐利所在，舟车之会，巨商富贾于此聚居。"（冯德材等，1967：51）从上述文字记载可知南流江航运发达，地处南流江畔的郁林在清代成为桂东南重要的政治经济文化中心，是名副其实的岭南都会，交通便利，可通往雷州、化州、廉州、钦州、海南等地。

三、结语

从南流江流域内出土钱币的分布位置来看，其社会经济发展与南流江的航运息息相关，并且呈现由出沿海向内陆辐射的趋势。南流江出海口合浦由于地理位置优越，其社会经济在汉代已经借助海上丝绸之路的贸易往来得到了繁荣发展；宋明时期，随着漕运盐业的发展，南流江内河航运逐渐发展和完善，其社会经济也随之更加繁荣。南流江流域内出土的钱币既是当地居民与海外及周边地区商贸往来的明证，也是当时社会经济发展的实物证据。海上丝绸之路开辟以后，合浦的经济开始繁荣发展；宋代以来随着食盐漕运的兴起，南流江流域的经济开始辐射至郁林等内河地区。明清以来，郁林涌现大量的商业会馆，促进了当地的社会经济发展。

参考文献：

班固，1962. 汉书［M］. 北京：中华书局．

北海市政协文史资料委员会，北海市文物局，2015. 汉郡遗韵——北海文物精粹［M］南宁：广西人民出版社．

陈亮，2008. 从南流江出土的古钱币看古代广西玉林经济社会发展［J］. 广西金融研究，（A1）．

冯德材等，1967. 光绪郁林州志［M］. 台北：成文出版社．

广西文物保护与考古研究所，合浦县文物管理局，2016. 2009—2013 年合浦汉晋墓发掘报告（上册）［M］. 北京：文物出版社．

广西壮族自治区考古工作队，2006. 广西考古文集（第二辑）［M］. 北京：科学出版社．

广西壮族自治区文物工作队，合浦县博物馆，2003. 广西合浦县九只岭东汉墓［J］. 考古，（10）．

广西壮族自治区文物考古写作小组，1972. 广西合浦西汉木椁墓［J］. 考古，（5）．

合浦县博物馆，1995. 广西合浦县丰门岭 10 号汉墓发掘简报［J］. 考古，（3）．

李焘，1979. 续资治通鉴长编［M］. 北京：中华书局．

李义凡，2001. 宋代郁林州铸钱暨相关问题探析［J］. 广西金融研究，（S1）．

李义凡，2016. 玉林石刻调查与研究［M］. 南宁：广西人民出版社．

廖国一，2005. 汉代合浦郡与东南亚等地的"海上丝绸之路"及其古钱币考证［J］. 广西金融研究，（A2）．

林燕，2014. 博白县出土五铢钱初探［J］. 黑龙江史志，（5）．

饶任坤，陈仁华，1989. 太平天国在广西调查资料全编［M］. 南宁：广西人民出版社．

唐祥，1993. 郁林粤东会馆沿革［G］//广西玉林市政协文史资料工作委员会. 玉林市文史资料（第 25 辑）. 玉林：玉林市教育印刷厂．

脱脱，1977. 宋史［M］. 北京：中华书局．

熊昭明，李青会，2011. 广西出土汉代玻璃器的考古学与科技研究［M］. 北京：文物出版社．

徐松，2014. 宋会要辑稿［M］. 刘琳等，校. 上海：上海古籍出版社．

周去非，1999. 岭外代答校注［M］. 杨武泉，校注. 北京：中华书局．

（本文为广西钱币学会 2019—2020 年度学术课题"学生研究项目"结项成果）

郑和下西洋时期中国对东南亚地区的
货币输出和影响

任诗仪

（广西师范大学历史文化与旅游学院）

摘　要：明代郑和下西洋时期是中国与东南亚诸国交往最为频繁的阶段，在这一时期，郑和代表中国与东南亚诸国往来，一方面通过"朝贡贸易"来维持明朝的威严，另一方面也是为了打开与外国的贸易通道。通过郑和的船队和朝贡贸易进入东南亚的物品种类繁多，货币作为其中一类特殊的物品具有独特的含义。作为商品交换的媒介，货币在一个地区的发展中扮演着重要角色，中国的货币制度发展到明朝已经比较完善，而宝钞、铜钱和白银代表中国货币的三种形式，它们通过国与国之间的往来大量流入东南亚诸国，并对东南亚的货币发展进程产生影响。在长期的交往中，部分东南亚国家会使用中国铜钱来进行结算，或者使用当地货物来换取中国钱币和货物，部分国家还受中国铜钱影响铸造了带有明显方孔圆形钱特征的货币用于其国内的贸易交流。

关键词：明朝；东南亚地区；货币；交流与影响

众所周知，中国的货币很早就对东南亚地区产生了相当程度的影响。尤其是唐宋以来，中外交流日趋频繁，中国钱币和贸易货物大量输往国外，小额铜钱在爪哇、安南等国深入民间日常交易。明初以来，随着朝贡贸易的进一步发展，这种经贸往来范围逐渐扩大，至永乐年间皇帝派遣郑和七下西洋，伴随郑和一同前往东南亚国家的除了绢丝、瓷器等中国方物就是赏赐给各朝贡国的银钱。在这一时期，中国货币的大量流入，对这些国家的货币发展进程起到了促进作用，多种地方货币和实物货币并行流通，以中国钱币为中心，一种特有的钱币文化在东南亚区域形成，并逐渐辐射成一个钱币文化圈。

一、郑和下西洋时期中国对外输出货币的背景

（一）郑和七下西洋的具体时间

《明史》《明实录》《前闻记》等都有记载郑和下西洋的次数和时间，此外，在传世碑文上也有详细描述郑和下西洋的时间和情况。如 1935 年郑鹤声从明嘉靖年间长洲县（今苏州市）人钱谷编辑的《吴都文粹续集》（卷二十八）发现宣德六年（1431）郑和第七次下西洋出长江口时在太仓刘家港天妃宫所立的《通番事迹记》，碑记上详细列出了郑和前六次下西洋的往返时间及第七次下西洋的启程时间（中国航海史研究会，1985：97）；1931 年福建长乐县知事吴鼎芬发现了宣德六年郑和下西洋途中在长乐县南山寺所立的《天妃之神灵应记》碑，碑上也载有郑和七下西洋的时间（中国航海史研究会，1985：102 – 108）；福建东山县发现《舟师往西洋记》碑文亦抄录永乐十五年（1417）郑和第五次下西洋的行程。

通过文献和碑文互证，可以确定郑和七次下西洋每次往返的正确时间，如表 1 所示：

表 1　郑和七次下西洋往返时间表

下诏日期	出发日期	回国日期
永乐三年（1405）	永乐三年/秋	永乐五年（1407）
永乐五年（1407）	永乐五年/冬	永乐七年（1409）
永乐六年（1408）	永乐七年/冬	永乐九年（1411）
永乐十年（1412）	永乐十一年/冬	永乐十三年（1415）
永乐十四年（1416）	永乐十五年/冬	永乐十七年（1419）
永乐十九年（1421）	永乐十九年/秋	永乐二十年（1422）
宣德五年（1430）	宣德六年/冬	宣德八年（1433）

注：表中下诏日期为《明史》《明实录》中所载，出发日期和回国日期为郑和航行途中在各地遗留的碑文上所记。

（二）朝贡贸易带来的货币输出

郑和的七次远航与当时的官方制度和社会背景脱离不开。14 世纪中期至 15 世纪初郑和下西洋之前，中国与东南亚等国的关系大都建立在"朝贡贸易"之上。明太祖在位时为了拉拢周边小国，积极推行朝贡贸易，"论福建行省占城海舶货物皆免征以示怀

柔之意"（王圻，2000：420），因此许多小国向明朝皇帝进贡。同时，为了体现大国对于朝贡国家的招徕，明廷每次都会回赠诸多赏赐。至永乐年间，永乐帝沿袭了明初施行的朝贡体制，并进一步制定与东南亚国家交往的新方式。永乐帝派遣以郑和为首的一众官员去往东南亚各国，以示招揽之意，还曾谕示礼部大臣放宽对海外国家的朝贡限制，在各国使臣到达和离开时加以厚待嘉恤（胡月娇，2019：31）。于是这一时期明朝与东南亚地区的朝贡关系无论是在辐射范围上还是朝贡国数量上都远超之前，在整个明代也居于前列（胡月娇，2019：32）。

而在永乐朝奉使的主要人物就是郑和，郑和下西洋持续了 28 年，贯穿了整个永乐朝。郑和每次下西洋都携带大量钱财、方物赐予各国国王，刺激海外各国（尤其是航线途经的东南亚国家）纷纷与明朝建立朝贡关系，部分国家的国主还亲自到中国朝贡。通过朝贡往来，中国的铜钱、宝钞大量流入东南亚诸国。史料中关于明廷对朝贡国的赏赐有诸多记载：

（1）永乐五年九月，满剌加国王入贡："九年，其王率妻子、陪臣五百四十余人来朝，……有司供张'会同馆'，入朝奉天殿，帝亲宴之，妃以下宴他所。……将归，赐王玉带、仪仗、鞍马，赐妃冠服。濒行，赐宴奉天门。"（张廷玉等，1986）

另一本书中对此次永乐帝对满剌加国王的临行赏赐有更具体的记载："再赐玉带、仪仗、鞍马、黄金百两、白金五百两、钞四十万贯、钱二千六百贯、锦绮纱罗三百匹、帛千匹、浑金文绮二、金织通袖膝襕二，妃及子侄陪臣以下宴赐有差。"（张燮，2000）

（2）"永乐二年遣使赐织金、文绮、绒锦招徕其国，……之后苏门答剌遣使随尹庆入朝贡方物，诏封为苏门答剌国王，赐印诰、彩币、袭衣。"（张廷玉等，1986）

（3）南渤泥国王多次来朝亲自进贡，辞归时，领了许多赏赐。"王辞归，赐玉带一，金百两，银三千两，及钱钞、锦绮、纱罗、衾褥、帐幔、器物，余皆有赐。以中官张谦、行人周航护行。""八年九月，王遣使从谦等入贡禄恩。明年，复令谦赐王锦绮、纱罗、彩绢，凡百二十匹，其下皆有赐。……十年九月，遐旺偕其母来朝，命礼官宴之'会同馆'。……越二日，再宴，赐王冠带袭衣，王母、王叔父以下，分赐有差。明年二月辞归，赐金百两，银五百两，纱三千锭，钱千五百缗，锦四、绮帛纱罗八十，金织文绣、文琦衣各一，衾褥、帐幔、器物咸具。"（张廷玉等，1986）

二、郑和下西洋时期明朝货币情况

（一）纸钞

明朝初年，朝廷曾仿照蒙古人的做法：用钞不用钱，禁止民间以金银交易。但不久就加以变通，银钞兼用，以纸币为主，钱币为辅。明朝通行的纸币，是明太祖于洪武八年（1375）发行的，在整个明代，只发行了这一种"大明宝钞"纸币（图1），它是明朝官方发行的唯一纸币，贯行于明朝270多年。

大明宝钞基本上沿袭元代钞制，自发行起制版有过几次变化，对大明通行宝钞的具体制式，《明会典》有详细记载："以桑穰为料，其制方高一尺，广六寸，质青色，外为龙文花栏，横题其额曰'大明通行宝钞'，其内上两旁复为篆文八字，曰'大明宝钞天下通行'。中图钱贯，十串为一贯，其下云'中书省奏准印造大明宝钞与铜钱通行使用，伪造者斩，告捕者赏银二百五十两，仍给犯人财产。'若五百文，则画钱文为五串，余如其制，而递减之。"（王俪阎，2009：59）

大明宝钞虽然是政府发行的唯一纸币，但是由于纸质不好，难以持久，且纸钞只发不收，导致市面流通的纸币越来越多，造成了通货膨胀。虽然在洪武朝至永乐朝宝钞的流通情况较好，但这无法阻止纸币的贬值。同时期金银、铜钱、谷物不时见诸民间流通市场，正统年之后，宝钞已经不通行，只有官俸还是用钞折付。

大明宝钞也和元代交钞一样，有一部分流通到国外去。因为在各国进贡时，朝廷常常赏赐钞锭（"中央研究院"历史语言研究所，1962）。洪熙年间范济会说："大明宝钞，华夷诸国莫不奉行。"（"中央研究院"历史语言研究所，1962）成化年间，满剌加国王几次来朝，前后获得赐钞五六十万贯（王圻，2000：245）。但是仅仅赐钞并不能证明大明宝钞在国外流通，而且天顺八年（1464）礼部奏称钞锭非夷人之便，请量赐匹绢布（王圻，2000：257），可见纸币在外国未必流通，或许外国使节得到赏赐的钞锭后就在中国换成货物然后再携带出国了。

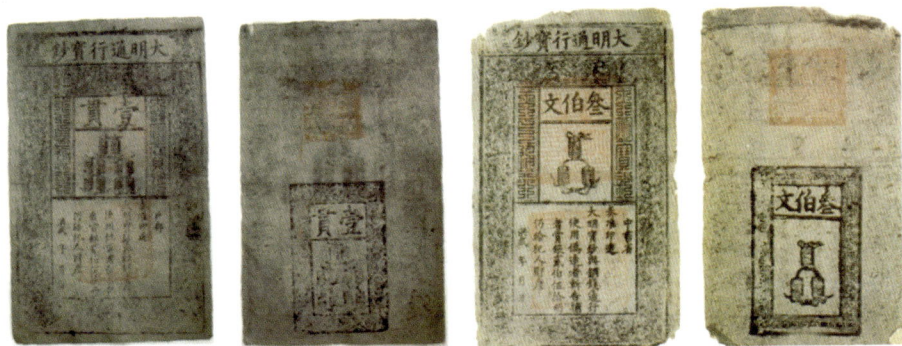

图1　大明宝钞（王俪阎，2009：60）

（二）白银

自洪武八年大明宝钞发行，政府就禁止民间使用白银交易，甚至禁开银矿，并对钞、钱、银的比价做了官方规定。于是宝钞和铜钱成了重要的两种通行货币，但是随着宝钞的跌价，在实际交易中，白银依然可见，绸缎、谷物等实物货币也见于记载（陈春声、刘志伟，2010：65－81，158－159）。政府为了抑制这种趋势，在洪武至宣德年间不断重申金银使用禁令，但宝钞的贬值和纸币流通的不畅导致金银使用的抬头，洪武末年出现"杭州诸郡商贾，不论货物贵贱，一以金银论价"（万明，2005）的现象。

宝钞的使用不便使白银和铜钱一直在民间通行。明初铸钱量本就不多，而且为了推行纸币，朝廷把这些钱都存在国库不予发行，或者只颁赐给外国的使节。在这种情况下，白银作为补充货币数量不足额的一种形式在国内通行。自洪武二十七年（1394）禁用铜钱以后，许多地方专用白银交易（"中央研究院"历史语言研究所，1962），直到天顺年间才恢复铜钱的合法地位。

（三）铜钱

明代的钱比元代多，但比其他朝代少，尤其是万历之前，远远比不上前朝。因为明初推行纸钞为主的货币流通制度，使用大明通行宝钞，铜钱铸禁无常，但在郑和远航前的洪武朝以及远航期间的永乐、宣德朝，还是有铸铜钱的。但是在长期禁钱政策和明代朝贡贸易体制下，官方所铸造的铜钱大多用来赏赐前来朝贡的藩属国。

朱元璋在元至正二十一年（1361，朱元璋已称吴国公）就设立宝源局，铸造大中通宝（图2），但是铸造量不大。至正二十四年（1364）打败陈友谅之后，他在江西设置宝泉局铸造五种大中通宝钱（小平、折二、折三、折五、当十），并在各省分设宝泉局鼓铸背面带有各省局名的铜钱。至洪武元年（1368），朱元璋颁布洪武通宝（图3）钱制，除京师南京的宝源局以外，各省都设宝泉局铸造洪武通宝。从洪武八年起至洪武二十七年，因发行宝钞，铜钱的铸造时断时续，钱制也有变更，因此洪武钱种类较多（彭信威，1966：433－435）。

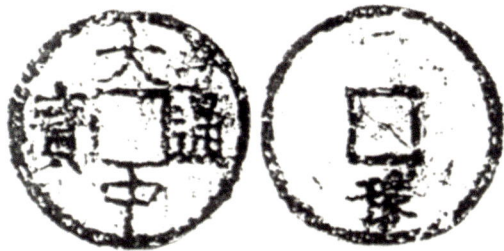

图2　大中通宝背"豫"钱　　　　图3　洪武通宝背"豫"钱（谭成富，2010：47）

永乐年间铸永乐通宝（图 4），关于其开铸年份文献记载不一，有说永乐六年（1408），有说八年，有说九年，可能是因为京师和各省布政司开铸时间有差导致的。永乐钱只有小平钱，没有折二以上的大钱。而且不论京师所铸还是各省所铸，都是光背钱，制钱精整划一，版别很少（彭信威，1966：435 – 438）。

洪熙年间应该有铸钱，但是没有流传下来。武宗《正德实录》卷七十二"正德六年二月庚寅条"户部奏议中提到了洪熙钱，但《续文献通考》在同一记事中没有洪熙字样（彭信威，1966：435 – 438）。

宣德年间有铸造宣德通宝（图 5），但是宣德八年（1433）才恢复铸钱。分别由两京的工部和浙江、江西、福建、广东四省布政司鼓铸。宣德钱的数量和版别都比较多，但远不及永乐钱精整。

在明代民间流通的铜钱中，明钱只占了一小部分，大部分是旧朝的钱。《明实录》（世宗实录卷）记载："国朝所用钱币有二，曰制钱，……如洪武、永乐、嘉靖等通宝是也。次曰旧钱，历代所铸，如开元、祥符、太平、淳化等钱是也。百六十年来，二钱并用。"（"中央研究院"历史语言研究所，1962）20 世纪 90 年代末在西安南郊发掘的几十座明代墓葬中出土的铜钱，包括唐开元通宝、宋太平通宝、皇宋通宝、金正隆元宝、明洪武通宝等（西安市文物保护考古所，2001：29 – 45，97 – 98），说明在明代民间通行的钱币中，除了本朝的钱币，还包括一部分前朝流通量较大的铜钱。

图 4　永乐通宝（马传德，1985：67）　　　图 5　宣德通宝（喻战勇，2006：229）

三、郑和下西洋时期东南亚地区的货币使用情况

东南亚地区小国众多，且因为战争经常出现国家合并和新国家的产生，在郑和下西洋这段时期内，我们要确定东南亚有哪些国家，可以从文献入手，但是各史料所记

郑和途经的地区不仅包含了国家，还包含了某些属地，而且郑和最远航行实际已经到达非洲，所以在综合文献的基础上，还具有考察意义的就是郑和航海图。郑和航海图中标注的船队停靠点有占城、灵山、真腊、暹罗、旧港、渤泥、满剌加、那孤儿、黎代、哑鲁、苏门答剌、锡兰、爪哇等，其中包含了当时东南亚大国、一些小邦以及属地，除去后两者，我们可以知道郑和下西洋时期的东南亚国家有占城、爪哇、旧港、暹罗、满剌加、苏门答剌、南渤泥、锡兰、真腊、安南等。

（一）占城（今越南南部）

占城国自洪武以来，常常来明朝贡，明廷也常有使节到占城，两国关系很好。占城百姓日常交易常用金银："其买卖交易，惟以七成色淡金使用。所喜者中国青瓷盘碗等器，及纻丝绫绢硝子硃等物，皆执金来转易而去。"（马欢，2018）可见其交易货币为金银。

（二）爪哇（今印度尼西亚爪哇）

爪哇在明朝时为明朝藩属国，文献记载爪哇国人多富，买卖俱用中国铜钱。"其衡法：每斤二十两，每两十六钱，每钱四姑邦。每姑邦该中国秤二分一厘八毫七丝五忽，每钱该官秤八分七厘五毫，每两该官秤一两四钱，每斤该官秤二十八两。量法：截竹为升，名曰姑剌，该中国一升八合。以八升为斗，名曰捺黎，该中国一斗四升四合。"（巩珍，2000：4）

中国从宋元时期就开始与爪哇有贸易往来，那时输入的中国铜钱在爪哇通行。直到明代郑和下西洋访问爪哇，通过朝贡贸易再一次有大量中国银钱流入爪哇，中国与爪哇的往来达到了巅峰，此后中国与爪哇的联系因为中国对外贸易受到严重遏制而中断。此后往往是通过走私才有中国银钱流入爪哇，直到第二次世界大战前，巴厘岛及小巽他群岛尚用清代制钱（巩珍，2000：5）。

除了使用中国铜钱，爪哇还有自己的铸币，在12世纪末以前的中国文献中陆续有记载爪哇以铅、锡为原料制作铜钱，早期的爪哇铸钱钱文全部是北宋开朝一百年间的年号。爪哇13—14世纪的窖藏中，出土了许多铅制的宋钱。而在一处15世纪的窖藏中，出土的2 000多枚钱币中，刨去大部分宋钱、12枚洪武和永乐时期的铜钱外，还有5枚非中国铜钱和浅平轮廓的扁平钱坯，这5枚钱与窖藏中的洪武钱相仿，钱坯与永乐钱的相仿。

（三）旧港（今印度尼西亚爪哇）

旧港就是曾经的三佛齐国，后来被爪哇所灭。《西洋番国志》"旧港条"载："行市交易用中国铜钱并布帛之类，其王亦采方物赴中国进贡。"（巩珍，2000：11－12）说明旧港不仅使用中国铜钱交易，还存在以物易物的现象。

（四）暹罗（今泰国）

暹罗特产香料，国西北二十余里有市镇名上水，有许多外国货在这里交易，中国宝船亦遣小船到上水买卖。"海（贝八）当钱使用，不拘金银铜钱俱使"（马欢，2018：22）说明暹罗以海贝为货币，同时也通行金银和中国铜钱。

（五）满剌加（今马来西亚马六甲）

满剌加地处海峡附近，是郑和前往西洋古国的必经之路，在满剌加，郑和设立官厂，《瀛涯胜览》载："中国宝船到彼，则立排栅，城垣设四门更鼓楼，夜则提铃巡警。内又立重栅小城，盖造库藏仓廒，一应钱粮顿放在内。"（"中央研究院"历史语言研究所，1962）郑和船队将满剌加作为一个货物中转站，在此分头出发到印度洋沿岸各国进行外交与贸易，最后会合在满剌加返程："打整番货，装载停当，等候南风正顺，于五月中旬开洋回还。"（"中央研究院"历史语言研究所，1962）

满剌加国货币在《瀛涯胜览》中记载是使用称量货币锡斗："花锡有二处山场，王命头目主之。差人淘煎，铸成斗样以为小块输官，每块重官秤一斤八两或一斤四两，每十块用藤缚为小把，四十块为一大把，通市交易皆以此锡行使。"（马欢，2018：37）

（六）苏门答剌（今印度尼西亚苏门答腊岛北部）

苏门答剌是进入印度洋的必经之国，是东西交通之要会，外国船多经此地休整，所以苏门答剌王以七成淡金铸钱，名"底那儿"，钱币圆径官寸五分，底面有纹，官秤重三分五厘，作为官币使用，买卖则另用锡钱："锡钱番名加失，凡买卖则以锡钱使用。"（马欢，2018：54）

（七）南渤泥（今印度尼西亚苏门答腊岛西北部）

《西洋番国志》载南渤泥"国内铜钱使用"。

（八）锡兰（今斯里兰卡）

《瀛涯胜览》载："王以金钱通行使用，每钱可重官秤一分六厘。甚喜中国麝香、纻丝、色绢、青磁盘碗、铜钱、樟脑，则将宝石、珍珠换易。"（马欢，2018：61）这表明锡兰国仍使用金钱、实物交易，但其国内众人喜爱中国铜钱。

（九）安南（今越南）

安南是东南亚地区一个比较特殊的国家，由于它与中国接壤，且永乐五年安南被灭从此回归中国管辖，所以中国货币在安南的流通更早，中国与安南自行铸造货币的渊源也比东南亚其他国家更深。

秦汉之际，安南属中国郡县，贸易自然也是使用中国钱币。970年，安南丁朝建立，开始铸行第一枚钱币"太平兴宝"，此后一千多年间，安南国家的铸钱一直未断。直到法国入侵前，中越两国交往一直很频繁。郑和下西洋时期，安南正处于胡朝，但是胡朝存在时间太短，未对当地货币流通领域产生很大影响，而且在胡朝期间，胡氏政权虽然想改革币制，下诏收回铜币改行纸币，但是由于封建势力的阻挠和社会经济的落后，新币制始终未能推行，安南民间流通的依然以前朝铸币为主。1405年至1407年，由于安南内乱，明朝介入后，明成祖改安南为交趾，此后安南重归中国版图。当时在安南流通的有中国铸造的洪武、永乐、宣德、弘治诸朝的小平钱。

受中国影响，安南是中国以外铸行方孔圆钱时间最长、品类最多、数量最大的国家。这种影响，十分鲜明地反映在安南货币上。安南早期所使用的货币都是中国历代王朝所铸。安南从丁朝大胜明皇帝太平元年（970）仿照中国钱币形制铸"太平兴宝"开始，直至1945年越南最后一个铸有"保大通宝"的皇帝退位，铸行方孔圆钱长达近千年。除历代王朝所铸钱币外，安南还长期混合流通大量的中国所铸钱币、仿效中国钱币所铸钱币、地方政权和割据势力所铸钱币及其他私铸钱币。安南有的朝代年号取自中国，钱文也采用汉文。这种年号钱与中国的年号钱相似（李爱民，2010：86 – 87）。

郑和下西洋期间，安南铸造了两类铜钱：

（1）安南改元天庆时铸造"天庆通宝"（图6），时值明宣德元年（1426）。

图6　天庆通宝（图片来源于钱币广场）

（2）陈亡未久，黎利于动乱中称陈氏嗣绝而自立为帝，建大越国，史称"后黎朝"。黎利号太祖，建元顺天，并铸"顺天元宝"（图7），时值明宣德三年（1428）。

图7　顺天元宝（图片来源于钱币广场）

在安南之后的历史中，还铸造了数类形制均为圆形方孔的铜钱，如"绍平通宝""大宝通宝"等。光从这些铜钱的样式就能看出安南钱币受中国钱币文化影响很深。1899年，在越南河内发现的陈朝时期的两个陶瓷中储存有23 000多枚古钱币，其中大部分是中国钱币，且时间跨度从中国的西汉时期到南宋绍兴年间，属于越南当地钱币的只有丁朝和前黎朝的几百枚。这充分说明当时越南流通着大量的中国前朝钱币。而缺少元代的铜钱可能是因为元政府铸造钱币的量少，所以并未大量流入越南。明朝由于官方往来和贸易流通，明钱更是大量流入越南，对当地货币发展起到举足轻重的作用（王民同，1999：42-46）。永乐年间明军还在越南铸造永乐通宝，发展到后黎朝时期，越南当地的铸币质量逐渐提高，量也变大，中国钱币在越南流通的数量日趋减少，越南当地的钱币已在流通中占据统治地位，但是中国钱币带来的影响使越南钱的铸造始终维持圆形方孔的造型。

（十）真腊（今柬埔寨）

郑和下西洋时期的真腊处于吴哥王朝晚期。在整个吴哥王朝时期，当地贸易采取的一直是以物易物的方式。成书于13世纪的《真腊风土记》中对这一情况有具体描写："闻亦有纳官司赁地钱，小交关则用米谷及唐货，次则用布；若乃大交关，则用金银矣。"（周达观，2000：32-33）即小项交易采用以物易物的方式，大宗交易则用布料或者金银。

在以物易物的交易方式中，真腊尤其喜爱中国货物，《真腊风土记》中载："其地想不出金银，以唐人金银为第一，五色轻缣帛次之；其次如真州之锡……温州之漆盘、泉州之青瓷器。"（周达观，2000：33）可见真腊人对于中国金银漆器、瓷器的喜爱。在《明史》中对真腊的贸易没有过多着墨，但对真腊常来朝贡有多次记载："冬十月丁丑……琉球山北、山南，爪哇，真腊入贡"，"冬十月戊子……爪哇东、西，真腊入贡者再。"（张廷玉等，1986）明成祖对真腊也赏赐金银、织金文绮、瓷器等。

文献中始终未提及真腊货币，以物易物的方式一直持续到 16 世纪，安赞王下令铸造有龙图案的金斯伦、银斯伦币，柬埔寨才有了全国统一的货币单位（罗华清，1993：27）。

四、郑和下西洋时期中国货币输出对东南亚地区的影响

郑和下西洋时期，通过郑和的船队和朝贡贸易，中国的银钱货币和实物货币大量流入东南亚，并在各个国家流通。通过上文对东南亚国家货币使用情况的简述，可以将当时东南亚各国国内用来交易的货币大致分为四类：中国铜钱、当地铸币、实物、金银，在四种交易货币中，可以明显看出前三类货币对东南亚地区货币发展进程产生了不同影响，体现了中国文化的输入和中国货币在当地的通行性。

（一）受影响使用中国铜钱

自中国与外国产生文化和贸易交流后，中国的铜钱很早就开始在东南亚地区流通，宋代以后这种现象尤其明显，由于宋代铜钱的大量铸造和外流，东南亚海域诸多国家相继开始使用中国铜钱（邱永志、张国坤，2020：8－14）。到了明代郑和下西洋时期，明朝为了显示天朝上国的威严，更是将钱、钞大量赏赐给朝贡国，部分国家如爪哇、旧港、暹罗、南渤泥就继续使用明代铜钱。这显示了中国铜钱的强大影响力。

这种影响产生的原因有两点：一是相比之下较为完善的货币制度，中国铜钱的形制自秦朝定下来之后就一直为圆形方孔形制，币制统一，流通稳定。因为海外在使用中国铜钱时一般不会关注钱币的面纹和年代，所以只要形制不变就没有弃之不用的理由。二是中国文化的强大影响力，唐宋时期中国强大的国力吸引着海外的交流和臣服，延续到明代，中国古代文化的传播和辐射范围更广阔，东南亚地区更是因为靠近中国而深受影响。这种影响就包含了货币方面，他们觉得中国铜钱使用方便、比值明确，就会一直沿用。

（二）受影响铸造自己的钱币

这类东南亚国家，还可以细分为两类。一类是受中国铜钱影响铸造类似中国圆形

方孔钱的钱币，以越南为主。它们在历史上长期使用中国铜钱，开始自行铸造钱币的原因可以归结为明朝的政策，明朝因为大量发行纸钞，铜钱的铸造量锐减，而且大量的银钱被赏赐给朝贡国，使中国国内和东南亚诸国的铜钱流通同时"断流"，此时为了缓解铜钱流通压力，仿铸钱开始萌芽。这反映在国内是私铸作坊突然增加，私钱泛滥，反映在东南亚国家则是受中国铜钱影响开始鼓铸形制相似的地方钱。

但并不是所有国家都具备铜矿和铸币技术，于是一些有锡矿、铅资源的国家就铸造锡斗或者铅币，如满剌加、苏门答剌就使用锡铸造货币来通行贸易。而至于为什么不仿铸中国铜钱，或许与这些国家的地理位置有关。满剌加和苏门答剌都位于世界航线上的中枢地位，众多周边小国的商人选择在此停留，各国货币参差不齐，为了维持当地交易市场的平衡，必须有一种统一的货币单位，锡斗和锡钱就应运而生。

（三）从中国流入其他实物货币

一些国家在郑和下西洋时期还实行较为落后的以物易物的贸易方式，如旧港、锡兰、真腊。在这些东南亚国家，物品也可以作为商品价值衡量标准，作为一种实物货币存在，由于当地百姓非常喜欢中国出产的特色方物，尤其是绢丝、瓷器，所以这些物品可以在东南亚一些国家充当实物货币。如《瀛涯胜览》载锡兰国民"甚喜中国麝香、纻丝、色绢、青磁盘碗、铜钱、樟脑，则将宝石、珍珠换易"（马欢，2018：61），即用当地的珍珠来换取一些中国特产。

正因如此，郑和每次下西洋除了携带大量给朝贡国的赏赐外，还会携带许多物品去交换当地出产的香料等物。文献记载"大小海船，该关领原交南京入库各衙门一应正钱粮，并赏赐，并原下西洋官员买到物件，及随船合用等物，敕至即照数放支与太监郑和、王景弘、李兴、朱良、杨真，右少监洪保等关领前去应用。"（钱曾，1984）其中所谓的"原下西洋官员买到物件"就是中国输出品，也就是贸易货物。除了文献记载，近年来西沙群岛附近的岛礁海域频繁发现明代遗物。1974 年春，海南文物局在西沙群岛发现古代沉船遗迹与遗物。而在 20 世纪六七十年代，在该岛附近海域多次发现铜锭、铜钱和宋元瓷器，铜钱主要是成串的永乐通宝，且大部分铜钱是新币，整齐地成串胶结在珊瑚石中。这些遗物虽然没有明确证据显示是郑和船队所遗留，史书中也未见船队触礁沉没的记载，但通过新币可以合理猜测是郑和下西洋前后的沉船遗物，也可以证明当时中国曾对外输出货币和贸易品。

（四）金银货币的双向流通

金银作为全球通货，其作为一般等价物的价值是毋庸置疑的，在贸易史上金银货币占有重要地位，使用金银作为贸易货币可以减少因价值不同产生的贸易纠纷，于是一些东南亚国家使用金银来进行交易。中国赏赐给东南亚各国的物品中也包含大量金银，但是因为金银的特殊性，掌控大量金银的往往是统治者，明朝流入东南亚国家的金银很大概率是被王族占有，不会轻易流通，在民间用来交易的金银大多是零碎的，所以并不能看出中国金银形制是否对东南亚金银产生影响。而且当时大量金银被赏赐给诸藩国，导致中国贵金属总量的大量流失，贵金属的产量是有限的，所以明代中后期世界白银大量流入中国，中国与外国之间的货币往来其实是双向的流通，产生的是双向的影响。

五、结语

明代郑和下西洋时期，中国通过贸易和朝贡向东南亚地区输出大量货币，这些货币包括钞、铜钱、金银和一些实物，它们在东南亚流通的过程中对当地贸易方式和货币发展进程起到促进作用。在这些东南亚国家中，除去一直采用金银货币的国家，其他国家在受到中国铜钱的渗入后，或使用中国铜钱来进行交易，或受影响仿铸铜钱，或为了国内经济发展和贸易便利铸造统一的货币，或以当地特产换取中国特产。这些货币流通方式交杂发生在各个国家之间，促进了东南亚地区的经济发展，还慢慢形成了以中国铜钱为代表的东方钱币文化体系。

参考文献：

陈春声，刘志伟，2010. 贡赋、市场与物质生活：试论十八世纪美洲白银输入与中国社会变迁之关系［J］. 清华大学学报（哲学社会科学版），25（5）.

方豪，2008. 中西交通史［M］. 上海：上海人民出版社.

冯丰，2019. 明代铜钱私铸现象之分析［D］. 杭州：浙江大学.

巩珍，2000. 西洋番国志［M］. 向达，校注. 北京：中华书局.

和洪勇，2003. 明前期中国与东南亚国家的朝贡贸易［J］. 云南社会科学，（1）.

胡月娇，2019. 朝贡与互市：明代华夷秩序的盛衰演变［D］. 济南：山东师范大学.

李爱民，2010. 从中越双边贸易历史看中国对越南的影响：以越南货币发展过程为例［J］. 中国商贸，（21）.

刘志强，2005. 略述越南钱币［J］. 广西金融研究，（S2）.

罗华清，1993. 柬埔寨货币沿革［J］. 东南亚纵横，（1）.

马欢，2018. 明本瀛涯胜览校注［M］. 万明，校注. 广州：广东人民出版社.

彭信威，1966. 中国货币史［M］. 上海：上海人民出版社.

钱曾，1984. 读书敏求记［M］. 丁瑜，校注. 北京：书目文献出版社.

邱永志，张国坤，2020. 宋明时期东南亚海域国家的货币演变：以中国钱为中心［J］. 中国钱币，（3）.

阮光鸿，陶三静，梁茂华，2003. 在蓝江流域新发现的中国和越南古钱币［J］. 东南亚纵横，（5）.

谭成富，2010. 大中通宝、洪武通宝背"豫"钱［J］. 江苏钱币，（47）.

万明，2005. 晚明社会变迁问题与研究［M］. 北京：商务印书馆.

王俪阎，2009. 大明通行宝钞考［J］. 中国钱币，（3）.

王民同，1999. 中越古钱币文化关系史述略［J］. 东南亚，（1）.

王圻，2000. 续文献通考［M］. 杭州：浙江古籍出版社.

西安市文物保护考古所，2001. 西安南郊皇明宗室汧阳端懿王朱公缯墓清理简报［J］. 考古与文物，（6）.

徐溥，1989. 明会典［M］. 北京：中华书局.

张廷玉等，1986. 明史·二十五史［M］. 上海：上海古籍出版社，上海书店.

张燮，2000. 东西洋考［M］. 谢方，校注. 北京：中华书局.

中国航海史研究会，1985. 郑和研究资料选编［M］. 北京：人民交通出版社.

"中央研究院"历史语言研究所，1962. 明实录［M］. 影印本. 台北："中央研究院"历史语言研究所.

周达观，2000. 真腊风土记校注［M］. 北京：中华书局.

邹振环，2020. 际天极地云帆竞：作为"大航海时代"前奏的郑和下西洋［J］. 江海学刊，（2）.

喻战勇，2006. 试谈"宣德通宝"草点通的版别［C］//内蒙古金融研究钱币文集（第六辑）. 内蒙古自治区钱币学会，内部资料.

M. 米切纳，胡幼文，董长青，2003. 爪哇早期铸造的中国铜钱［J］. 内蒙古金融研究，（S1）.

（本文为广西钱币学会 2019—2020 年度学术课题"学生研究项目"结项成果）

岭南、东南亚出土出水的宋代货币与海上丝绸之路

石湘玉

(广西师范大学历史文化与旅游学院)

摘　要：迄今为止，在岭南、东南亚诸国发现了诸多的宋朝货币，也在岭南发现了一些东南亚国家的古代货币，这是宋代中国与外国经济往来的见证，也是海上丝绸之路发展的重要表现。这些钱币在宋代对外贸易中发挥着重要作用，具有重要的历史价值。

关键词：岭南；东南亚；宋代货币；海上丝绸之路

宋代是中国古代经济文化发展十分繁荣的时期。当时，中国主要通过朝贡贸易、市舶司贸易和边境贸易等方式与东南亚诸国进行贸易往来（漆侠，2009）。随着海上丝绸之路的发展与对外贸易的日益繁荣，中国成为东南亚诸国的经济文化交流中心。

本文的岭南地区主要是指今广西、广东和海南岛及南海诸岛等地，由于古代的岭南地区具有与东南亚国家发展贸易的优越地理位置，又能生产出东南亚国家需要的丰富商品，再加上朝廷的政策支持，岭南地区无疑就成了宋朝发展与东南亚贸易的重要区域。而宋朝货币在宋代对外贸易中充分发挥了其流通职能，它不仅是一种交易媒介，更代表着一种中国文化，对海上丝绸之路沿线的国家与地区产生了重要的影响。

一、岭南与东南亚发现的宋朝货币

（一）岭南发现的宋朝货币

1. 钱监遗址出土的货币

宋代的岭南地区设置了诸多钱监，主要有广西的梧州元丰监、贺州钱监，广东的韶州永通监、惠州阜民监等。迄今为止，梧州元丰钱监、贺州钱监遗址已被发掘，韶州永通监、惠州阜民监遗址地点暂未发现（白丽群，2018）。

1964 年，广西梧州市北郊的钱鉴村发现一处钱监遗址，并于 1965 年进行了发掘。在该遗址出土了一批铜钱，共有 285 枚，主要有熙宁重宝（图 1）、元祐通宝、元丰通宝、元符通宝、崇宁重宝（图 2）、崇宁通宝、政和通宝、宣和通宝、圣宋元宝、绍兴元宝等。其中，崇宁重宝所占比重最大，有 90 枚（余天佑、黄启善，2018）。这些出土的钱币形制规整，制作较为精美。

图 1　熙宁重宝（龙刚家、张世铨，1988：214）　　图 2　崇宁重宝（龙刚家、张世铨，1988：214）

1997 年，广西壮族自治区文物工作队和贺州市博物馆在广西贺州市东北部铁屎坪遗址发掘出 20 多枚政和通宝（图 3、图 4）铁钱，但这些钱币锈蚀较为严重，有的铁钱一碰即碎，大多数字迹已模糊，无法辨认，其中有 9 枚保存较好。铁钱外表比较粗糙，不少铁钱的穿内、边缘都粘有铁渣，均未经打磨加工（广西文物考古研究所，2010：668—670）。

图 3　政和通宝（龙刚家、张世铨，1988：215）　　图 4　政和通宝（龙刚家、张世铨，1988：215）

2. 窖藏出土的货币

1954 年在修筑翠香公路时，于广东珠海县（今珠海市）香洲乡附近的山岗掘出 400 多斤铜钱。出土铜钱有部分已锈蚀，黏结不可分开，字迹无从辨认。经统计除少数的汉代五铢、唐代开元通宝、唐代乾元重宝、南唐的唐国通宝和金代正隆元宝等钱外，其余均为宋钱，从北宋宋太祖到南宋度宗时期铜钱共 13 000 多枚，现收藏于广东省博物馆（王在民，1954）。

1980 年，南宁市郊安吉公社大塘大队挖掘出宋代铜钱一罐，共计 24.65 千克，这些钱币有 27 种年号、42 个式样。分别是北宋的庆历重宝、治平元宝、熙宁重宝、元丰通宝、元祐通宝、绍圣元宝、元符通宝、圣宋元宝、崇宁重宝、崇宁通宝、大观通宝、政和通宝、宣和通宝；南宋的建炎通宝、绍兴元宝、绍兴通宝、隆兴元宝、乾道元宝、淳熙元宝、绍熙元宝、庆元通宝、嘉泰通宝、开禧通宝、嘉定通宝、大宋元宝、绍定通宝、淳祐元宝、景定元宝、咸淳元宝。北宋铜钱中的背面均无文字或纹饰，而南宋铜钱中大部分的背面都铸有"二""三""四""五""六""九""十""十一"等文字（广西区文物工作队，1993：655 – 656）。

1980 年冬，广西贺县（今贺州市）南门公社兴全大队发现铜钱窖藏一处。出土陶罐中共有铜钱 6 557 枚，重 32.5 千克。唐朝铜钱只有开元通宝一种，其余均为宋钱。其中，北宋钱币有 28 种：太平通宝、淳化元宝、至道元宝、咸平元宝、景德元宝、祥符通宝、祥符元宝、天禧通宝、天圣元宝、明道元宝、景祐元宝、至和元宝、嘉祐通宝、治平元宝、熙宁重宝、熙宁元宝、元丰通宝、元祐通宝、绍圣元宝、元符通宝、崇宁重宝、崇宁通宝、大观通宝、政和通宝、宣和通宝、圣宋元宝、皇宋通宝、宋元通宝；南宋钱币有 11 种：建炎通宝、绍兴通宝、绍兴元宝、乾道元宝、淳熙元宝、绍熙元宝、庆元通宝、嘉泰通宝、开禧通宝、嘉定通宝、绍定通宝（广西区文物工作队，1993：657）。

1985 年，广西马山县乔利乡长屯村出土百余斤窖藏的唐宋钱币。这批铜钱可辨识的部分，除夹有 2 枚唐高祖武德四年（621）铸造的开元通宝外，其余均为宋代钱币，共 27 种。出土的北宋钱币有太平通宝、祥符元宝、天圣元宝、皇宋通宝、庆历重宝、熙宁重宝、熙宁元宝、元丰通宝、元祐通宝、绍圣元宝、元符通宝、圣宋元宝、崇宁重宝、政和通宝、宣和通宝；出土的南宋钱币有建炎通宝、绍兴元宝、隆兴元宝、乾道元宝、淳熙元宝、绍熙元宝、庆元通宝、嘉泰通宝、开禧通宝、嘉定通宝（于凤芝，1997）。

1994 年春，广西平果县太平乡甘爱村内底屯村民发现一处钱币窖藏，出土罐中包含方孔铜钱与铜元两类，其中，方孔钱全为北宋铜钱，主要有至道元宝、熙宁元宝、元丰通宝、元祐通宝、圣宋元宝、崇宁重宝（麻振康、黄鑫，1997）。

1995 年，广东省深圳市宝安区松岗镇沙围村花果山发现铜钱共 2 000 千克。宋以前的钱币主要有汉五铢、新莽货泉、唐开元通宝、唐乾元重宝等。两宋钱币占总数中的绝大多数，最晚为南宋淳祐十二年（1252）的"淳祐元宝"。该窖藏年代应为南宋（董小明，2005）。

1995 年，在广东新会市振兴三路相继发现大量古钱币，在 180 平方米范围内共分布了大小十多处窖藏。钱币大部分埋于 12 个大小不等的窖穴内，另有少量钱币分几处散落。该钱币窖藏群，均为铜钱，每处埋藏钱币数量不等，多的有 500 千克以上，少的也有 50 千克左右，总量达 34 吨。从博物馆自该处收集的钱币数量上看，宋钱占 95%，其中北宋钱占 78%、南宋钱占 17%，年代上自西汉半两，下讫南宋咸淳元宝（李锡鹏，1998）。

3. 海捞出水的货币

珠江口、南海海域和西沙群岛海域是我国古代通往东南亚和西方各国的海上丝绸之路的必经之地。20 世纪 70 年代以来，在这些海域打捞出水了诸多宋钱。

1974 年，广东、海南西沙群岛调查队在北礁东北角礁盘边缘对一处估计是古代沉船遗址的海域进行调查，遗址在海水平潮时的水下约 3 米，遗物散落在直径 10 余米的礁盘上，有铜钱、铜锭各一堆，其他地方零散分布。打捞出铜钱 12 千克，另有铜钱和珊瑚石胶结体大小十多块。铜钱可以辨认文字的有 1 995 枚，有秦半两、唐开元通宝、北宋太平通宝、南宋建炎通宝、元代至大通宝以及明代的大中通宝、洪武通宝、永乐通宝等，还有铜锭 24 块，大多为长方形，底平，表面弧圆（广东省博物馆、广东省海南行政区文化局，1976）。这是一艘明代商船，装载着诸多朝代的铜钱，其中又以两宋时期的铜钱为主，这实际上反映了宋钱的影响深远，至明朝还在流通使用。

20 世纪 80 年代于广东阳江海域发现的一艘古代沉船，后被命名为"南海 I 号"。由于水下环境恶劣、水下技术不成熟等影响，"南海 I 号"发掘工作进程较为缓慢，在打捞过程中，出水的器物主要有瓷器、铜钱、金器、漆器等，其中，瓷器与铜钱所占比重最大。铜钱有 17 000 多枚，但由于腐蚀较为严重，仅有 7 000 余枚可辨别钱文版式，可辨识的部分主要以北宋年间的淳化元宝、宣和通宝为主，其中还掺杂了一小部分唐代的开元通宝、乾元重宝（南海 I 号考古队，2014）。

1996 年，在西沙群岛西侧的华光礁附近发现了一艘南宋早期的沉船，也就是"华光礁 1 号"沉船。这艘船出水了一大批福建德化窑、浙江龙泉窑、江西景德镇窑生产的瓷器，还出水了一部分铜镜、宋朝铜钱（孟原召，2018）。

1980 年，在海南岛琼州海峡和新溪角一带海域，发现大批古代外销瓷器与宋钱（庄义青，1995）。

1987 年，在广东省台山县川山岛的南海海域发现一艘古代沉船，随后中国历史博物馆水下考古调查队对该沉船遗址进行调查和打捞。打捞出了宋元时期的瓷器，还有锡制的水壶、银锭、镀金腰带，以及"政和通宝""绍兴通宝"等铜钱。

2002 年，珠江三角洲地区出水了一批笔架山窑址的瓷器、宋代铜钱（曾广亿，2012）。

（二）东南亚发现的宋朝货币

1. 出土的宋朝货币

1998 年，越南学者对荣市地区和义安、河静两省的多个县、市进行了多次田野调查，共采集到了 41 种中国古钱币，其中，宋代的钱币就占了 26 种（阮光鸿、陶三静、梁茂华，2003：56－59），具体版式如表 1 所示：

表 1　荣市、义安等地发现的中国古钱币

序号	币名	朝代
1	五铢	汉光武帝
2	开元通宝	唐高祖
3	唐国通宝	南唐
4	乾元重宝	五代
5	宋元通宝	宋太祖
6	淳化通宝	宋太宗
7	至道元宝	宋太宗
8	咸平元宝	宋真宗
9	景德元宝	宋真宗
10	祥符元宝	宋真宗
11	天禧通宝	宋真宗
12	天圣元宝	宋仁宗
13	明道元宝	宋仁宗
14	景祐元宝	宋仁宗
15	皇宋通宝	宋仁宗
16	至和元宝	宋仁宗
17	景祐通宝	宋仁宗

（续上表）

序号	币名	朝代
18	熙宁元宝	宋神宗
19	元祐通宝	宋哲宗
20	绍圣元宝	宋哲宗
21	元符通宝	宋哲宗
22	圣宗元宝	宋徽宗
23	崇宁重宝	宋徽宗
24	大观通宝	宋徽宗
25	政和通宝	宋徽宗
26	宣和通宝	宋徽宗
27	建炎通宝	宋高宗
28	大定通宝	金世宗
29	庆元元宝	宋宁宗
30	嘉定通宝	宋宁宗
31	洪武通宝	明太祖
32	永乐通宝	明成祖
33	宣德通宝	明宣宗
34	弘治通宝	明孝宗
35	天启通宝	明熹宗
36	崇祯重宝	明思宗
37	利用通宝	明末吴三桂
38	顺治通宝	清世祖
39	康熙通宝	清世祖
40	乾隆通宝	清高宗
41	嘉庆通宝	清仁宗

1821 年，新加坡淡马锡的旧壕沟里出土了一批中国古钱币与宋代瓷器碎片，这批钱币主要为宋太祖、真宗、仁宗年间制造，现今这些货币收藏于新加坡博物馆（涂师平，2011：46）。新加坡的扯旗山炮台曾发掘出北宋时期的宋元通宝、治平通宝、熙宁通宝等钱币（长河，2004）。新加坡圣安德鲁大教堂遗址出土了 44 枚中国铜钱，其中 2

枚为折十钱，6 枚为折二钱，其余为小平钱。出土的钱币中可辨识的有 23 枚，除 1 枚外，其余均为宋朝铸造，所鉴定的钱币中以北宋钱币居多，唯一的例外是有 1 枚折十钱是在元武宗统治期间（1308—1311 年）铸造（Derek T S H，2006：183）。新加坡国会大厦遗址出土了 127 枚铜钱，可辨识的有 97 枚，这些都是在宋朝时期铸造的铜钱，其中 20 枚是折二钱，1 枚是折十钱，其余是小平钱（Derek T S H，2006：185）。1899 年，在越南河内的两个陶罐中，发现了 22 925 枚中国古钱币，其中，有 20 918 枚都是北宋时期的钱币（张恒俊，2009）。1991 年，越南右龚县发现了 10 千克左右的古钱币，这些古钱币的类型丰富，时间跨度较大，主要有汉代的五铢钱、唐代的开元通宝，宋代的钱币主要有宋元、太平、淳化、至道、咸平、祥符、天禧、天圣、皇宋、景祐、明道、至和、嘉祐、治平、熙宁、元丰、元符、绍圣、元符等（黄启善，2005：15）。1991 年，在苏门答腊北部的巴塞遗址中出土了北宋时期的熙宁元宝、元丰通宝、政和通宝（坂井隆，2013）。在布兰塔斯河三角洲地区发掘的爪哇遗址中出土了大量的中国铜钱，出土的北宋铜钱占出土铜钱数量的 90%，主要是在神宗时期、熙宁时期和元丰时期铸造的（Derek T S H，2006：187）。此外，在菲律宾、文莱、缅甸等地也均有宋钱发现。

2. 海捞出水的宋朝货币

1980 年，在泰国暹罗湾海域发现了一艘大型沉船，经考古调查与发掘，出水了十万多枚中国古钱币，而这些钱币均属于唐宋铜钱，应是宋代之时中国与东南亚进行贸易活动的商船（涂师平，2011：46）。此外，东南亚海域还发现了马来西亚丹戎新邦沉船、印度尼西亚爪哇海域的哲帕拉沉船、菲律宾海域的圣安东尼奥沉船，这些沉船上都装载了一定数量的唐宋铜钱，主要以两宋铜钱为主（秦大树、袁犍，2013；Atma D、Edmund E M，2005；Clark P、Conese E、Nicolas N，1989）。

二、岭南发现的东南亚货币

由于对外贸易的繁荣，宋代货币的输出也导致了一定数量的东南亚货币的输入。在中国境内发现的越南货币主要集中在岭南地区，其他地区较少发现。其中，在岭南地区发现的主要有明道元宝、太平通宝、大定通宝、元丰通宝等（黄启善，2005：15）。1976 年，广东省文物考古研究所对东平窑址进行发掘，总共出土了 221 千克的唐至宋时期的中国铜钱，北宋铜钱所占数量最多，其中还夹杂着部分越南的天福镇宝（陈训廷，2016）。根据史料记载，"秘书丞朱正臣言：前通判广州，窃见藩商多往交州贸市，赍黎字及砂镴钱至州，颇紊中国之法"（徐松，1957：4683）。交趾国黎字钱的传入，扰乱了中国的经济秩序，故而宋廷颁布法律严惩"望自今犯者决配牢城，随行货尽没入官"（徐松，1957：5246）。由于越南钱币受到宋廷的禁止，其输入中国的数量与中国货币的输出数量相对较少。而宋代东南亚各国的货币制度尚未完善，即使后来仿照宋钱制造钱币，但其制作出的钱币较为粗糙，流通不够广泛，所以传入中国的钱币数量相对也较少（林家劲，1964）。这也从一方面体现了宋朝货币在对外贸易中处于主导地位，所以才会出现宋钱广布东南亚各国的局面。

总的来说，宋朝铜钱在岭南、东南亚各国均有发现且数量较多，都发现于交通便利、商品贸易较为繁荣的地区，这与当时的社会背景紧密相关。宋代，北方的战乱仍旧频繁，南宋将政治中心转移到江南一带，推动了南方地区的政治、经济的发展。固有"朝廷用度，如军食、币帛、茶、盐、泉货、金、铜、铅、银，以至羽毛、胶漆，尽出此九道（指东南地区两浙，江南东、西，淮南东、西，荆湖南、北等道或路），朝廷所以能安然理天下而不匮者，得此九道供役使之然尔"的说法（李焘，1985），再加上陆上丝绸之路又受到吐蕃、回鹘、西夏等的阻断，互通有无的目的无法实现，这就严重影响了宋朝通过陆路与其他国家进行贸易往来，在这样的情况下，宋朝势必要寻找新的对外贸易通道。而自古以来，岭南地区与东南亚之间的海、陆交通较为便利，就拿越南来说，排除陆路交通，岭南地区前往越南的海上路线就有两条以上，一条从钦州港口出发，通过北部湾抵达越南；一条从广州出发，经南海到达越南。又如海南，扼守海上交通要道，不论南流、北流或东流航道都十分畅通，故有"海南四郡之西南，其大海曰交趾洋。中有三合流，波头溃涌而分流为三：其一南流，通道于诸蕃国之海也。其一北流，广东、福建、江浙之海也。其一东流，入于无际，所谓东大洋海也。南舶往来，必冲三流之中，得风一息，可济"（周去非，1999：127）的记载，优越的地理位置是促使岭南成为宋代最为重要的对外贸易区域的一大助力，宋朝将对外贸易的重心更多地放在岭南地区，将主要贸易对象锁定东南亚各国也是适应形势需要之举。货币是随着商品交换的需求而产生的，宋廷铸造数量庞大的铜钱，与其贸易的发展有着密切的关系，宋代中国的内外贸易都处于一个较为繁荣的阶段，也是由于宋朝与东南亚各国的商贸活动频繁，推动了宋钱走向国际化，对此，在宋代海上丝绸之路沿线出土、出水的大量铜钱就是一个有力的证据，而岭南、东南亚出土的宋朝铜钱无论在形制还是钱文等方面都类似，都属于圆形方孔钱文化圈。另外，从目前已发掘出的宋钱窖藏可以看出，宋钱不仅发挥着其流通职能，在当时还具有较高的贮藏价值，《宋会要辑稿》中也有相关记载，"蕃夷得中国钱分库藏贮，以为镇国之宝"（徐松，1957：5861），由此可见宋钱颇受时人欢迎。

三、宋朝货币发挥的重要作用

（一）宋朝货币在东南亚国家行用

宋朝货币是随着海上丝绸之路对外贸易的繁荣而大量外流的，这些流入东南亚各国的货币，在较长的时间内成了这些国家的辅币。宋钱之所以能在东南亚各国广泛流通，主要有两方面因素的影响。

一是宋朝货币在东南亚的重要地位，实际上是在宋代中国对外贸易的主导地位的基础上形成的。范成大曾说"所谓蕃货中国不可一日无者何物，若资国用者无几，又多非吾之急须，则何必广开招接之路"（杨士奇，2012）。斯塔夫里阿诺斯（2006）也说"当时中国的经济占主导地位，这可以由以下事实看出来，中国的出口品大数是制成品，如丝绸、瓷器等，而进口品多半是原材料，如香料、矿石和马匹等"。这说明，让本国商品处于一种有利的地位是十分重要的。从中外海上贸易中的商品构成来看，中国出口的商品以手工业品为主，如丝绸、瓷器、茶叶等，而进口的商品主要是香料、犀象、珊瑚等。对于生产力落后的东南亚国家来说，需要向中国进口商品来满足日常生产、生活需要，而这些国家销售到中国的商品对于中国来说，供应的对象并不是普罗大众，只局限于一定范围内。对于自给自足的中国来说，影响力较小，对其依赖性不强（黄纯艳，2003）。

二是当时东南亚各国货币制度的不完善，为中国的货币输出提供了良好契机。《宋史》中记载，占城国"互市无缗钱，止用金银"，阇婆国"剪银叶为钱博易，官以粟一斛二斗博金一钱。较量锱铢，或吉贝锦定博易之直"，三佛齐"无缗钱，土俗以金银贸易诸物"（脱脱，1978：1722－1725）。当时东南亚很多国家实行金银本位制，使用的货币也是金银铸币，虽然方便了国际市场贸易，但它在国内的日常生活、贸易中并不十分实用，因为日常生活中购买的商品价格较低，铸币又不好分割，在这样的情况下金银铸币并没有有效地发挥其流通职能，这就导致很多人还是宁愿选择"物物交换"的方式来进行贸易活动。

随着与中国的贸易往来日益频繁，这些国家发现了中国钱币的优点，所以他们特别热衷于使用中国铜钱，出现了"入蕃者非铜钱不往，而蕃货亦非铜钱不受"（徐松，1957：2603）的现象，更甚者譬如越南，颁布诰令只许宋钱流入但不许流出，"邕、钦、廉三州与交趾海道相连，逐年规利之徒贸易金、香，必以小平钱为约，而又下令其国小平钱许入而不许出"（马端临，1992：396）。宋代岭南地区关于铜钱外流的记载颇多，周去非（1999）在《岭外代答》中记录了在钦州博易场中，铜钱也作为一种商品与交趾人贸易，所赍"乃金银、铜钱、沉香、光香、熟香、生香、真珠、象齿、犀角"。而广州市舶司与东南亚各国商人贸易之时也会使用铜钱易物，"以金、银、缗钱、铅、锡、杂色帛、精粗瓷器市易香药、犀象、珊瑚、琥珀、珠琲、宾铁、鼍皮、玳瑁、玛瑙、车渠、水晶、蕃布、乌樠、苏木之物"。随着宋钱不断外流，宋朝也相应制定政策限制铜钱外流。宋太祖之时就曾下令："铜钱阑出江南、塞外及南蕃诸国，差定其法，至二贯者徒一年，三贯以上弃市，募告者赏之。江南钱不得至江北。"（脱脱，1978：1715）如此严惩却收效甚微，商人们受贸易利润的驱使，仍然背地里走私铜钱，还有官员知法犯法，"绍兴末，臣僚言：泉、广二舶司及西、南二泉司，遣舟回易，悉载金钱。四司既自犯法，郡县巡尉其能谁何？"（脱脱，1978：1831）岭南地区的铜钱走私极为严重，一些官员也因此被朝廷惩处，史料记载，"淳熙六年，诏前广州郑人杰特降三官。以人杰任内透漏铜钱银宝过界，故有是命。"（徐松，1957：4652）"嘉定五年，知雷州（时属广南西路）郑公明放罢。以广西提刑崔与之言其三次搬运铜钱下海，博易蕃货。"（徐松，1957：4812）"嘉定六年，太府寺丞张镐放罢。以右谏议大夫郑昭先言其试郡潮阳，专事苛敛，运铜下海，为人所持。"（徐松，1957：4814）诸多因素造就了"缗钱原为中国宝货，今乃与四夷共用"（脱脱，1978：1882）的局面，也促使了宋朝钱币成为辅助东南亚各国的商品流通的重要角色，推动了中国古钱币的国际化进程。借助于海上丝绸之路这个中外交流的重要通道，中国与东南亚国家的经济交流日益频繁，逐渐将东南亚各国纳入了以中国为中心的圆形方孔钱文化圈。

（二）一定程度上促进了中国经济的繁荣

宋代海上丝绸之路对外贸易的繁荣离不开成熟的货币体系的支撑，而宋钱在中国与东南亚各国进行商品贸易之时充分发挥其支付手段的职能，简化了交易流程、加速了商品流通，从而推动中国与东南亚各国经济贸易的发展。

经济的繁荣可以体现在两个方面，一是在税收上的体现。顾炎武（2002）曾说："宋室南渡后，经费困乏，一切倚办海舶。"Hartwell R M（1988：29 – 34）也曾对宋廷的财政与贸易进行过研究，他认为朝贡贸易、对外贸易，还有对外贸易过程中征收的关税构成了皇家国库收入的一个重要来源。他还对960年至969年期间的宋廷财政收入进行统计，得出朝贡贸易收入占国库总收入的9.29%，而1059年海上贸易的关税收入占国库总收入的4.15%的结论。

除了税收上的体现外，更重要的就是带动区域产业发展。对于中国特别是南方地区来说，工商业发展的繁荣离不开充足的铸币，两广地区的众多宋代钱监就是为了缓解"钱荒"而设立的。根据史料记载，岭南地区在宋代铸造的货币数量很大，"元丰三年，韶州永通监八十万贯惠州阜民监七十万贯"（王应麟，2016），"宋朝鼓铸……衡、舒、严、鄂、韶、梧州六监，岁铸百五十六万缗，充逐路支用。衡州咸宁监，二十万；舒州同安监，十万；严州神泉监，十五万；鄂州宝泉监，十万；韶州永通监，八十三万；梧州元丰监，十八万"（马端临，1992：397）。中国在海上丝绸之路贸易出口的商品中，丝绸和瓷器闻名海外，这两者也是出口数量最多的。岭南地区，又以广西的麻布驰名内外，周去非（1999：137）《岭外代答》中记载："广西触处富有苎麻，触处善织布。柳布、象布，商人贸迁而闻于四方者也。静江府古县民间织布，系轴于腰而织之，其欲他干，则轴而行。意其必疏数不均，且甚慢矣。及买以日用，乃复甚佳，视他布最耐久，但其幅狭耳。""吾之小商近贩，纸笔米布之属，日与交人少博易，亦无足言，唯富商自蜀贩锦至钦，自钦易香至蜀，岁一往返，每博易动数千缗"。除了销售本地自产丝绸外，还引进著名的蜀锦到钦州博易场进行售卖，吸引诸多外商争相购买，每年获得的利润都十分可观。宋代岭南地区的制瓷业发展十分迅速，而且瓷窑数量较多，规模大。特别是广西、广东地区，瓷窑基本上形成了三大密集区，广西的桂东北、桂东南密集区以及广东的珠江三角洲密集区，生产出来的瓷器产量颇大，远销海外，现今宋代广西藤县中和窑、广州西村窑、广东潮州窑等窑口的瓷器在东南亚均有不少的发现（李知宴，1992）。商品交换需要货币，货币促进贸易发展，贸易的繁荣又促进商品需求的增加，商品需求的增加转而推动农业、手工业等蓬勃发展，这实际上是一个良性循环的过程，宋朝货币作为一种推动媒介，存在于各个经济环节中。

（三）东南亚国家仿制宋朝货币

随着商品贸易的发展，单纯地将中国钱币作为主币或者辅币已经不能满足东南亚各国的经济贸易需求，因此这些国家开始效仿中国的铸币方法，采用外圆内方的中国铜钱样式，模仿中国铜钱采用真、篆、行、隶等书体，学习中国制作钱范，来铸造本国货币。

公元 970 年，越南时属丁朝，年号取太平，故其仿照宋朝铸造的钱币，称太平兴宝，背后刻有"丁"字。黎朝时期，年号取天福，所铸钱币称天福镇宝，背后刻有"黎"字。除此之外，还有至道元宝、宋元通宝、景德元宝、治平元宝、明道元宝、元祐通宝、元符通宝等很多与宋朝铜钱相同铭文的铜钱（于向东，2007：42－47）。在爪哇的一些窖藏里发现了一些仿宋钱，是由铜或者铅铸成的，相对于宋钱来说更加小巧，主要有太平元宝、元丰通宝、咸平通宝、天圣元宝、天禧通宝等类型（斯科特、李铁生，2003）。马来西亚也发现了一部分仿宋锡钱，如咸平元宝、至道元宝、景德元宝、皇宋通宝，钱币制作较为粗糙（吴旦敏，2016）。即使到了 16 世纪，印度尼西亚仍旧仿制宋朝货币铸钱，目前发现的可辨款识的有咸平元宝、天下太平等，这体现了宋朝货币的深远影响。

仿宋钱的出现，说明中国宋朝货币文化已经进一步开拓了东南亚市场，圆形方孔文化圈的辐射力进一步巩固与增强。

图5　爪哇发现的仿宋钱（斯科特、李铁生，2003：59）

图6　马来西亚发现的仿宋钱（吴旦敏，2016：36－42）

四、结语

宋代是中国古代经济文化发展十分繁荣的时期，其对外贸易的发展十分活跃。宋代岭南与东南亚地区对外贸易的历史价值不容忽视。以货币为切入点，对其进行横纵向分析，我们可以发现宋朝在与东南亚各国贸易的过程中是处于主导地位的，双方在贸易过程中主要使用的是宋朝货币，而宋朝的货币文化也对东南亚各国的货币文化产生了深远的影响，各国纷纷仿照宋朝铸造货币，从而也因此形成了以宋朝货币为中心的东方货币流通圈。宋钱作为中国与东南亚诸国贸易过程中使用的支付手段，促进了双方经济贸易的发展，也是双方经济贸易良好发展的重要历史见证。宋代岭南与东南亚地区对外贸易中钱币的使用，也能够为当今国际背景下中国与东南亚各国政治、经济、文化关系的良好发展提供历史借鉴。

参考文献：

白丽群，2018．两广地区宋代钱监设置因素考证：以历史地理学为视角［J］．区域金融研究，（5）．

坂井隆，2013．东南亚出土的钱币［C］//桂林钱币学会十年文选（二）．杨勇，廖国一，译．［出版地不详］．

长河，2004．中国钱币文化对马来西亚的影响［J］．时代金融，（12）．

陈训廷，2016．惠州历史文化丛书惠州历史概述［M］．广州：广东人民出版社．

董小明，2005．深圳文物志［M］．北京：文物出版社．

顾炎武，2002．天下郡国利病书［M］．上海：上海科学技术文献出版社．

广东省博物馆，广东省海南行政区文化局，1976．广东省西沙群岛第二次文物调查报告［J］．文物，（9）．

广西区文物工作队，1993．广西文物考古报告集 1950—1990［G］．南宁：广西人民出版社．

广西文物考古研究所，2010．广西文物考古报告集 1991—2010［G］．北京：科学出版社．

黄纯艳，2003．宋代海外贸易［M］．北京：社会科学文献出版社．

黄启善，2005．试论中越两国古代钱币的交流与商贸活动［J］．广西金融研究，（S2）．

李焘，1985．续资治通鉴长编［M］．上海：上海古籍出版社．

李锡鹏，1998．广东新会发现南宋钱币窖藏群［J］．中国钱币，（1）．

李知宴，1992．十二至十四世纪中国瓷器的发展和外销［J］．中国历史文物，（0）．

林家劲，1964．两宋时期中国与东南亚的贸易［J］．中山大学学报，（4）．

龙刚家，张世铨，1998．广西历史货币［M］．南宁：广西人民出版社．

麻振康，黄鑫，1997．体现右江流域民族经济发展特点的钱币窖藏［J］．广西金融研究，（S1）．

马端临，1992．文献通考［M］．北京：中华书局．

孟原召，2018．华光礁一号沉船与宋代南海贸易［J］．博物院，（2）．

南海Ⅰ号考古队，2014．来自"南海Ⅰ号"考古队的报告［N］．中国文物报，12－30（003）．

漆侠，2009．宋代经济史［M］．北京：中华书局．

秦大树，袁健，2013．古丝绸之路：2011 亚洲跨文化交流与文化遗产国际学术研讨会论文［M］．北京：新加坡世纪科技出版公司．

阮光鸿，陶三静，梁茂华，2003．在蓝江流域新发现的中国和越南古钱币［J］．东南亚纵横，（5）．

斯科特，李铁生，2003．爪哇发现仿宋钱［J］．内蒙古金融研究，（S1）．

斯塔夫里阿诺斯，2006．全球通史［M］．吴象婴等，译．北京：北京大学出版社．

涂师平，2011．中国古钱遗存海外知多少［J］．宁波通讯，（14）．

脱脱，1978．宋史［M］．北京：中华书局．

王应麟，2016．玉海［M］．扬州：广陵书社．

王在民，1954．广东珠海县发现古钱［J］．文物参考资料，（8）．

吴旦敏，2016．论马来西亚和印度尼西亚群岛的仿宋锡钱［J］．中国钱币，（6）．

杨士奇，2012．历代名臣奏议［M］．上海：上海古籍出版社．

于凤芝，1997. 广西马山县出土宋代窖藏钱币简介 ［J］. 广西金融研究，（S1）.

于向东，2007.《泉志》所录丁、前黎朝铜钱与越南早期货币史的若干问题 ［J］. 东南亚纵横，（7）.

余天佑，黄启善，2018. 宋代梧州钱监 ［M］. 昆明：云南科技出版社.

曾广亿，2012. 粤港出土古陶瓷文集 ［M］. 广州：岭南美术出版社.

张恒俊，2009. 宋朝钱币在东南亚的发现及意义 ［J］. 船山学刊，（3）.

周去非，1999. 岭外代答 ［M］. 杨武泉，校注. 北京：中华书局.

庄义青，1995. 宋代潮州陶瓷生产及外销综述 ［J］. 韩山师范学院学报，（1）.

Atma D，Edmund E M，2005. The jepara wreck proceedings of the international conference：Chinese export ceramics and maritime trade，12th – 15th centuries，Hong Kong：Chungwa Publishing.

Clark P，Conese E，Nicolas N，1989. Philippines archaeological site survey ［J］. The International Journal of Nautical Archaeology and Underwater Exploration.

Derek T S H，2006. Export commodity and regional currency：the role of Chinese copper coins in the Melaka straits，tenth to fourteenth centuries ［J］. Journal of southeast Asian studies，Vol. 37，No. 2.

Hartwell R M，1988. The imperial treasuries：finance and power in song China ［J］. Bulletin of Sung Yuan Studies.

（本文为广西钱币学会 2019—2020 年度学术课题"学生研究项目"结项成果）

广西地区古代背桂钱研究

隋 华

（广西师范大学历史文化与旅游学院）

摘 要：在我国古代，钱币与文字、图案密不可分，简单的文字多用来表示钱币的年号、产地以及面值大小，复杂的图案更是包含着诸多吉祥的寓意。背桂钱形制多样，在诸多朝代均有使用。本文对广西地区古代背桂钱资料进行梳理，分析各朝代的钱币的铸造背景、形制、钱文特点，补充广西区域钱币研究的不足，进一步理清广西地区古代背桂钱的发展和影响力，促进对钱币文物的保护和利用。

关键词：广西；背桂钱；特点；意义

背桂钱是广西地区出土的古代具有特色的代表性钱币，因为钱币背面带"桂"字，所以统称为背桂。广西地区背桂钱种类繁多，遍布多个朝代，主要有：唐会昌开元通宝背桂钱、五代十国时期背桂钱、元末明初大中通宝背桂钱、洪武通宝背桂钱、康熙年间背桂钱、雍正年间背桂钱、乾隆年间背桂钱、嘉庆年间背桂钱、道光年间背桂钱九种。形制多样，钱文精美，极具艺术内涵。因为其背部的"桂"字与广西地区简称"桂"字一致，更能体现广西地区的发展和影响力，因此对其进行研究也尤为重要。

一、背桂中"桂"的含义

桂字为形声字，在《康熙字典》（中华书局编辑部，2004）中桂字有以下几种解释：

《说文》：江南木，百药之长。《礼·檀弓》：草木之滋，姜桂之谓也。《本草图经》：桂有三种：菌桂生交趾山谷，牡桂生南海山谷，桂生桂阳。《尔雅·释木》：梫，木桂。《苏恭云》：牡桂即木桂也。《离骚经》：杂申椒与菌桂。又《陶弘景·别录》：单名桂者，恐或是牡桂，人多呼丹桂，正谓皮赤尔。《淮南·招隐士》：桂树丛生兮山之幽。又桂林，郡名。《史记·武帝纪》：南取百越之地，以为桂林、象郡。又姓。《姓苑》：汉末，阳城炅横四子避难，一居幽州，姓桂。

可知桂字包含以下几种含义：一是植物名，如牡桂、月桂、肉桂；二是地名，如特指桂林，或者用来特指广西壮族自治区；三是姓氏，姓桂。

在钱币学中，钱背文一般包含以下几种含义：①背文吉祥含义，这类钱币多为供养钱，如背"护圣"等。②纪铸地名，以州或钱监命名，如开元通宝背"蓝""洛"等。③纪年，如淳祐通宝背文纪年。④纪面值大小，如嘉定元宝背"折十"等。根据以上内容，我们可以推断，背桂钱中的"桂"可能有以下几种含义：一是以监名铸钱，即代表桂阳监（今湖南桂阳）。据《元和郡县图志》郴州条载："郴州驻郴县，'桂阳监，在城内，每年铸钱五万贯'。"桂阳监的名称，使用的是郴州的旧称"桂阳"，此州（郡）汉、隋时亦称桂阳。（李吉甫，1983a：407）二是以州名铸钱为桂州（今广西桂林）。据《旧唐书·食货志》记载："武德四年七月，废五铢钱，行开元通宝钱……仍置监于洛、并、幽、益等州……五年五月，又于桂州置监。"（甘民重，1987）可以得知唐代在桂州设置钱监。明代，大都在各省铸钱背面加地方代称，如浙江省铸钱加"浙"字。《明史》记载洪武元年"五月己卯，廖永忠下梧州，得、贵、容、玉林诸州皆降。""六月……壬戌，杨王景、朱亮祖克靖江。"（张廷玉等，1974：1449）"秋七月戊子，廖永忠下象州，广西平。"（张廷玉等，1974：1453）根据以上记载，明王朝于洪武元年七月将广西纳入控制版图，并建立行省，铸钱也随着行省的建立而展开，按颁布规定铸钱，并于钱背刻铸广西的简称"桂"字及纪值（周庆忠，1999）。清康熙年间，分中央和地方铸钱，并在康熙七年（1668）开设广西铸钱局，开铸康熙通宝背桂钱。《皇朝通典·食货·钱币》记载："康熙七年，开四川、广东、广西、贵州四省铸局，其钱幕满汉文……广西桂林府局铸'桂'钱。"（稽璜等，1882）由此我们可知，史料中记载背桂钱自唐开始在历代均有铸造，且广西桂林在中央王朝统治下，在诸多朝代都有铸造以地名命名的背"桂"字钱，即以州——桂州命名的钱币。

二、广西桂林地区铸钱条件

（一）地理环境

桂林属亚热带气候，气候温和，雨量充沛，年平均降雨量为 1 900 毫米，全年无霜期 300 天左右，年平均日照 1 550 小时以上，平均温度 19℃，冬无严寒，夏无酷暑。古代桂林位于都庞、越城两个山岭的南口，是沟通南北地方的重要通道。顾祖禹（2019）

的《读史方舆纪要》记载，桂林"尊五岭之南，联两粤之交，屏蔽荆衡，镇慑交海，枕山带江，控制数千里，诚两省之会府，用兵遣将之枢纽也"。桂林是历史时期湘桂走廊、潇河古道交通的重要节点，五岭的西方，有湘桂古道，直通南北，漓江与古道相邻，自北向南流通。现今桂林地处古道的南面，漓江中段北出衡湘，南通交广，是连接南北的重要汇集地。湘桂古道的东方，有潇贺古道与恭城河、贺江相连。恭城河流向东南，到平乐与漓水交汇，是桂林东出湘南、粤北而通江西、福建诸省，南下苍梧而出海洋的水陆要道。秦朝灵渠的开凿和唐朝桂柳运河的开通，使得桂林成为南通海域、北达中原、西连云贵的水运中枢。可以看出，桂林地区水力资源丰富，运河发达，拥有众多河道，运输方便。

（二）经济地位

自秦始皇三十三年（公元前214年）大一统开始，广西纳入秦王朝版图，桂林成为岭西经济文化的中心，随着商品贸易的进一步发展，唐高宗武德四年（621），在桂林设钱监铸造铜钱，以供商贸之需。按莫休符（1985）《桂林风土记》记载，当时的桂林"南北行旅，皆集于此"，成为商品贸易的重要集散地和南北交通的重要枢纽；宋元时期，桂林的地位日益上升，并成为西南的都会，并以其优美的地理风光闻名天下，成为旅游名城；明清时期桂林城市建设全面发展，兴建了靖江王府，成为政治和经济中心（钟文典，2008）。

（三）矿产资源情况

中国古代矿产经济自春秋战国开始萌芽，秦汉时进入蓬勃发展时期，到南北朝时期缓慢发展，矿产开发由江南地区向岭南地区扩展，南方矿产经济有了大幅度提升，隋唐时期是我国古代矿业经济的繁荣时期，唐元和年间就有"银山，在县西二十二里，出银"（李吉甫，1983b：901）的记载；五代十国时期由于战乱频繁，佛教的盛行使大量的铜被用于修造佛像等铜制品，为了降低成本改用铅铸钱；宋元时期广西地区本土银矿十分丰富，矿产地有114处，主要分布在今贵港、博白、河池等地（广西壮族自治区地方志编撰委员会，1992）。明清时期，矿产经济继续发展，《天工开物》记载："中国偏出西南以临贺郡（今广西贺州市）产锡最盛……广西南丹、河池二州，居其十八。"（宋应星，2015）广西地区金属矿产物资丰富，为钱币铸造提供了众多原材料。目前考古调查及科学研究结果显示（黄全胜、李延祥，2012：288），广西地区大约9世纪（唐末）开始出现生铁冶炼技术。这些生铁冶炼遗址主要分布在广西玉林市兴业县龙安镇到太平山镇约30平方千米范围内。据史料记载，冶炼遗址所在的广西玉林市兴业县龙安镇，古称绿霞，因山得名，谐音绿鸦。北宋时期，绿鸦是岭南名镇；南宋时期是中国主要的冶铁基地之一，亦称绿鸦场。考古工作者据遗址遗存伴随物的陶片材质和纹饰特征认为遗址始于唐、盛于宋、衰于明。

三、广西古代背桂钱举例

（一）唐代会昌年间开元通宝背桂钱

1. 铸钱背景

唐代藩镇割据，藩镇节度使、经略使据地称雄，出现了以钱背记州为特色的开元通宝钱。《唐六典》卷三《户部》中写道，唐初，全国疆域分设十道，岭南道包括广东、广西，设"广、桂、容、邕、安南五府七十州"（李林甫等，2014）。武宗会昌五年（845）七月，废天下佛寺，销毁铜佛像和寺庙各种法物器具，并令诸道观察使增设钱坊，铸造"会昌开元"（司马光，2016）。开元通宝不是年号钱，开元的意思是流通的大元宝，这是钱文文意的重要改进。"通宝"一词形成于此时，并成为钱文结构的组成部分，成为宝文，对后世及国外影响极大。

关于会昌开元通宝背桂钱的铸钱地点，学界争议不断，一些学者认为是湖南桂阳监铸钱，还有一些学者认为是广西桂州铸钱。对于这个问题，周定国（2002）在《会昌开元钱背字代表地名悬疑考辨》中有详细论述，该文充分论证了会昌开元通宝背桂钱为广西桂林铸币的史实。据《新唐书·食货志四》记载："淮南节度使李绅请天下以州名铸钱，京师为京钱，大小径寸。"（甘民重，1987）可见当时确以州名铸钱，桂州即为现今的广西桂林，非湖南桂阳监铸钱。

2. 钱币形制

唐代会昌年间开元通宝背桂钱形制重量与唐初开元钱大体相似而略小，制作很不规则，工艺不精。铸币材料为铜，大小轻重不一，一般直径为 2.3 厘米左右，重 4 克左右（龙刚家、张世铨，1998）。每枚重二铢四累，十枚重二十四铢，也就是一两，每个开元通宝钱，也就是十分之一两，从而钱币的钱，又有十分之一两的意思，便利了制衡的计算（彭信威，2015：220）。《泉志》记载："开元钱，唐高祖始铸，其后高宗乾封、肃宗乾元，以至大历、建中、咸通，各因其年以名钱，然行之不久。唯开元钱，唐三百年冶铸相继，故流行至今之多。详考此钱，廓有大小，肉有轻重，皆岁久适然。凡八分、篆、隶三品而背有甲文者，制作精好，今世尤多。"（洪遵，2013）可见开元通宝钱流通多年，使用时间较为久远（图1）。

图1　会昌开元通宝背桂钱（鄮宁，2002：9）

3. 钱文特点

唐会昌年间开元通宝钱的钱文是由书法家欧阳询所写，背面刻有铸钱地名桂字，桂字在穿右，钱文有书人姓名这在历史上是第一次，说明唐铸造开元通宝是一件大事，也说明当时的书法家享有极高的地位。开元通宝书体为隶书，下笔均匀有力，这也开启了唐代钱文都用隶书的惯例，也影响了邻国，如日本的和同开珎等都是用隶书书写的。（唐石父，2001：173）

（二）五代十国时期地方铸制铅钱背桂钱

1. 铸钱背景

五代十国时期战乱频繁，经济受其影响，秩序混乱，铸币种类也相对多样。南方诸国设法吸收铜钱和金银制造铅铁等杂钱，钱币材质较为丰富，各国自铸，使得流通的货币相对混乱、分散。在此期间，南汉与楚国多次交锋，互为敌对国，而南汉灭亡在楚国之后，南汉的势力范围扩大，包括广西、广东、海南、越南的大部分，并于乾和九年（951）在桂林铸造开元通宝铅钱。《十国春秋》记载："是时，国用不足，又铸铅钱，十当铜钱一"（吴任臣，2010：842），可见其制造工艺相对较差。可以推测，广西出土的背桂钱有可能为南汉中宗刘晟占领期间自行铸造，或者为其掠夺的楚国铅制小平钱所改制。

2. 钱币形制

五代十国时期，各国铸钱多且形制多样（图2），大钱居多，材质主要以铅和铁为主，《十国春秋·南汉后主本纪》记载："城内用铅，城外用铜，禁其出入，犯者抵死。俸禄非特恩，不给铜钱。"（吴任臣，2010：843）可见铜钱在当时还是比铅钱更为珍贵。五代十国时期钱币质量相对较差，钱文也错综复杂，种类繁杂，多以小平钱为主，现存世较少，直径在 2.1～2.5 厘米，有廓，钱币薄而小，质量较轻，由于品质不高，真伪难辨，有待进一步考证（千家驹、郭彦岗，2014：66）。

图 2　五代十国时期背桂钱（桂林钱币学会馆藏）

3. 钱文特点

五代十国时期钱文承袭唐代风格，为隶书，书法较差，由于做工粗糙，文字模糊，正面常见有五五、开元通宝等文面，背文有桂一、桂二、桂三、桂四、桂五等字样，穿上为桂，穿下为数字纪值。

（三）元末明初铸制的大中通宝背桂钱

1. 铸钱背景

元灭南宋，建立元帝国，进一步加强了纸币制度的统一和发展。元朝末年，农民起义大规模爆发，使元朝的纸币制度趋于崩溃，于是地方恢复了铜制钱币的流通，以缓解通货紧缩。朱元璋为吴国公时，在应天府设宝源局，铸大中通宝，与历代钱币并行。大中通宝铸行分前后三个阶段：一是朱元璋称帝前铸的大中通宝，"太祖初置宝源局于应天，铸'大中通宝'钱，与历代钱兼行。以四百文为一贯，四十文为一两，四文为一钱"（千家驹、郭彦岗，2014：66）。二是朱元璋击败陈友谅后铸行的大中通宝，"及平陈友谅，命江西行省置货泉局，颁大中通宝钱，大小五等钱式"（张廷玉等，1974：1449）。元至正二十四年（1364），击败陈友谅后，湖北得以平定，朱元璋在江西设置宝泉局，铸造大中通宝，铸行钱式有五种等级。三是明太祖朱元璋洪武四年（1371）铸行的大中通宝。《明史·食货志》记载："此大中小钱，乃洪武四年以后所铸。"朱元璋称吴王时，广西还未被其控制，而是在元朝统治之下，未有可能铸"大中通宝"钱，因而广西地区的大中通宝背桂钱应为朱元璋击败陈友谅后所铸（周庆忠，1999）。

2. 钱币形制

大中通宝根据纪局不同，其背面记有各省的局名，大小不同，前期以四百文为贯，四十文为两，四文为钱，后期分小平、折二、折三、折五四类，形制大小与元至正通宝大致相似，折十面值最高（千家驹、郭彦岗，2014：66）。小平钱背有地名，折二以上加数目字纪值。钱体大而重，直径3.2厘米左右，重量12克左右，厚薄适中，方圆廓正。钱币表面光滑平整，制作精良（图3）。

图3　大中通宝背桂钱（蓊宁，2002：10）

3. 钱文特点

钱文正面为大中通宝四个字，背面为地方铸局名加数目字纪值，穿上为桂，穿下为数目字纪值。字体为楷书，布局协调，笔画横直竖立，书体端庄，苍劲有力，展现了大气磅礴的气势。加上其形制规整大气，具有较高的收藏价值。

（四）明代洪武通宝背桂钱

1. 铸钱背景

洪武元年（1368）"正月己亥，祀天地于南郊，即皇帝位，定天下之号曰明，建元洪武"（张廷玉等，1974：1446）。同年三月，为了巩固新政权和适应市场的发展需要，开铸洪武通宝钱，仍然承袭大中通宝的钱式，行五等钱。"即位，颁'洪武通宝'钱，其制凡五等，曰：'当十''当五''当三''当二''当一'。当十重一两，余递降至重一钱止。各行省皆设宝泉局，与宝源局并铸，而严私铸之禁"（唐石父，2001：321）。为加大铸造量，推动经济繁荣和发展，出台了相关政策，允许各行省与中央政府同铸钱币发行。此时颁布并开始铸"洪武通宝"五等式钱，各行省的铸钱背文大都记局名，明代洪武通宝背桂钱为广西布政司所铸（周庆忠，1999）。

2. 钱币形制

洪武通宝背桂钱是洪武通宝九种纪地钱之一，铸地桂林，是广西宝泉局铸造的一种地方钱币，大多流行于广西境内，钱币正面铸洪武通宝，钱背面穿上铸桂字，穿下铸的是钱的面值（图4）。有三种版式：第一种正面文洪武通宝，背穿上铸桂字，穿下铸数目字纪值，有桂一、桂二、桂三、桂五四种，钱文通字的"之"廓全为双点，直径在2.3厘米左右，重量为3.65～18.5克不等，存世稀罕；第二种背铸一桂字，穿下空缺无文，这种背桂钱面文通字的"之"廓全为单点，也有双点的，直径2.4厘米左右，重3.5克左右，存世较多；第三种背字穿上铸桂字，穿下铸十字，直径4.7厘米左右，重2.9克左右（龙刚家，张世铨，1998：92）。按照制钱制度的规定，洪武通宝钱成色应为百分之百的铜，生铜一斤铸小平钱一百六十文，即每枚小平钱应含生铜一钱（唐石父，2001：321）。

图4　洪武通宝背桂钱（鞒宁，2002：10）

3. 钱文特点

洪武通宝背桂钱正面为洪武通宝四个字，背面穿上铸记局名"桂"，穿下铸数目字纪值，书体为楷书。书体笔力强劲，横有顿笔，折可见笔锋。布局协调，字形笔画横直竖立，端庄大气，书相俊美。字体轮廓线条清晰，深俊挺拔，品相甚好。洪武通宝背桂钱中还尚存一种特殊的小平钱，小平钱尚有一种桂字，下面铸有"一"，小平钱"一"相对稀罕。

（五）清康熙年间背桂钱

1. 铸钱背景

顺治十八年（1661）正月清世祖崩，子爱新觉罗·玄烨继位，是为清圣祖，次年为康熙元年。"康熙元年，铸纪元钱"（王雷鸣，1991），由于商业高速发展，导致金融汇兑业的萌芽。清初为方便商品流通，户部题准康熙元年只留户部宝泉局和江南省江宁府局铸康熙通宝钱，其余各局全部停铸。随后又相继出现了准许各省开铸和令各省停铸的政令。康熙元年（1662）"户部议准，停止各省镇鼓铸，唯听宝泉宝源两局制钱流通行使，江宁为驻防重地其局仍令暂留。"康熙六年（1667）才命各省复开鼓铸。"经户部议准除见存之江宁局外，其余各省镇，依顺治十七年之例，通行开局，照式铸地名满汉文"（佚名，1988：3462），并增置湖南长沙府局、江苏苏州府局、甘肃巩昌府局。《皇朝通典·食货·钱币》记载："康熙七年，开四川、广东、广西、贵州四省铸局，其钱幕满汉文……广西桂林府局铸'桂'钱。"（稽璜等，1882）康熙通宝虽然铸行时间有六十一年，铸造数量多，但品种比其他年号通宝简单很多。各地钱局铸行，背文以满文、汉文局名各取一个字，重量前后有过两次变更。

2. 钱币形制

康熙通宝前后重量经历过两次变革，康熙元年至二十二年，沿用顺治十四年的规定，每文重一钱四分。康熙二十三年（1684）改为每文重一钱，康熙四十一年（1702）又改回重一钱四分。由于康熙年间广西省钱局时常停铸又时常重新开铸，因而康熙通宝有大小之分，大者直径约 2.8 厘米，重约 4.5 克，小者直径 2.3 ~ 2.5 厘米，重约 3 克（唐石父，2001：363）。其形制规整，厚重，有廓且大，表面平滑，布局合理（图5）。

图5　康熙通宝背桂钱（翦宁，2002：10）

3. 钱文特点

康熙通宝背桂钱正面钱文为康熙通宝，字体为楷书，背面钱文为铸钱局名"桂"，满文、汉文字各一，一般满文穿左、汉文穿右，通字的"之"有单点、两点、三点多种形式，熙字为左边多一竖划，文字美观大方，刚劲有力，书法俊秀挺拔，具有极高的艺术价值（龙刚家、张世铨，1998：100）。

（六）清雍正年间背桂钱

1. 铸钱背景

康熙六十一年（1722）十一月，圣祖崩，子爱新觉罗·胤禛继位，是为世宗。第二年改元雍正，始铸雍正通宝钱。雍正帝登基后，开始对全国的铸钱局进行整顿，将过去的诸多钱局进行整合，统一规定各省只设立一个钱局。"以后各省铸钱，俱将宝字为首，次铸各本省一字"（唐石父，2001：364）。从此将各省钱局的命名、制钱的形制统一到规定的固定模式。雍正元年（1723），广西省钱局改名为宝桂局，由广西布政司监管。雍正元年，巡抚杨明时请岁运滇铜入京。"廷议即山铸钱为便，因开云南大理、霑益四局，铸连京钱，幕文曰'云泉'。上以钱为国宝，更名'宝云'，并令直省局钱，幕首'宝'字，次省名，纯满文。"（王雷鸣，1999：308）从雍正开始，钱币背面文字改为满文宝桂，不再使用汉字。

2. 钱币形制

雍正年间（1723—1735）制钱重量有所变化，初期沿用康熙四十一年（1702）每文重一钱四分，雍正十一年（1733），改为每文重一钱二分（唐石父，2001：365）。所以雍正通宝制钱有大小两类，大的与康熙通宝相近，小的直径为2.4厘米左右，重3克左右，外缘较宽，制作工整（图6）。

图6　雍正通宝背桂钱（蒯宁，2002：10）

3. 钱文特点

雍正通宝背桂钱正面书雍正通宝，背文一律采用满文记局，书宝桂二字，字体宽大，穿左满文宝字，穿右满文桂字，钱币正面楷书直读。宝桂局的钱钱文书体流畅，制作规整，整体划一，在清代十朝的制钱中（除宣统外）居于少而精的地位，现存世品尚未发现。

（七）清乾隆年间背桂钱

1. 铸钱背景

雍正十三年（1735）八月，世宗崩，子爱新觉罗·弘历继位，是为高宗，次年改元乾隆（唐石父，2001：365）。除北京宝泉、宝源两局开铸外，各省局比雍正时铸钱有所变化，宝河、宝巩两局停铸。乾隆五年（1740）开宝福局，乾隆七年（1742）开宝桂局，宝桂局铸行乾隆通宝，仍重一钱二分，乾隆年间宝桂局时常停铸又时常恢复铸币。

2. 钱币形制

乾隆通宝背桂钱沿袭雍正十一年（1733）的规定，每文重一钱二分，直径2.4～2.7厘米，重3.4～4.8克（千家驹、郭彦岗：68）。铸造工艺精湛，制钱用料不加锡，以铜、铅、锌相配铸钱，成品色泽偏黄，黄铜质地，宽外廓，版别多样（图7）。

图7　乾隆通宝背桂钱（邕宁，2002：10）

3. 钱文特点

乾隆通宝背桂钱正面钱文为乾隆通宝，钱文以楷书书写，背面钱文字沿用雍正满文钱式，穿孔左边刻有宝字，穿孔右边铸桂（铸钱局局名）字，字体宽大。正面钱文布局合理，书体呆板，笔画线条丰满匀称，字体纤细。

（八）清嘉庆年间背桂钱

1. 铸钱背景

乾隆六十年（1795）九月，立爱新觉罗·颙琰为太子。明年元旦高祖为太上皇帝，传位于皇太子，是为仁宗，改元嘉庆，户部铸新制钱嘉庆通宝。初命各省局及新疆，于年铸额中铸乾隆通宝、嘉庆通宝各半（唐石父，2001：366）。嘉庆年间，桂林出现了诸多钱号、票号，并且伴生了一些当铺（钟文典，2008）。工商业和金融业的快速发展，使得桂林成为岭南地区重要的商业都会，两广之间的经济联系也越发密切。

2. 钱币形制

清代嘉庆年间背桂钱制作形制相对规整，钱币直径约2.6厘米，重4克左右（唐石父，2001：366）。嘉庆年间各铸钱局有偷工减料的情况发生，造成宝文文字不清晰、钱币大小不一、钱币质量低下的现象，原料混杂多样，铜钱质量参差不齐（图8）。

3. 钱文特点

嘉庆通宝背桂钱正面文嘉庆通宝，采用宋体，背面文有两种，一为穿左满文宝字，穿右满文桂字，背文字体圆润；二为穿左满文桂字，穿右汉文桂字，有背文不依常规，于穿左用草书，穿右用楷书，书体工整有力，线条匀称，发现时往往夹杂于普通钱币之中，将它们连读能读成吉语，当属钱局所铸吉庆纪念钱（蕥宁，2002）。

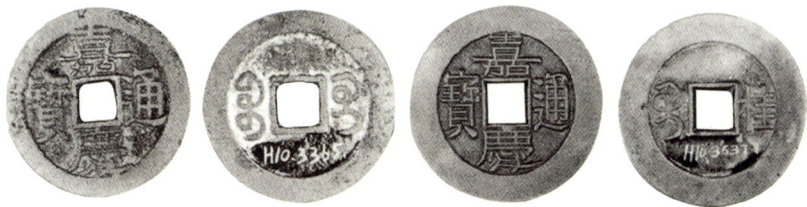

图 8　嘉庆通宝背桂钱（蕥宁，2002：10）

（九）清道光年间背桂钱

1. 铸钱背景

嘉庆二十五年（1820）七月仁宗崩。八月二皇子继位，称为宣宗，第二年改年号为道光。户部随后批准各钱局开始铸造道光通宝制钱。由于国人吸食鸦片的风气盛行导致白银大量外流，经济受到较大的冲击，鸦片战争爆发后，银价增高，各地铸钱局亏损严重，纷纷上奏请求停铸钱币。至道光二十二年（1842），仅有宝泉局、宝源局、宝云局、宝广局、宝川局勉强继续维持，没有停铸。在这种情况下，钱局铸钱普遍存在偷工减料的现象，钱币质量劣质，大小不一（唐石父，2001：367）。

2. 钱币形制

道光通宝背桂钱掺铅严重，铜质下降，制作粗糙，大小不一，轻重悬殊，一般钱币直径在 2.5 厘米左右，重 2.4 ~ 5 克（龙刚家，张世铨，1998：102）。存世品较少（图 9）。

图 9　道光通宝背桂钱（蕥宁，2002：10）

3. 钱文特点

道光通宝背桂钱正面文道光通宝，背面文有两种，一为穿左满文宝字，穿右满文桂字；二为穿左满文桂字，穿右汉文桂字。钱币面文采用宋体，道字的"之"为双点，书体工整有力，线条匀称。

四、关于背桂钱的几点认识

钱币作为中国辉煌的古代文明标志之一，其发展状况可以反映出地方社会商品经济和文化传播的发展情况。同时，钱币所体现的钱币文化也是社会物质文明和精神文明发展的产物，体现了该时期所特有的物质、生活、生产力所能达到的水平和活动方式。钱币体积虽小，但其包含的内容却极其丰富。

（一）背桂钱的特点

（1）背桂钱作为古代广西桂林当地出产的代表性钱币，铸造历史极为悠久。从唐会昌元年（841）开始铸造，直到清光绪年间，虽中间有停铸的情况，但年代跨度大，且各个年代铸钱都反映了当时的社会发展情况，铸钱的重量大小、数量多少的变化也反映出当时的财政问题。这为研究广西桂林地区的历史提供了重要的实物资料。

（2）背桂钱钱币版别多种多样，是各朝代政治、经济和文化发展的产物。纪地"桂"字钱，直接印证了广西地区从唐代始就设置了铸钱局开始铸钱，明代铸行了纪地、纪值、纪重大小五等的年号钱，清代钱局纪地使用满、汉两种文字的史实，是重要的实物资料。

（3）背桂钱钱文精美，字体种类繁多。因为背桂钱跨越年代久远，各个时代的书体都呈现着各自的特点。唐代背桂钱隶书均匀有力，五代十国时期背桂钱隶书书法较差、文字模糊，元末明初背桂钱楷书书体端庄、苍劲有力，明清时期背桂钱楷书俊秀挺拔，各个朝代的文字特点彰显了当时的文化特征。

（二）研究背桂钱的意义

（1）背桂钱是了解和研究广西桂林千年来的财政、经济、地理以及计量制度的直接、可靠的珍贵史料。钱币的铸造需要诸多条件，包括政治环境、经济优势、矿产资源、水陆交通等方面，背桂钱的存在说明了广西古代政治环境相对稳定，同时有着较优越的经济条件，矿产资源相对丰富，良好的水运交通也推动了商品经济的发展，刺激货币的流通，推动着地方铸钱局不断生产铸造钱币。

（2）地方铸钱是中国钱币史中重要的一部分。作为广西地区的代表性钱币，当前对背桂钱的研究和保护意识还有待加强。研究背桂钱的资料相对匮乏，背桂钱存世品也不多，对其进行的保护工作进展异常困难。对其进行研究可以了解广西地区古代社会政治经济文化的发展情况，补充桂林区域钱币研究的不足，促进对钱币文物的保护与利用。

（3）广西桂林作为铸币地区，其地理位置与东南亚地区较近，对背桂钱进行研究分析，可以深入探索钱币的铸造流通渠道，探寻其与东南亚货币相互影响、推进的过程，对于文化交流传播也有重要意义。

五、结语

广西各个时期的背桂钱，是广西各个阶段政治、经济、文化发展的缩影，可以展示真实的历史事实。从整体上看，广西地区的背桂钱跨越年代较为久远，文化形式多样，彰显出各个时代不同的风格，在广西地方金融史上有着不可替代的作用，对其进行研究保护，有利于更好地推动广西地方经济的发展，使世人更好地了解广西地方文化。

参考文献：

甘民重，1987. 历代食货志今译［M］. 南昌：江西人民出版社.

顾祖禹，2019. 读史方舆纪要［M］. 北京：中华书局.

广西壮族自治区地方志编撰委员会，1992. 广西通志·地质矿产志［M］. 南宁：广西人民出版社.

洪遵，2013. 泉志［M］. 济南：山东画报出版社.

黄全胜，李延祥，2012. 广西兴业县高岭古代遗址冶炼技术初步研究［J］. 自然科学史研究，31（3）.

稽璜等，1882. 皇朝通典［M］. 杭州：浙江书局.

蒯宁，2002. 钱铭"桂"字话千秋［J］. 广西金融研究，（S1）.

雷坚，2007. 广西方志编纂史［M］. 南宁：广西人民出版社.

李光军，熊云芳，2003. 广西铸光背"洪武通宝"小平钱初探［J］. 广西金融研究，（S2）.

李宏忠，2004. 会昌开元、周元通宝与废寺灭佛［J］. 西安金融，（8）.

李吉甫，1983a. 元和郡县图志·卷二十九［M］. 北京：中华书局.

李吉甫，1983b. 元和郡县图志·卷第三十四［M］. 北京：中华书局.

李良宁，1999. 广西出土开元通宝铅钱刍议［J］. 广西金融研究，（S1）.

李林甫等，2014. 唐六典·户部［M］. 陈仲夫，点校. 北京：中华书局.

李炎，1999. 大中通宝背桂三钱［J］. 西安金融，（8）.

孟妍君，孟国华，2008. 清代广西铸币述略［J］. 广西金融研究，（S1）.

莫休符，1985. 桂林风土记［M］. 北京：中华书局.

彭信威，2015. 中国货币史［M］. 上海：上海人民出版社.

千家驹，郭彦岗，2014. 中国货币演变史［M］. 上海：上海人民出版社.

司马光，2016. 资治通鉴［M］. 沈阳：万卷出版公司.

宋应星，2015. 天工开物［M］. 北京：人民出版社.

唐石父，2001. 中国古钱币［M］. 上海：上海古籍出版社.

王雷鸣，1991. 历代食货志注释·清史稿［M］. 北京：农业出版社.

王立群，2004. 道光通宝鉴赏［J］. 收藏界，（11）.

王祖远，2018. 康熙通宝钱概述［J］. 收藏，（2）.

吴任臣，2010. 十国春秋［M］. 北京：中华书局.

杨海林，刘玉君，2004. 小议宝桂局"乾隆通宝"部颁样钱［J］. 广西金融研究，（S1）.

佚名，1988. 清朝文献通考［M］. 杭州：浙江古籍出版社.

张廷玉等，1974. 明史［M］. 北京：中华书局.

中华书局编辑部，2004. 康熙字典［M］. 北京：中华书局.

钟文典，2008. 桂林通史［M］. 桂林：广西师范大学出版社.

周梦柯，2017. 唐初武德开元通宝再研究［J］. 文物鉴定与鉴赏，（6）.

周庆忠，1999. 桂林发现洪武通宝背"酉"钱［J］. 中国钱币，（3）.

（本文为广西钱币学会2019—2020年度学术课题"学生研究项目"结项成果）

从货币看海南与海上丝绸之路

王舜英

（广西师范大学历史文化与旅游学院）

摘　要：海南是古代海上丝绸之路上的要冲，在丝绸之路上发挥重要的中转站作用。作为一个相对独立的地理单元，古代海南没有铸币机构，长久以来所用货币皆由岛外流入。秦汉时期是海上丝绸之路的开端，也是海南并入中央版图、岛外货币流入的开始。随着丝绸之路的发展及中央政权对海南统治的加强，越来越多的货币得以流入岛内。明以前流入海南的货币以铜钱为主，明以后除铜钱外还有纸币、白银等。随着明中后期货币白银化趋势增强，白银尤其是外国"番银"的流入也在增加。流入海南的各类货币，促进了海南商品经济的发展。海南发现的历代各类货币，也是海南作为海上丝绸之路要冲的重要历史见证。

关键词：海南；货币；海上丝绸之路

海南位于中国南部海域，独特的地理位置使得其在历史上受中央王朝管制较弱，但也赋予了海南在海上丝绸之路对外贸易上的独特地位。在地理区位上，海南北接两广，西接中南半岛，南接南海诸岛，这是海南成为海上丝绸之路中转站的重要原因。正是因为地处海上丝绸之路的要冲，促进了海南的经济社会发展。商贸交往所流入的钱币，对海南的商品经济发展产生了重要影响。在海南岛上所遗存的历代钱币，是海南为古代海上丝绸之路要冲的重要历史见证。以货币为视角对海南及海上丝绸之路进行考察，能够更清楚地了解海南对于海上丝绸之路的价值和作用。通过对海南货币历史的考察，探讨海南古代和近代货币发展的历史，总结相关的规律和经验教训，为当代海南省金融业、货币经济的发展提供咨询参考。

对于海上丝绸之路与海南货币关系问题，前人有所研究。何翔（1994：44－46）在其论文中讨论了海南是否出土有秦半两，最后得出的结论是以汉朝时海南岛的经济文化发展水平不可能存在秦半两。李峰、李海英（2003：122－127）讨论了宋代海南货币使用和流通的情况，认为海南的货币真正发挥其价值尺度、流通手段与支付手段的作用始于宋代。芮锡森、张书裔（1995：44 – 45）讨论了清初琼州与日本长崎的贸易钱，介绍了这一时期流通钱币之种类，简析了流通的原因和条件。芮锡森、何健（1997：46 – 47）对近代在海南流通的"番钱"即外国钱币进行了整理，将其分类为"东洋钱币""东南亚钱币"与"欧盟钱币"三类。韩海京（1992：12）的《海南历史货币》一书，对历史上在海南流通使用的货币进行了汇总，图文并茂，内容翔实，但关于各时代钱币流通的特点以及钱币流通同经济的关系论述较少。陈光良（2004：377 – 395）在《海南经济史研究》中以单独一章对海南的货币金融问题进行了研究，对经济发展水平与货币关系进行了概括论述。前人研究的相关成果虽然在数量上相对较少，但对于现象的描述却比较丰富，如流行何种钱、在何时流行等。

　　本文以海南与海上丝绸之路为中心，以货币为视野进行探索。先论述海南与海上丝绸之路的关系以及二者在不同历史时期的发展，再论述不同历史时期通过海上丝绸之路流入海南的货币以及这些流入海南的货币对当时的社会产生的影响和作用，最后对流入海南的货币及海上丝绸之路的发展及其相互关系进行论述。

一、海南与海上丝绸之路

　　海上丝绸之路是中国古代与外国经济文化往来的海上通道，有东海航线与南海航线两条航线，多以南海为中心。作为南海上一小岛的海南，其发展与海上丝绸之路息息相关。

（一）汉唐时期海上丝绸之路与海南初步发展

由汉至唐，中间经历了 700 余年的光景，这 700 余年，既是海上丝绸之路发展、逐渐成形的时间，也是海南归入中原王朝统治，经济文化开始发展的时代。

《汉书·地理志》中记载："自日南障塞、徐闻、合浦船行可五月，有都元国……黄支之南，有已程不国，汉之译使自此还矣。"（班固，2013：351）这段话就是对汉代海上丝绸之路的起始港口以及途经各地的记叙。此时的路线是沿着徐闻、海南岛的西边，以及今广西北部湾沿岸和中南半岛海岸线而行。

海上丝绸之路形成之时，也是汉朝在海南设立郡县之始，海南不再游离于中央的统治，在政治和文化上逐渐向中原靠拢。汉武帝元封元年（公元前 110 年）在海南岛上设置了儋耳郡、珠崖郡，至此越来越多的人开始移居海南，海南不再是一个陌生的名词，《汉书·地理志》中载："黄支国，民俗略与珠崖相类。"（班固，2013：351）

汉朝以后，魏晋南北朝及五代十国的割据动乱，使得海南在政治上与中原政权隔离，但是随着北方频繁的征战，由北方向海南迁移的人增多，民间的交流往来较为频繁。经济重心的南移，使得海上丝绸之路的路线也发生了转变，广州成为海上丝绸之路的起始港，沿途路线也发生了转变。途经海南西侧的一段路线也转向途经"九州石"（今文昌市七洲列岛）"象石"（今西沙群岛）的东侧（韩振华，1988：30－31）。

海南东侧航线十分繁荣，路过的船只颇多，以至于到唐时，海南东部沿海盘踞了许多海盗，专门以打劫过往商船为生。鉴真东渡时就曾漂至海南，后来受到振州（今三亚）一带的海盗首领冯若芳招待，据记载"若芳每年常截取波斯舶二三艘，取物为己货，掠人为奴婢"（真人元开，1979：68）。还有一位靠幻术劫掠船只、有些传奇色彩的海盗陈振武，据载"凡贾舶经海路，与海中五郡绝远……入振州境内，振民即登山披发以咒诅。起风扬波，舶不能去，必漂于所咒之地而止"（李昉等，2006：14）。

汉唐之际，海上丝绸之路完善，对于海南的管理也逐渐定型，作为海上丝绸之路的节点，海南开始担负起海上丝绸之路中转站的职能，为过往船只商队提供转运、修整和泊船等服务。

（二）宋元明三代见证海上丝绸之路的繁荣

宋元明三朝是海上丝绸之路发展的高峰，海南也在这个时期获得了进一步的发展。航海技术与造船技术的进步为探索南海提供了硬件条件，民间对南海认识的加深也为远航提供了知识、技术层面的支持，于是促进了民间贸易，民间船队也能深入曾经被称为"千里长沙""万里石塘"的南海海域。

这时的航船，从福建漳州等港口出发，沿着海南岛东侧航行，再向南到达马六甲海峡。所载商品多为陶瓷、丝绸等宋时中国的特产，尤以瓷器为重。而航船自东南亚回国时，则满载香料等特产。《宋史》记载："并海商人遂浮舶贩易外国物……由是犀象、香药、珍异充溢府库。"（脱脱等，1995：6614）

海南也产香料，且品种质量上乘，各类香谱之中也都有记载，《陈氏香谱》中记"雷化、高窦亦中国出香之地，比海南者，优劣不侔甚矣"（洪刍等，2018：5）。海南因所产之香盛名于世，从而吸引了商人越洋来海南收购香料。《岭外代答》中就记载"土产名香……商贾多贩牛以易香"（周去非，1999：71）。香多产于深林中，多由黎族人上山采摘，再通过转手、收购等环节销售出岛。商人同黎族人交易，一头牛就可以换一担香，而运到内地去后"香价与白金等"。在暴利的驱使下，往海南收购香料的商人也愈多。

地理位置与物产上的双重原因，使得海南在宋时因陶瓷与香料贸易在海上丝绸之路的航线上发挥了更重要的作用，不仅是自广州往南洋路程中停泊补给的地方，也是香料贸易优质货源地。宋人曾写道："琉球大食更天表，舶交海上俱朝宗。势须至此少休息，乘风径集番禺东。"（楼钥，1935：2201）短短几行诗就将海南海外贸易的繁荣之景描写出来，也写出了海南作为长途海上丝绸之路之中转站"少休息"的作用。

海南除了转运商品和提高香料货源外，一定程度上也直接与南洋诸国进行贸易。为此，宋朝官员就曾建议在琼州设立市舶司，《宋会要辑稿》中记载，乾道九年（1173）"提举黄良心言：欲创置广南路提举市舶司主管官一员，专一觉察市之弊，并催赶回舶抽解，于琼州置司……岭南以船舶多往安南，欲差判官往安南收市……遣官收市犹不可，况设官以渔利乎！"（刘琳等，2014：4219）最后还是未设立。

元朝，海南在贸易与交通上的地位不变，因统治需要，元朝反而比宋朝更加重视海南在此方面的作用。元世祖至元三十年（1293）"立海北、海南博易提举司，税依市舶司例"（宋濂等，1998：196），开始在海南设立市舶司，管理海南的船只商队。后虽因各种原因又废止，但在元贞元年（1295）"罢海北海南市舶提举司。壬申，立覆实司"（宋濂等，1998：214）。忽必烈即位没多久又在海南设立覆实司，覆实司与市舶提举司职能虽相近，但是比起市舶司所管重于"船"，覆实司更重于"货"，虽同是税收机构，却在管理上更适合海南。虽然对海南船只商货的管理机构的设置几经波折，总体趋势是管理的进一步加强，这也是对海南与海内外日趋增加的贸易的重视。

明朝，随着海上航行的增多，使得人们对南海地理信息的了解更加深入，海南的对外交流与海上交通的繁荣程度也得到进一步发展。在郑和下西洋的过程中，琼州府所辖的南海诸岛是其必经之路（马欢等，2005：210）。南海上还留有数座命名与郑和及其船队有关的岛礁。

郑和下西洋后，密切了南洋各国与明朝的关系，南洋诸国纷纷到明朝朝贡。因地理位置的优势，海南也是南洋诸国前来中国朝贡的必经之路。万历《琼州府志》记载"凡番贡，多经琼州，必遣官辅护"（戴熺等，2003：4080）。随着朝贡贸易的兴盛，民间同南洋的贸易也渐趋繁荣。明人张瀚（2006：134）所撰《松窗梦语》中记载："高、雷、廉、琼，滨海诸夷往来其间，志在贸易，非盗边也。"为进行贸易，海南商人自备船只出海贸易，甚至有人从此定居海外。"而闽广之民造舟涉海，趋之如鹜。竟有买田娶妇，留而不归者。如吕宋、噶罗巴诸岛，闽广流寓，殆不下数十万人，则南洋者，亦七鲲、珠崖之余壤"（徐继畬，1968：105）。如今看来，这些定居海外的人，就是现在所说的"华侨"。

宋元明三代海上丝绸之路开拓的过程中也为海南留下了许多文化遗产，这些文化遗产多是曾经在海上丝绸之路航线上的航船所留下的，这些文化遗产为后人研究历史提供了丰富的材料。包括宋朝沉船"华光礁Ⅰ号"出水的贸易货物，西沙北礁出水的疑似郑和下西洋船队船只的历史遗迹（郝思德，2008：72），更不用说南沙各岛礁发掘或未发掘的历史遗迹，既是重要的历史考古资料，也是中国人开发南海、南海自古便属于中国的历史见证。

（三）鸦片战争后国门洞开，丧失贸易自主权

清初实行"海禁"政策使得海南在对外贸易与海上交通的发展突然停滞。随着清朝政治环境的安定，重开海禁也成了现实需求。雍正七年（1792）重开海禁，并在开海禁的第二年开放广东、福建、浙江、江苏四省为通商贸易口岸。而海口是粤海关隶属下在琼州设立的总口，在海口总口之下，还设有铺前口、清澜口、陵水口等九个征税之口。在此背景下，海口的对外贸易繁荣，开往南洋的民船数量颇多。

鸦片战争爆发后，海南的地理位置使列强对海南虎视眈眈，纷纷要求开琼州为商埠。八国联军侵华后，清廷又被迫与列强签订一系列不平等条约。《中英天津条约》就将琼州作为通商口岸开放，尔后，俄法等诸国也获得了与琼州通商的权力。自光绪元年（1875）开始，美、日、英、德、法、葡、意、比、挪威等数国在琼州设立领事馆，海南的发展由此发生历史性巨变。

二、明以前流入海南的货币

海南直至民国才建有铸币厂，此前使用的种种货币皆由岛外流入。明以前流入海南的货币以铜钱为主，这既受中国货币发展演变的影响，又有海南是一孤悬海中岛屿的特殊原因。

（一）汉唐流入的铜钱

在海南岛出土的货币，年代最早的是半两钱（顾时宏，1993：1）。虽具体版别影响到考证其具体时间难以确定是秦还是汉，但至少可以断定，海南出土钱币的时间下限应是汉。而海南岛步入货币时代也是在秦汉时期。《正德琼台志》记载："秦以水德王，其数用六，今琼人行使铜钱犹用六数，以六文为一钱，六十文为一两，六百文为一贯。"（唐胄，2006：139）明代时，海南岛上的黎族还保持着秦时的钱币使用习惯。

而在铜钱之前，海南最早的居民——黎族，一直保持着以物易物的原始社会经济形态。黎族原始社会里较低的生产力，没办法产生很多剩余产品，能在市场上交换的商品依旧是极少数，商品交换的规模较小且次数较少。随着汉族向海南的移民，情况

便开始转变。

元封元年（公元前110年）汉武帝在海南设立珠崖郡、儋耳郡，汉族开始大量渡海，移居海南岛。再加上海上丝绸之路的形成，海南与大陆的人员往来与商贸交流增多。但当时的铜钱，只在少数汉族移民中少量使用，居住在深山中的黎族，依然保留着以物易物的习俗。当时全国通用的半两钱、五铢钱、大泉五十、货泉等钱币就随着移民来到海南。此时是海南岛商品交换和使用货币的萌芽阶段。1975年对海南岛实行考古调查，在一些人类活动遗址的地面和地层中，发现了汉代五铢钱（王穗琼，1962：110）。

三国至隋，国家分裂，中原战乱不断，朝代更迭迅速。直至隋朝，隋文帝在海南重新设立郡县，海南才重新回归中央王朝的统治。这一时期，北方战乱促使北人南迁，南迁的北方人给海南岛带去了先进的生产技术，提高了当地的生产效率。随着剩余商品增多，商品交换更加频繁，北方移民带到海南岛的铜钱为市场交换提供了充足的货币，商品交换规模的扩大也向货币提出了更高的要求。部分商品交换使用五铢钱、三国时期吴国的大泉五十及隋朝的五铢钱（韩海京，1992：4）。1996年9月8日，海南文昌市新桥镇村民在自家稻田中发现一罐窖藏铜钱，其中有少量隋朝五铢钱（王大新，1996：1）。

唐代海上丝绸之路航线，由海南岛的西边转移到东部。海南因地理位置的特殊而逐渐发展成为海上丝绸之路航线上的中转站。通过海上丝绸之路，钱币以直接商品交换和掠夺为主的两种方式流入。货币流通量较前代有所增加，而随着贸易、移民进入海南的有唐朝所铸开元通宝、乾元重宝，五代十国南唐所铸的开元通宝、唐国通宝，前蜀所铸乾德元宝等各式铜钱（韩海京，1992：5）。海南文昌市新桥镇村民在自家稻田中发现的铜钱，以唐开元通宝为最多，少量为唐

图1 开元通宝

乾元重宝（王大新，1996）。2007、2010年对西沙北礁进行的两次水下调查，采集了一部分铜钱，对采集的铜钱进行初步整理后，发现有唐开元通宝（图1）15枚（冯雷、鄂杰、李滨，2011：49）。

开元通宝由唐高祖武德四年（621）开始铸造。钱文隶书，直读，光背。钱径2.4厘米、穿宽0.7厘米、肉厚0.05厘米。钱文也由大书法家欧阳询所书，并以隶书书写，既开了唐代以隶书为钱文的先河，又对周围国家的货币制度产生了影响（唐石父，2001：173）。

唐代流入海南的货币虽然比前代多，但以唐代的经济发展水平，流入海南的钱币大多并不能执行其货币职能，更多的只是一种财富贮藏手段，是社会财富的一般代表。

（二）宋元时期流入的钱币

宋元时期是海上丝绸之路发展的巅峰期，这一时期有很多在海南来往、停泊的商船。这些满载中国瓷器对外贸易的商船，除了携带贸易品外，还携带了大量的铜钱。当时宋朝所铸铜钱，在世界范围内通行度很高，几乎可以当成"世界货币"使用，更不用说本就是宋朝领土的海南。宋朝时，海南的商品经济进一步发展，市场的数量和规模扩大，地方上也出现了圩镇的雏形，商品流通规模的扩大，货币的使用也更加频繁。据记载，"宋置琼州、万安、珠崖三务，税额皆五千贯以下"（戴熹等，2003：255），当时的税收缴纳也多以铜钱结算。对当时来往频繁的商船，也根据船的体型分成三个等级，依据不同等级征收船课。李峰、李海洋（2003）因此推测，宋朝时，钱币才真正在海南发挥其作为价值尺度、流通手段和支付手段的职能。

海南岛出土的钱币，以宋代钱币最多。2013 年，海口一村民就在自家地里挖出130 斤宋朝铜钱，虽然大多数铜钱锈蚀状况十分严重，但依然有少数可以辨认出"熙宁"等宋朝年号，少数可清晰读出"绍熙元宝"等钱文（胡诚勇，2010：11）。根据铜钱与装载铜钱的陶罐，专家推测，这些铜钱属南宋时期埋藏的窖藏。巧合的是，在1985 年，这位村民家中的农田里同样出土过 170 多斤的铜钱。无独有偶，1998 年海南省文昌市也有村民在务农时挖出陶坛，坛中有一万多枚铜钱，近 300 个品种，多为两宋时期的钱币，其中最晚的是南宋末年的"咸淳元宝"（中国考古学会，1999：269）。在南海海域发现宋朝贸易陶瓷的同时，往往伴随着钱币的出水。2007、2010 年，在西沙群岛北礁进行考古发掘时，清理出水的铜钱 1 030 枚，其中能辨清钱文的有 615 枚，发掘出宋元通宝（图2）、淳化元宝、至道元宝、景德元宝、祥符通宝、天禧通宝等各类宋朝钱币（冯雷、鄂杰、李滨，2011：47－53）。由此可见，宋时，大量的铜钱通过海上丝绸之路的商贸与人员交往流入海南。这些流入海南的宋朝铜钱，包括北宋的宋元通宝、建中靖国时期的圣宋元宝（图3）、南宋的淳祐元宝（图4），共有 40 多种年号的铜钱。此外还有金朝发行的大定通宝（图5）和元朝发行的至正通宝（图6）等。

宋元时期的铜钱，钱文结构多样，除了继承吉祥语加宝文的传统钱文形式外，重新启用了年号加宝文的钱文形式，还有国号加宝文的形式。在钱文的读法上，旋读、顺读互见。各类价值的宋钱都有铸造，并且不同钱之间的比价并不固定。材质上也不只铜钱，还有铁钱、铅钱等，但在海南地区发现的几乎都是铜钱。钱币的使用，区域性明显，部分钱币只在固定的政治地理范围内使用。（唐石父，2001：199－220）

图 2　宋元通宝　　　　　图 3　圣宋元宝　　　　　图 4　淳祐元宝

图 5　大定通宝　　　　　图 6　至正通宝（图 2 至图 6 为海南省博物馆藏）

三、明朝以后流入海南的货币

自 1557 年葡萄牙人在澳门建立了交易的固定场所，中国也自愿或非自愿地被卷入到经济全球化的市场中去了，海南似全球市场上的一叶孤舟，被全球化的浪潮冲刷。明朝以后，世界的联系加强，外国的货币开始流入中国，尤其是以白银为材质的金属货币因其稳定、储藏量大、价值高等特性，而被普遍使用。随着世界使用白银的浪潮，白银流入这个不铸币、少产银的小岛中。明朝以后流入海南的货币，既有中央王朝货币体制的影响，也有全球化市场下的作用。

（一）明朝流入海南的货币

明朝币制有过几次较大的变动，因此流入海南的货币种类也较多。

明朝建立初期，推行宝钞纸币制度，由宝钞提举司发行"大明通行宝钞"，海南地区也同样使用。后来贬值严重，宝钞被商民拒用，已经形同废纸。

随着纸钞的失败，改铸铜钱，铜钱同样大量流入海南。明朝海南的经济、文化出现了高度繁荣的景象。经济的发展与海上交通运输的发达互相影响，使得海南的贸易十分昌盛。海上商船来往频繁，把大陆所使用的洪武通宝、永乐通宝、万历通宝等常用货币输入海南（韩海京，1992：6）。明朝大量流入的铜钱使得本地钱币文化也有所发展，甚至有陪葬品中出现形似铜钱的"冥币"的现象（郝思德、王大新、张昆荣，2001：13－20）。2007、2010 年对西沙北礁 19 号水下遗址进行考古调查，采集整理了出水的铜钱，其中有洪武通宝（图 7）205 枚、永乐通宝（图 8）215 枚（冯雷、鄂杰、李滨，2011：51－52）。

西沙北礁是海南水下考古中发掘明朝铜钱最多的遗址，据统计该遗址共有"洪武通宝"2 万枚，"永乐通宝"7.1 万枚（郝思德，2008：127）。

图 7　洪武通宝（冯雷、鄂杰、李滨，2011：50）　　　图 8　永乐通宝（海南省博物馆藏）

从总体看，明钱铸额较小，但也不乏罕见品种。以平钱为主，后期增铸二钱。钱文书写上，不复唐宋时钱文艺术之风，但也有铸造精良之品。明前期铸钱精良，后期渐差，但也有质量上乘之作。（唐石父，2001：353－354）

明朝开始，白银作为法定货币在市场上流通。在确定银为法定货币之前，出身海南的官员邱浚（1999：259－260）就曾提议实行"三币之法"，即"以银为上币，钞为中币，钱为下币。以中下二币为公私通用之，具而一准上币以全职焉"，且"银之用非十两以上禁不许以交易"。提出实行三种法定货币同时流通的策略，在这三种货币同时使用的情况下，又以银作为衡量其他货币价值的基础，这样把银置于一个相对主要的位置，有些以银为主币的意味。在货币白银化还没有完全确立，货币经济不发达，甚至缺少货币的明朝，邱濬的思想具有超前启迪的作用。这种思想的形成，一定程度上体现了明朝货币白银化的倾向，也是邱濬作为海南籍官员，在日常经济生活中所收获的切身体会。

明朝得以货币白银化，首先要有充足的银，有一部分银自东瀛而来。日本产银，后以"银岛"而闻名。日本虽产白银，但其工商业不发达，遂以白银与中国生产的丝绸、瓷器以及茶叶等农业、手工业品进行贸易。受政治因素影响，明朝官方禁止与日本进行贸易，但巨大的利益使得禁令成为空文。民间私自与日本进行贸易且十分频繁，有的人甚至因此居住在日本。天启年间，福建巡抚南居益说："耳闻闽、越、三吴之人住于倭岛者不知几千百家，与倭婚媾，长子孙。名曰唐市，此数千百家之宗族，姻识潜与之，通者实繁。"（李国祥，1993：954）除了日本商人与中国商人直接进行贸易，葡萄牙人和荷兰人也起了重要的中介作用。葡萄牙人和荷兰人将日本白银从长崎运往中国的澳门等地，再将中国商品从中国运回长崎，并从中获利。

万历以后，西班牙、葡萄牙和荷兰等欧洲国家通过菲律宾等东南亚殖民地与中国的贸易日趋繁荣。尤其是西班牙从 1564 年正式开始对菲律宾的殖民统治。西班牙以其美洲殖民地秘鲁、墨西哥一带所开采的白银，以菲律宾为中转，同中国进行贸易。彼时的中国，银的缺乏使其成为对外贸易中最受欢迎的商品。由此，西班牙得到了生丝绸缎，中国得到了白银。根据《菲岛史料》中的记载，在 16 世纪最后的 20 年里，平均每年有 20~30 艘中国船开往菲律宾，每年有 40 万~250 万比索的白银流入中国。（郑佩宜，2008：31－33）这一时期流入的白银，留存于世的较少，大多都被重新熔铸，少有流通于后世。

（二）清朝及民国流入海南的钱币

清顺治四年（1647），海南归附清廷统治，政治的统一促进了社会经济的发展。内地的商人通过商船越过琼州海峡也更加频繁，本岛对岛内和岛外的商贸活动都更加繁荣。随着岛外商人流入的铜钱有：顺治通宝（图 9）、康熙通宝（图 10）、雍正通宝等，还有光绪十五年（1889）广东银钱局用机器制造的光绪通宝一文、三文等钱。此外，还有清末发行流通的机制铜元和银元，常用的有光绪元宝、大清铜币等（韩海京，1992：5－6）。

图 9　顺治通宝（韩海京，1992：115）　　图 10　康熙通宝（韩海京，1992：116）

清代钱制简明、稳定，即使后期因统治危机发行了大钱，但后来也对发行的大钱进行选择、淘汰，至同治、光绪年间，发行的钱币只有小平、当十两种（唐石父，2001：388）。

　　虽然官方禁止出海贸易，但是民间仍有少量走私贸易在偷偷进行。《荷兰长崎商馆日记》（张劲松，1994：17）中就明确记载了 1644 年 35 艘判明启航地的中国贸易船中，有一艘启航地为海南，是由海南开往日本长崎的贸易船（见表1）。

表1　1644 年判明启航地的 35 艘中国商船的启航地一览表

启航地	南京	福州	漳州	中国北部	安海	泉州	广东	海南	柬埔寨	交趾
船数	10	8	5	3	2	1	1	1	2	2

　　与日本进行的民间私人贸易，从明朝灭亡到清康熙二十四年（1685）重新开海，一直在小规模地持续进行。尤其是清初割据台湾的郑氏家族，与日本本的交往密切。到康熙二十四年（1685）清廷开海后，设立闽、粤、江、浙四大海关，重开与海外的商贸往来。自此以后，与日本的交往更加频繁。这一时期日本为与中国进行贸易而铸造的仿宋贸易钱，有元丰通宝（图11）、嘉祐通宝、熙宁元宝、祥符元宝（图12）、绍圣元宝以及日本钱宽永通宝、文久通宝等。日本仿宋钱，形制上与宋钱相近，但在钱文的写法上以及钱文书法的技艺上有较大区别，而个别仿宋钱字体字形也与宋钱相异。明治维新期间，日本于明治元年（1868）设立造币厂，并于明治四年（1871）制定"新货条例"，开始以"元"为单位计算货币，以金为本位铸造金币，并辅之以银辅币、铜辅币。明治维新后，日本资本主义得到迅速发展，开始向中国倾销商品，也有一些改革后的金币、银币通过贸易流入海南（图13）。

图11　元丰通宝（韩海京，1992：120）　　图12　祥符元宝（韩海京，1992：120）

图 13　日本明治 50 钱银币（海南省博物馆藏）

西班牙等国依然依靠菲律宾等殖民地为据点和中转站与中国进行商贸往来，以白银（图 14）换取中国的丝绸、生丝、糖等农业、手工业产品。清人屈大均（1997：403）《广东新语》载："闽粤银多从番舶而来。番有吕宋者，在闽海南，产银，其行银如中国行钱。西洋诸番，银多转输其中，以通商故。闽、粤人多贾吕宋银至广州，揽头者就舶取之，分散于百工之肆，百工各为服食器物偿其值。"海南当时属广东，且海南与吕宋等东南亚地区皆有商业往来，流入海南的白银多来源于此商路。清初西班牙在海上拥有霸权，也能将其殖民地牢牢控制住，但随着西班牙国势衰微，殖民地独立运动的兴起，美洲的殖民地也纷纷独立。不少原属西班牙殖民地的国家如危地马拉、玻利维亚等，在独立后也单独铸造了货币（图 15），部分银币也流入了海南。

图 14　西班牙拿花比塞塔银币（海南省博物馆藏）

图 15　危地马拉 1 比索（海南省博物馆藏）

随着帝国主义殖民侵略的脚步加快，不少欧洲国家在亚洲殖民地建立了造币厂，以本国的技术和标准制造专用于远东贸易的贸易币。法属印度支那是法国侵占中南半岛老挝、越南和柬埔寨等地建立的殖民国家，法属印度支那的货币单位为"皮阿斯特"，以区别于本土货币单位"法郎"。法属印度支那所铸造的贸易币正面为端坐的自由女神像，因此又被称为"坐洋"（图 16）。除了法国外，英国在印度等殖民地制造的贸易币，以及英国本土货币、荷兰盾等西方国家及其殖民地货币，也通过贸易流入海南。

图 16　法属印度支那贸易银币（海南省博物馆藏）

通过在外国的华侨寄回国内的"侨批"，也是外国货币流入的另一途径。"侨批"指海外华侨通过海内外民间机构汇寄至国内的汇款暨家书，是一种信、汇合一的特殊邮件。这些"侨批"包括在外华侨通过侨批局或托人带回海南的，也有华侨归国后带回的。自明朝开始，尤其是清朝，海南居民大量迁居南洋。特别是《中英北京条约》签订后，允许华工自由出洋，形成了移民高峰。这些移民东南亚的海南居民，在外务工思乡心切，每逢节庆都寄款回家补贴家用。光绪八年（1882），琼州首家侨批局在海口成立，海外侨胞汇款回家更加方便。还有不少华侨商人身在国外却心念祖国，为振兴祖国商业，他们出资在家乡办厂。光绪三十四年（1908），旅居马来西亚一带的华侨组织——海南实业开发公司筹集资金25万~30万鹰洋，准备在海南投资开发实业（刘跃荃，1982：106）。外国货币由海外华侨通过各种方式带回国内，在民间流通使用。

清朝至民国初年有很多外国银币流入中国，其在民间的使用也同铜钱一般普遍。这些自外国流入的银币多被民间称为"番银"。清人沈复在其自传散文《浮生六记》中就有对使用番银的记述（何竞文，2014：37－40）。当时外国银币大量流入，在民间广泛使用。由此促使民间用钱习惯的改变，因外国钱币规格统一、种类固定，番银存在着以"元"计量的趋势，即以计量货币代替称量货币。这样的趋势，在海南也同样存在。

咸丰年间有人上奏："广东省每岁科考试，州县官所取案首，多系以财行求。琼州府尤为甚……多则洋银七八百元，少则四五百元不等，甚至自第二名至第十名，非用洋银十元亦不能得。"（王炜，2009：844）也就是说，即使在科举考试收受贿赂之时，也是以番银支付，并以"元"为单位进行统计，可见番银使用的普及。《民国琼山县志》中载："虽经给事中庞鸿书条奏部议每两征加银一钱，每石米折征加米一斗为加耗等费，银两以洋银输纳，不加补水，米以田所处米输纳，不准折银，皆视为具文，无一奉行，其积弊贻害至今。"（朱为潮，2004：391）在清朝广泛应用番银的背景下，使用番银银元作为纳税的单位，既可以不用多收火耗，减少百姓负担，又方便计算。虽然庞鸿的上书最后没有得到落实，但他所上书的内容确是符合当时普通民众的生活需求与消费习惯的。

四、流入海南的货币与海上丝绸之路

货币是商品经济发展的重要依托，也是商品经济发展的证明，流入海南的货币促进了海南的商品经济发展。同时，作为重要的文化遗产，历代流入海南的钱币也是海南作为海上丝绸之路重要港口的历史见证。

（一）货币的使用和海上丝绸之路的开通促进了海南商品经济的发展

1. 货币的使用和海上丝绸之路的开通促进了海南圩镇的形成与发展

海南的圩镇形成于宋（唐玲玲、周伟民，2008：287），正是因为海上丝绸之路的发展，香料贸易兴盛，汉族商人与黎族进行香料交易，才促成了商业圩镇的形成。而后随着货币的持续流入，以及海南与海上丝绸之路的商贸与经济往来，圩镇因此得到发展。《岭外代答》载："四州军征商，以为岁记，商贾多贩牛以易香。"（周去非，1999：71）因香料贸易的兴盛与黎族人民生活中交换商品的需要，圩镇的雏形初现。史载"周侯遣熟黎峒首谕之，约定寅、酉二日为虚市，率皆肩担背负，或乘桴而来，与民贸易，黎人和悦，民获安息"（赵汝适，1996：219）。当时的墟市只是依据习俗，在乡间举行的草市，并没有专门从事商业的场所，也没有固定从事商业的人。到了明朝，政府开设圩市，给予民间商贸更多便利，从而形成了"熟黎能汉语，变服入州县墟市，日晚鸣角结队以归"（范成大，1986：170）的景象。圩市的发展程度，较前朝更加发展。万历《琼州府志》中统计，海南岛上各州县墟市共有 180 个。至清朝，圩市数量持续增加，数量达到 300 个。并且各地普遍形成了规模较大的集市。《琼州府志》中就记载雍正七年（1729）时"海口城商贾络绎，烟火稠密"（明谊，2006a：1898）。民国时，陵水、通什、崖县等圩镇内的商人常到大山深处黎族聚居的区域同黎族人民进行商品交换，圩镇的商品辐射范围深入民族地区。商人除了贩卖锄头、犁、项圈、手环等工业品，也收购鸡、猪、藤、烟草等农产品，除了少部分保持以物易物的交换方式，更多的商品交换已经开始使用货币，并且多使用光洋（广东省编辑组，2009：44）。圩市中的商贸活动十分频繁，清代陵水人翟云魁作《南城晚市》描写了陵水南城圩市的繁荣景象："城南半亩地，日日趁墟忙。最爱爽鳞美，争夸水芋香。夕阳人影乱，归路树烟忙。博得鱼盐利，相忘是故乡。"（潘廷侯、翟云魁，2004：286）短短一首诗将圩市上商人忙着叫卖，晚市结束后人们回家时熙熙攘攘的景象描写得形象生动。陵水临海，渔业资源丰富，现陵水县新村一带还有以船为家的"疍民"，渔业经济发达，临海的自然环境给盐业提供了良好的条件，盐业也是重要的经济支柱。在陵水的圩市中，渔产和盐的贸易十分繁盛。

2. 货币的使用促进了海南贸易由区域化向全球化发展

海南岛在大量货币流入以前，商品经济不发达，交易规模受限，交易只限于小范围区域内的经济交换，交易商品以槟榔、吉贝等农产品为主。《诸蕃志》对海南的记载中有："其余货物多与诸番同，惟槟榔、吉贝独盛，泉商兴贩，大率仰此。"（赵汝适，1996：221）槟榔的生产与种植在海南的经济中占有重要地位，"岁贡惟槟榔，熟而价高，少为差粮之助"（潘廷侯、翟云魁，2004：17）。海南的一些州县，甚至要靠槟榔的生产来维持地方财税收入。

吉贝即木棉布，也是海南对岛外商业贸易的重要货物。《桂海虞衡志》中记载"黎单，亦黎人所织。青红相间，木棉布也。桂林人悉买以为卧具"（范成大，1986：42）。明清以前，海南所产农副产品畅销两广和福建等地，但随着货币的直接使用，传统以物易物的商品交换模式退出，促进了海南同岭南以外更广阔市场的商贸交流。在琼海关设立后，政治管理上给予海南商业发展更好的条件，海南的岛外贸易更加兴盛，能互相流通使用的货币也使得商贸活动的进行更加便利。根据赵思聪（2019：22）整理的《中国旧海关史料1859—1948》中琼海关出口土货去向情况可以得知，海南在琼海关设立后，所产土货的出口范围远超明清时的岭南，不仅直接向安南、新加坡等海外殖民地和暹罗等国家和地区出口土货，更有自香港向外洋出口。海外贸易总量也由1876年的196 966海关两逐年增加至1906年的2 536 364海关两。

3. 货币的使用促进了农业生产商品化程度的提高

货币的使用给予了商品流通更加便利的条件，商品的交换更加便利，使得农业生产的商品化程度提高。其中最显著的一点表现，就是经济作物的大规模种植。经济作物是指农业生产中非粮食作物，而是作为工业、手工业原料的作物。海南传统经济作物是棉花（吉贝）、槟榔与香料。但随着经济的发展与海南岛开发程度的提高，除了传统的棉花等经济作物外，海南所种植的经济作物品种更多，所种植的面积也得到了扩大。

甘蔗在海南早有种植，但是蔗糖的生产却不在海南，正德《琼台志》载："蔗糖俗名沙糖。本地以墫乘之，海北来者成块。"（唐胄，2006：213）即海南出口原料，内地进行加工后再贩卖回海南。清朝以后，海南开始独立制糖，道光《琼州府志》载："糖，名甚繁，不外乌、白、赤三种。乌者糖块，白者糖霜……琼之糖，其行甚远，白糖则货至苏州、天津等处。"（明谊，2006b：280）不仅独立制作成品糖，所制品糖品种繁多，连"糖霜"都可制作，并且产量颇大，以至于销售至苏州、天津等地。随着甘蔗种植受到重视，商业资本也开始进入甘蔗种植及蔗糖的生产环节。光绪三十四年（1908），陈赵隆公司成立，投资资本两万元，在藤桥港附近种植椰子、甘蔗、槟榔等经济作物（陈植，2004：377）。进入民国以后，甘蔗等经济作物的种植面积进一步扩大。许崇灏在《琼崖志略》中，根据历年《琼崖民国日报》中的记载，汇总统计出琼崖岛蔗田统计表（表2）。蔗田在耕地面积中的占比，在某些县甚至能达到30%，此数据虽误差较大，但也可一窥当时甘蔗作为农业经济作物的广泛种植情况。

表2 琼崖岛蔗田统计表（王国宪等，2006：160 – 161）

县别	蔗田面积（亩）	占当地所有耕地之成数
崖县	100 000	30%
陵水	80 000	25%
万宁	20 000	13%

（续上表）

县别	蔗田面积（亩）	占当地所有耕地之成数
临高	20 000	8%
昌化	2 000	4%
感恩	1 500	3%
定安	2 500	1%

总体而言，随着货币的使用，市场越来越完善，海南的各行业都进入了市场中，也在市场中得到了进一步的发展。以蔗糖为代表的农业生产为例，农民的生产除了满足生存所需，也越来越为满足市场的需求，农业的产品也越来越以作为商品、进入市场为衡量标准和目的。

（二）历代钱币是海南在海上丝绸之路上重要地位的历史见证

海南作为海上丝绸之路上的要冲，发现的历代文物遗迹较多，但相比陶瓷、香料，钱币所具有的金融属性和历史信息更加丰富，对于历史的解读也更加重要。货币作为从商品交换中游离出来的一般等价物，在商品交换的过程中起媒介作用。货币本身就具有内涵丰富的经济信息，它是社会生产力和商品经济发展的标志。而在政治和文化层面，货币是政治权力的象征，也是文化交流的见证。对于海南在海上丝绸之路上的重要历史地位，历代的货币是其重要见证。海上丝绸之路是一条商贸之路，只有参与了这条商贸之路的某一环节，在其商贸运转过程中使用的货币才能在该地出现。而由中国出发的海上丝绸之路，正是以海南为中转站，才会有如此多历代钱币在海南被发现。流入海南岛的历代钱币的数量、品种与海上丝绸之路的发展有密切关系，这些货币中，以宋钱和明钱为大宗。也正是在宋代和明代，海上丝绸之路的贸易额是非常巨大的。而后来随着海上丝绸之路商贸关系的变迁，欧美国家介入其中，外国的银元即"番银"也流入这条商贸之路中。通过所出土（水）钱币的变化也可了解海上丝绸之路在不同时代的发展变迁。

五、结语

通过货币视角看海南历史，除了获得对海南的历史发展，尤其是社会经济的状况更深入全面的了解外，更不能忽视海上丝绸之路对海南的商品经济尤其是货币经济发展的促进作用。虽然海南早在汉朝就已经处在中央王朝的直接治理下，但其商品经济的发展状况相比中央腹地，毫无疑问是较为落后的，在这样的情况下，即使中央强力推行统一的货币，以海南的商品经济发展状况，货币并不能得到广泛使用，也无法发挥其职能和作用。而通过海上丝绸之路，可以推动海南经济的发展，使海南岛的岛内、岛外商品流通速度都大大提高。商品经济的发展使得货币广泛使用的经济条件得以满足，而海上丝绸之路也为海南岛提供了物质条件——充足的货币。流入海南的货币阶段性特点明显，汉唐流入的货币总量较小且以铜钱为主，宋元流入的钱币总量较大且品种不止铜钱一种，明代开始出现白银，清至民国时期流入大量白银。流入海南的货币促进了海南圩镇的形成、农产品商品化程度的提高以及贸易的全球化，而作为文化遗产的历代流入的货币，也是海南在海上丝绸之路中重要地位的历史见证。

参考文献：

班固，2013. 汉书点校本二十四史精装版　第6册［M］. 颜师古，注. 北京：中华书局.

陈光良，2004. 海南经济史研究［M］. 广州：中山大学出版社.

陈植，2004. 海南岛新志［M］. 海口：海南出版社.

戴熺等，2003. 万历琼州府志　上册［M］. 海口：海南出版社.

范成大，1986. 桂海虞衡志校注［M］. 南宁：广西人民出版社.

冯雷，鄂杰，李滨，2011. 西沙群岛北礁19号水下遗存的考古调查［J］. 中国国家博物馆馆刊，（11）.

顾时宏，1993. 考古专家王恒杰在海南首次发现秦代半两铜钱［J］. 中国新闻，（12995）.

广东省编辑组，《中国少数民族社会历史调查资料丛刊》修订编辑委员会，2009. 黎族社会历史调查［M］. 北京：民族出版社.

韩海京，1992. 海南历史货币［M］. 北京：中国金融出版社.

韩振华，1988. 我国南海诸岛史料汇编［M］. 北京：东方出版社.

郝思德，2008. 南海文物［M］. 海口：南方出版社，海南出版社.

郝思德，王大新，张昆荣，2001. 海南海口金牛岭明清墓地发掘简报［J］. 南方文物，（3）.

何竟文，2014.《浮生六记》中"番银"记载及其史料价值［J］. 中国钱币，（5）.

何翔，1994. 关于海南是否出土"秦半两"的探讨［J］. 海南金融，（10）.

洪刍等，2018. 香谱　外四种［M］. 上海：上海书店出版社.

胡诚勇，2010. 海口村民在自家地里挖出130斤宋代古钱币［N］. 南国都市报，3（28）.

李昉等，2006. 太平广记·卷二百八十六［M］//海南地方文献丛书编纂委员会. 历代文人笔记中的海南［M］. 海口：海南出版社.

李峰，李海英，2003. 浅析宋代海南的货币使用和流通情况［J］. 海南师范学院学报（社会科学版），（6）.

李国祥，杨昶，1993. 明实录类纂　经济史料卷［M］. 武汉：武汉出版社.

刘琳等，2014. 宋会要辑稿［M］. 上海：上海古籍出版社.

刘跃荃，1982. 黎族历史纪年辑要［M］. 广州：广东省民族研究所.

楼钥，1935. 攻媿集·卷三·送万耕道帅琼管［M］//王云五. 万有文库　第二集七百种　宋诗

钞　1－24 册［M］. 北京：商务印书馆.

马欢等，2005. 明钞本《瀛涯胜览》校注［M］. 万明校注. 北京：海洋出版社.

明谊，2006a. 道光琼州府志·第 1 册［M］. 海口：海南出版社.

明谊，2006b. 道光琼州府志·第 4 册［M］. 海口：海南出版社.

潘廷侯，瞿云魁，2004. 康熙陵水县志　乾隆陵水县志［M］. 郑行顺，校订. 海口：海南出版社.

邱浚，1999. 大学衍义补　上［M］. 北京：京华出版社.

屈大均，1997. 广东新语［M］. 北京：中华书局.

芮锡森，何健，1997. 近代在海南流通的"番钱"［J］. 海南金融，（8）.

芮锡森，张书裔，1995. 清初琼州与日本长崎的贸易钱币［J］. 海南金融，（9）.

宋濂等，1998. 元史　上［M］. 阎崇东等，校点. 长沙：岳麓书社.

唐玲玲，周伟民，2008. 海南史要览［M］. 海口：海南出版社，南方出版社.

唐石父，2001. 中国古钱币［M］. 上海：上海古籍出版社.

唐胄，2006. 正德琼台志　上［M］. 海口：海南出版社.

脱脱等，1995. 宋史·简体字本二十六史［M］. 刘浦江等，标点. 长春：吉林人民出版社.

王大新，1996. 文昌发现窖藏铜钱［N］. 中国文物报，09－08（01）.

王国宪等，2006. 琼志钩沉　三种［M］. 海口：海南出版社.

王穗琼，1962. 黎族原始社会初探［J］. 学术研究，（2）.

王炜，2009.《清实录》科举史料汇编［M］. 武汉：武汉大学出版社.

徐继畬，1968. 瀛环志略［M］. 台北：台湾华文书局.

张瀚，2006. 松窗梦语·卷四·商贾记［M］//海南地方文献丛书编纂委员会. 历代文人笔记中

的海南［M］. 海口：海南出版社.

张劲松，1994. 从《长崎荷兰商馆日记》看江户锁国初期中郑、日荷贸易［J］. 外国问题研究，（1）.

赵汝适，1996. 诸蕃志校释［M］. 杨博文，校释. 北京：中华书局.

赵思聪，2019. 晚清民国海南贸易与海口港的变迁［D］. 海口：海南师范大学.

真人元开，1979. 唐大和上东征传［M］. 汪向荣校注. 北京：中华书局.

郑佩宜，2008. 十七世纪初以前的中菲贸易与 1603 年的马尼拉大屠杀［D］. 台北：台湾大学.

中国考古学会，1999. 中国考古学年鉴［M］. 北京：文物出版社.

周去非，1999. 岭外代答校注［M］. 杨武泉，校注. 北京：中华书局.

朱为潮，2004. 民国琼山县志　第一册［M］. 邓玲，邓红，点校. 海口：海南出版社.

（本文为广西钱币学会 2019—2020 年度学术课题"学生研究项目"结项成果）

谈泰国第十七套泰铢纸币的文化内涵

杜晴晴

（广西民族大学）

摘　要： 泰铢是泰国的官方货币，第十七套泰铢由泰国中央银行于2018年4月6日发行，是泰国目前流通的最新货币。对第十七套泰铢纸币文化内涵的研究不仅有助于我们了解泰国的文化和历史，也能更好地了解泰国的政治体制、政治现状和人文特征。第十七套泰铢纸币具有极强的故事叙述性和浓重的泰国历史韵味，却克里王朝拉玛一世到拉玛十世的历史跃然纸币上，也从侧面反映了泰国王室在泰国至高无上的地位以及泰国人民对王室的敬重。第十七套泰铢纸币防伪要点的增加，也反映了泰国纸币印刷、防伪技术的进步。

关键词： 泰国；第十七套泰铢；货币文化；却克里王朝

泰铢作为泰国的官方货币，从1902年拉玛五世发行第一套泰铢至今共有十七套。第十七套泰铢，由泰国中央银行于2018年4月6日发行，是泰国目前流通的最新货币，为拉玛十世在位时期发行的第一套泰铢，所有纸币正面的拉玛九世的头像改为了拉玛十世。拉玛十世是拉玛九世普密蓬和诗丽吉王后的独子，在四个孩子中排第二，于1972年12月28日被普密蓬国王确立为储君。

一、第十七套泰铢介绍

（一）第十七套泰铢纸币元素简介（正面）

1. 身穿陆军将官白色礼服的拉玛十世头像

第十七套泰铢纸币正面的头像均由原来的拉玛九世更换为身穿陆军将官白色礼服的拉玛十世玛哈·哇集拉隆功（图1至图5）。泰国军服受英国影响很深。英国陆军现用的热带礼服（No.3 Uniform）即为白色。

图1　20铢正面

图2　50铢正面

图3　100铢正面

图 4　500 铢正面

图 5　1000 铢正面（图 1 至图 5 来源于泰国国家银行官网）

　　拉玛十世生于 1952 年 7 月 28 日，泰文名字主要意思为"拥有雷霆威力之人"。1972 年 12 月 28 日，他被册封为王储，同时兼任皇家陆军上将、皇家禁卫军第一师禁卫团团长的职务。他在储君受封仪式上面对王室成员、政府官员和议员外交官等宣誓："将以饱满的智慧和牺牲精神，为国家和民族未来的昌盛和富强履行每一项职责，直到生命的尽头。"

　　2. 泰国国徽——大鹏金翅鸟

　　大鹏金翅鸟（图 6）分别出现在第十七套纸币正面的右上角和背面的左上角。大鹏金翅鸟既是泰国的国徽也是泰国王室的守护神，又称迦楼罗（梵文 Garuda 音译，意思是通体金色的鸟）。传说是迦叶佛和毗那达之子，印度教三大主神之一——毗湿奴的坐骑，娜迦蛇族的宿敌。

　　现曼谷大皇宫的玉佛寺佛殿外墙的底座周围，还存有拉玛三世时期由青铜浇铸的 112 个大鹏金翅鸟神像（图 7）（段立生，2005：293）。神像通身涂金，手握两蛇尾，双

图 6　大鹏金翅鸟（鹿宇，2019：11）

爪有力地锁住娜迦蛇的蛇头。泰国国徽的大鸟为鹰嘴龙眼，头顶红发，头戴金色尖顶宝塔。上身和颈部裸露，身披双翼，手臂、手腕、腰部都戴有精美的饰品。手掌、手臂弯向头部，是非常具有泰国传统民间特色南旺舞的经典造型。下身为鹰，两爪强劲有力，身体和双翼为深红色。而第十七套泰铢纸币上的大鹏金翅鸟则按币值的不同而颜色不同。关于大鹏金翅鸟，除了在印度的《往世书》和泰国的神话里有记载外，在我国吴承恩的《西游记》、庄子的《逍遥游》、云南白族的神话故事里同样存在。

3. 拉玛十世标志

图 7　拉玛三世时期的大鹏金翅鸟神像

（นางอำไพ วงศ์ปราชญ์ 等，2001：封面）

图 8　拉玛十世旗①

现泰国国王为却克里王朝的第十位世袭君主——拉玛十世玛哈·哇集拉隆功。2019 年 5 月 4 日，在曼谷大皇宫举行加冕仪式后，他的旗帜从王子旗变成国王旗，标志着泰国正式进入拉玛十世的时代。拉玛十世旗（图 8）底色为正黄色，中上方为闪耀着胜利光芒的国王皇冠图案，皇冠中间有泰国数字 ๑๐（十）的字样，两旁有两条对称的丝带。丝带的中下方是玛哈·哇集拉隆功的王室交织花押字，分别是白色、黄色和蓝色的拉玛十世封号字母缩写 ว、ป、ร。

泰国王室交织花押字为王室专属。在泰国的法律里有明文规定，在泰国注册的商标中，禁止使用王室或政府部门使用的军械、盔饰、旗帜、称号、交织花押字等。其中提到的交织花押字即王室旗帜中所使用的花押字。王室花押字通俗来说可以理解为一种特殊的签名，类似我国的印章落款、古代皇帝玉玺上的刻字等。其字体与平时书写的不同，往往独树一帜，在我国古代很多书法字画中也同样存在花押。

---

① https：//th. hujiang. com/new/p1315511/.

（二）第十七套泰铢纸币元素简介（背面）

1. 却克里王朝标志

却克里王朝又称曼谷王朝，始于1782年，拉玛一世昭披耶却克里从吞武里迁都至曼谷，从此泰国进入却克里王朝。每个王朝国家都有自己的标志，却克里王朝也不例外。却克里王朝的标志（图9）主体由三叉戟和法轮组成。三叉戟的手柄上有金色的华丽雕花，三个叉刃为银色，中间最高的代表国王，左边代表宪法，右边代表佛教。标志上的法轮有三层轮辐，法轮表达庄严、法力无边，代表着佛教的佛法，转法轮有着传佛法的意思。在《解深密经》中三转法轮代表释迦牟尼传授佛经的三个阶段。[2]

图9　却克里王朝标志[1]

2. 20铢的背面

20铢的背面（图10）正中间为拉玛一世昭披耶却克里（原名通銮）和拉玛二世依刹罗颂吞，左下方为拉玛一世修建的曼谷大皇宫，右下方为拉玛二世的代表作宫廷诗剧《伊瑙》。国王都身穿泰国古代国王加冕的华服，手持王剑。拉玛一世为却克里王朝的开国皇帝，曾为吞武里王朝郑信大帝麾下的名将，与郑信一起击退缅兵，统一全国，成为皇宫卫队队长。1782年暹罗发生兵变，率军回到暹罗，平定了叛乱，处决了郑信。1782年4月6日通銮接受了王位，建立却克里王朝。（戴维·K.怀亚特，2009：129）现泰国将每年的4月6日定为"却克里王朝纪念日"，为泰国的假日。拉玛一世可以算是一位颇有功绩的开国皇帝。

图10　20铢背面（泰国国家银行官网）

---

① http：//en. wikipedia. org/wiki/Chakri_dynasty.

② 维基百科，https：//zh. wikipedia. org/wiki/% E4% B8% 89% E8% BD% 89% E6% B3% 95% E8% BC% AA.

建朝初期，拉玛一世不惜人力物力，把大城（阿瑜陀耶）遗留的砖运来曼谷，按照阿瑜陀耶皇宫的版图，坐南朝北临河修建曼谷大皇宫，历时 3 年，大皇宫总面积约21.84 万平方米（段立生，2005：289）。整体由摩天宫殿建筑群、节基皇殿建筑群、玉佛寺建筑群和兜率皇殿组成，共 28 个建筑。原为国王的住所，拉玛八世后，国王不再居住于此，开放为可供世界各国人民参观的旅游景点。现已成为泰国最著名的旅游景点之一。

拉玛二世为拉玛一世之子，登上皇位时已经 41 岁。虽然在位时间不长，但是他提出了一种新的任命形式：他任命王子们取代之前的贵族官员去监管各部门和中央行政管理部门的事务（戴维·K. 怀亚特，2009：148）。整体上看，曼谷王朝第二代统治者给人的印象是对国家的领导显得犹豫和不确定。这是一个既没有强有力的皇家领导也没有干劲十足的部长们推动的时期。拉玛二世被世人记住的主要原因是他作为泰国最伟大的诗人之一的身份（戴维·K. 怀亚特，2009：152）。纸币上的宫廷诗剧《伊瑙》讲述的是一个英雄美人的故事，是泰国古代叙事文学的类型之一，创作于 1809—1824 年，虽取材于印尼爪哇民间传奇故事——班基故事，但其中山川地貌、风土人情均为曼谷王朝初期的景象，表现风格、故事情节均为泰式（余益中，2012：209）。剧中诗句优雅纯正，刻画的人物形象种类多样。1919 年泰国文学俱乐部将《伊瑙》评选为古典诗剧之冠。

3. 50 铢的背面

50 铢的背面（图 11）正中间为拉玛三世孟昭策陀和拉玛四世孟固王，左下方为泰国的方帆船，右下方为泰国碧差汶里府的拷汪行宫。拉玛三世身穿泰国古代国王加冕的衣服，而拉玛四世身上的服饰已开始逐渐西化。

图 11　50 铢背面（泰国国家银行官网）

拉玛三世在继承王位时存在一定的争议，拉玛三世为拉玛二世的大儿子，1788 年为一个妃子所生，而与其存在权力争议的孟固（后为拉玛四世）为拥有皇室血统的王后拉玛一世的姐姐于 1804 年所生。几百年来，暹罗民众认为王后所生的（尤其是具有皇家血统的王后）王子比那些妃子所生的王子地位更高（戴维·K. 怀亚特，2009：152）。

拉玛三世同拉玛一世一样是位十分有魄力的君主，在与周边国家南征北战的几十年中扩大了暹罗对周边国家的影响力。同时拉玛三世也是一名很成功的商人，拥有自己的船只。贸易的船只从一开始的为华人所造，变成暹罗自己制造。钞票上的方帆船的图案，就很有代表性。除此之外，钞票上方帆船的甲板正上方还坐着一位僧人，这可以说是拉玛三世推崇佛教、维护佛教的价值观的体现。

从钱币上拉玛四世的服饰即可看出这一时期拉玛四世已经改革国内的服饰，开始向西方学习。在周围国家相继成为西方国家的殖民地后，暹罗从原本的与周围国家的对抗变成了同西方国家的对抗。1851 年，拉玛四世孟固王登上皇位，在此之前拉玛四世以僧侣的身份游历了全国，他精通巴利文，并多次与西方的传教士交谈，表现出很强的语言天赋。但当需要与经济和政治迅速发展的政治强国抗衡时，为保护暹罗的主权，使之避免沦为西方国家的殖民地，1855 年拉玛四世与英国驻香港总督鲍林签订了不平等条约——《鲍林条约》。并在之后的十年里，也相继和法国、美国等十几个国家签订了类似的不平等条约。（戴维·K. 怀亚特，2009：171）

在与西方的不断交往中，西方的影响也融入建筑中，拉玛四世除了修建具有泰国特色的风格建筑外，还在泰式的基础上融合维多利亚式的建筑风格，在依山傍海的拷汪山上修建了拷汪行宫，这是拉玛四世最喜欢的夏季避暑行宫。维多利亚式建筑的特色是三角形的山墙和轴轮状或扇形的斗拱。拷汪行宫的圆形灯塔，上下两层都为弧形的拱肩，屋顶为圆形凸起的绿色琉璃穹顶，为典型的维多利亚式的建筑，灯塔前还有一个很高的旗杆。傍晚时，会点亮灯塔的灯，灯光可以为海上的船只指明方向，使他们平安准确地驶入班兰湾。

4. 100 铢的背面

100 铢的背面（图 12）正中间为拉玛五世朱拉隆功和拉玛六世瓦栖拉兀，左下方为拉玛五世访问欧洲时的场景，右下方为拉玛六世训练皇家野虎军团的场景。拉玛五世朱拉隆功，为却克里王朝最伟大的国王之一，在泰国最困难的时期，带领着泰国在西方国家的虎视眈眈中前进。1868 年他继承王位时，才 15 岁，直至 1873 年第二次加冕成为正式的国王。在之后颁布了一系列历史上称为"朱拉隆功改革"的法令。设立枢密院——一个拥有立法权力的机构。在皇宫中增设了秘书处、皇家审计办公室、皇家侍卫军团等有意义和实用的新职位，多由既受过暹罗传统教育又有西方留学经验的王子担任。并于 1905 年废除奴隶制，使泰国成为一个近现代化国家。（戴维·K. 怀亚特，2009：197）

图 12　100 铢背面（泰国国家银行官网）

拉玛五世分别在 1897 年和 1907 年两次到访欧洲，成为第一个跨出国门的泰国国王。其间访问了意大利、瑞典、丹麦、德国、荷兰、英国、法国等国，旨在学习西方先进的文化、政治、技术，使泰国成为一个现代化的国家。（戴维·K. 怀亚特，2009：199）

拉玛六世瓦栖拉兀为拉玛五世和王后绍瓦帕所生的大儿子，拉玛六世在管理国家的作风上，并没有得到国民的民心也没有广泛的贵族支持者。在他第二次加冕时，花费超过 500 万泰铢，相当于当年国家预算的 8% 左右。铺张浪费是他统治期间的一个特点。（戴维·K. 怀亚特，2009：214）

1911 年 5 月，拉玛六世受英国志愿军的启发，建立了皇家野虎军团，一个全国性的大众准军事部队。军团的主要功能是保卫"国家、宗教和国王"免受所有敌人（包括国内国外）的攻击，同时促进暹罗国家的统一。军团入团门槛很高，为国王个人创造的一种追随团体。（戴维·K. 怀亚特，2009：214）

5. 500 铢的背面

500 铢的背面（图 13）正中间为拉玛七世巴差提朴和拉玛八世阿南塔·玛希敦，左下方为 1932 年君主立宪制被推翻后，拉玛七世授予军政府领导者《暹罗王国宪法》的场景，右下方为拉玛八世与弟弟（拉玛九世）访问曼谷中国城的场景。

图13　500铢背面（泰国国家银行官网）

1925年，巴差提朴继承王位成为拉玛七世。1935年拉玛七世放弃王位，移居英国，成为泰国却克里王朝在位时间最短的国王，也是最后一位君主制国王。1935年3月2日，拉玛七世退位时，发布了一条言简意赅的公众信息：我乐意把我以前行使的权力上交给作为整体的观众，但是我不想把它们转交给任何个人或者任何团体去以一种民主的方式来使用，却没有听到民众的声音。（戴维·K. 怀亚特，2009：240）

在拉玛七世退位后，其侄子阿南塔·玛希敦接受了王位，当时拉玛八世还是一个在瑞士的10岁小孩。拉玛八世的童年大多数时间在瑞士度过，于1938年和1945年先后两次以国王的身份回国访问。1946年4月9日，在王宫中意外中弹离世，拉玛八世的死因至今是个谜。纸币上的玛希敦为了缓和战后华人与泰人之间的紧张关系，访问了当时的三聘街（现在的曼谷唐人街）。

6. 1 000铢的背面

1 000铢的背面（图14）正中间为拉玛九世普密蓬·阿杜德和拉玛十世玛哈·哇集拉隆功，左下方为拉玛九世访问那空帕农府时的感人场景，右下方为拉玛十世在陶公府指挥邦纳拉水坝建设的场景。

图14　1 000铢背面（泰国国家银行官网）

拉玛九世普密蓬为拉玛八世的弟弟，1946 年 6 月 9 日继位，2016 年 10 月 13 日逝世，为泰国历史上在位时间最长的国王。他在位期间常奔走于泰国的各个角落，到访过泰国的每一个府。

泰国人民对普密蓬国王十分敬重。1955 年 11 月 13 日下午，普密蓬国王与诗丽吉王后一同访问了那空帕农府，这是国王和王后第一次访问这一地区。1 000 铢背面图案上的 Tum 奶奶出生于 1853 年，当时已经 102 岁。知道当天国王要来，便一大早就让孙辈们带她到政府指定的迎接地点的最前边，手里捧着三朵粉色荷花等着国王的到来。奶奶从早上到下午都心情愉悦地等着，烈日当空，直到手中的花凋谢了，但奶奶依然心情明朗。当国王到来时，径直走向了 Tum 奶奶，Tum 奶奶便立即将粉色的荷花举起敬给国王，表示最崇高的敬意。国王俯身直至他的脸几乎靠近奶奶的头，温柔地笑了，轻轻地抚摩着奶奶的手，仿佛还和奶奶说着什么，但没有人知道殿下和奶奶说了什么，只留下了这张美好的照片和感人的故事。国王回到行宫后，还给奶奶寄去了这张照片，Tum 奶奶直到去世的时候（3 年后）都依然感到非常幸福。

拉玛十世玛哈·哇集拉隆功为现任泰国国王，在陶公府指挥邦纳拉水坝建设，旨在造福各方居民、调节径流、用于防洪和发电等。

二、第十七套泰铢纸币上所体现的文化内涵

1. 防伪反假技术的进步

除了在纸币的图案上与第十六套泰铢不同，第十七套泰铢纸币在防伪技术上也进行了全面升级。尤其是面值 500 铢与 1 000 铢的防伪设计，比以前版本和其他面值的泰铢都更加精美先进。

其中第十七套泰铢左方的浮水印里的面额数字由竖排式改为横排，并将上面的泰国数字改成阿拉伯数字。旧版的安全线在纸币的背面，现第十七套的安全线在正面，为光变镂空开窗安全线。在面值 20 铢、50 铢和 100 铢的安全线上分别可以看到"20 บาท""20BATH""50 บาท""50BATH""100 บาท""100BATH"的字样。500 铢和 1 000 铢的安全线则较宽，随倾斜角度的不同，500 铢的由粉色变成绿色并存在不同光线下的长方形动态图案，1 000 铢的则由金色变成绿色，也存在动态变换的图案。第十七套泰铢较旧版在正面中下方一装饰图案上还增加了隐形的面额数字。将票面置于与眼睛接近平行的位置，面对光源做上下倾斜晃动，可以看到隐形面额数字部分出现纸币面额的阿拉伯数字字样。最后，旧版的泰铢上国徽大鹏金翅鸟的位置在正背面的位置是不同的，在第十七套泰铢上，大鹏金翅鸟的位置是前后一致、正背面完全重合的。

除此之外，第十七套泰铢的纸币 500 铢和 1 000 铢的还有五处与同系列其他面值纸币不同的防伪标识：①500 铢和 1 000 铢的正面中心"รัฐบาลไทย"（泰国政府）的字样为凹版印刷，用手指触摸有明显凹凸感；②在 500 铢和 1 000 铢正面左半部分增加了其他面值没有的一组淡黄细闪的花纹；③500 铢和 1 000 铢的正面的面额数字采用 3D 光变油墨印刷，当垂直观察票面时为金色，倾斜一定角度则变为绿色，并带有不同的光斑、光圈，光斑和光圈随倾斜角度的变化而变化。④500 铢和 1 000 铢的正面右下角的面额采用凹版印刷，用手指触摸有明显凹凸感，并且 1 000 铢的阿拉伯数字"1 000"与拉玛十世的肩章不对齐，其他面值的则与之对齐。⑤500 铢和 1 000 铢在特定波长的紫外光下可以看到横排的"๕๐๐""๑๐๐๐"泰文面额和竖排的"500""1 000"阿拉伯数字面额，该图案采用荧光油墨印刷，可供机读。防伪技术的增加和改进，也从侧面反映了泰国纸币防伪技术和印刷技术的进步。

2. 浓重的却克里王朝皇室色彩和历史韵味

第十七套泰铢纸币上人物众多，与第十六套的泰铢相比，第十六套泰铢五个面值的背面分别为泰国历史上的五大帝：素可泰王朝兰甘亨、阿瑜陀耶王朝纳黎萱、吞武里王朝郑信、却克里王朝拉玛一世和拉玛五世。总共有 5 位皇帝，仅有 2 位为却克里王朝的皇帝。而第十七套泰铢每个面值除了正面为拉玛十世玛哈·哇集拉隆功身穿泰国空军的军装的头像外，背面皆为不同的两位却克里王朝的君主，共有 5 种面值、10 位皇帝。从拉玛一世到拉玛十世，都为却克里王朝时期的人物，且都为皇室君主，按照历史顺序，依次递进。

较之前的旧版泰铢相比，第十七套泰铢包含的却克里王朝色彩更浓重，第十五套泰铢虽背面是国王，但基本都是国王的雕像，可以说是事实存在的景观，纸币图案也有以景物为主的，如面值 500 铢的背面为拉玛三世像和 Wat Ratchanatdaram Worawihan 寺。第十四套泰铢面值为 1 000 铢的背面是关于诗丽吉王后和普密蓬国王在陶公府视察水库水坝建设情况的图案，第十二套面值为 10 铢的背面为拉玛五世骑马像，面值为 20 铢的背面为在尖竹汶府的吞武里王朝郑信大帝像，面值为 100 铢的背面则为在素攀武里府的阿瑜陀耶王朝的纳黎萱王。与之前的泰铢相比，可感受到第十七套泰铢纸币上浓重的却克里王朝色彩和历史韵味。

3. 二元制君主立宪制的政治体制和政治现状

泰国是东盟十国中现存的三个君主立宪制国家之一，与马来西亚和柬埔寨的议会制君主立宪制不同，泰国为现存的少数二元制君主立宪制（以下简称二元君主制）国家。现泰国国家领袖为总理巴育·占奥差和国王拉玛十世玛哈·哇集拉隆功。二元君主制以君主为中心，国家元首为世袭君王，拥有实权。

在 2016 年 10 月 13 日之前，拉玛九世普密蓬国王作为泰国在位时间最长的国王，在位的 70 年中一直在泰国政坛发挥着举足轻重的"调节器"作用。拉玛九世普密蓬国王去世后，2019 年 5 月 4 日至 6 日拉玛十世举行加冕仪式。

泰铢与东盟中君主专制国家的文莱所使用的文莱元相比，文莱元的面值较少，其纸币的正面虽为国王苏丹哈吉·哈桑纳尔·博尔吉亚的头像，背面却是不同的风景建筑物，如面值为 1 000 和 10 000 的文莱元背面为文莱的新财政大楼和新国会大楼，这与第十七套泰铢正背面都为国王是不同的。与同为君主立宪制国家的柬埔寨所使用的瑞尔相比，瑞尔纸币面值众多，其纸币的正面除国父诺罗敦·西哈努克外，还有众多的风景名胜图案而不是人的图案。其中，1 000 瑞尔的正面图案为吴哥窟，背面图案为湄公河，2 000 瑞尔的正面为帕威夏寺，背面为吴哥窟内正在工作的工人。柬埔寨的瑞尔上出现了普通的工人阶级，这在泰国第十七套泰铢及其之前所有版别的泰铢的正中心位置都是不存在的。

2019 年 3 月 24 日泰国举行新一届大选。6 月 5 日新一届国会上下两院投票选举总理，作为军政府代表的巴育总理再次连任。7 月 10 日国王御准新一届内阁名单，7 月 16 日全体阁员宣誓就职。2020 年 2 月初至 8 月底，泰国街头学生的示威活动频发，也有部分民众在第十七套泰铢纸币正面的拉玛十世头像上进行涂鸦。这些都可看出在长期威权、王权主宰的泰国政坛，民众在政治诉求方面正出现明显的分化。

三、结语

第十七套泰铢的纸币具有浓重的泰国历史韵味，这一套纸币可以说是却克里王朝历史画卷的一个缩影，却克里王朝拉玛一世到拉玛十世的历史跃然纸上。如果说邮票是一个国家的形象大使，那纸币则是国家更为正式的名片。第十七套泰铢的纸币具有极强的历史故事叙述性和景点介绍能力。纸币上一幕幕生动的场景叙述着泰国历史上的一个个重要的故事，一幅幅精美的图画展示着泰国著名的景点。

对比泰国旧版的泰铢和其他君主立宪制国家的钱币，如同为君主立宪制国家的英国的英镑，并非正反面都为国家君主，虽然正面同为国家君主的头像，但现流通的英镑背面则分别是现代经济学之父亚当·斯密，工程师马修·博尔顿、詹姆士·瓦特，首相温斯顿·丘吉尔，小说家简·奥斯丁，画家特纳等的头像。与英镑和旧版的泰铢对比可见：第十七套泰铢的纸币具有浓重的泰国却克里王朝王权特性，第十七套泰铢的纸币正背面都是国王，而且共有三位却克里王朝的国王都在纸币的中心位置，这在其他君主立宪制的国家很少见，这从侧面反映了泰国王室在泰国具有至高无上的地位，同时也从侧面折射出泰国的历史传统和政治现实。

参考文献：

巴妮·莲蒲通，2019. 当代泰国社会、文化与政治透视［M］. 余承法，译. 长沙：湖南人民出版社.

戴维·K. 怀亚特，2009. 泰国史［M］. 郭继光，译. 上海：东方出版中心.

段立生，2005. 泰国文化艺术史［M］. 北京：商务印书馆.

樊庆彦，2007. 大鹏形象的演化及文化意蕴［J］. 中国矿业大学学报（社科版），（1）.

韩东，2013. 泰奇幻：深入泰国的奇幻之旅［M］. 北京：机械工程出版社.

赖永海，2010. 解深密经［M］. 赵锭华，译注，北京：中华书局.

鹿宇，2019. "一带一路"图志·泰国［M］. 北京：中国地图出版社.

戚盛中，2017. 泰国民俗与文化［M］. 北京：北京大学出版社.

史国栋，2016. 泰国政治体制与政治现状［M］. 苏州：苏州大学出版社.

王铭洛，2005. 东盟十国货币文化演变的历史考察［J］. 广西金融研究，（增刊二）.

余益中，2012. 东盟文学［M］. 桂林：广西师范大学出版社.

赵盾，2003. 中泰的物证：泰国发行 100 周年纪念钞［J］. 广西金融研究，（增刊二.）.

周方冶，2011. 王权·威权·金权：泰国政治现代化进程［M］. 北京：社会科学文献出版社.

นางอำไพ วงศ์ปราชญ์. นายทนัสไชย พรอำไพ. นางสาวศิรินันท์ บุญศิริ, 2001. ครุฑ[M].กรุงเทพฯ: บริษัท อมรินทร์พริ้นติ้งแอนด์พับลิชชิง จำกัด(มหาชน) .

（本文为广西钱币学会 2019—2020 年度学术课题"学生研究项目"结项成果）

曼谷王朝拉玛四世时期的货币文化

熊伟玲

（广西民族大学）

摘　要：货币文化是人类思想意识形态、精神财富的体现。本文以泰英双方在1855 年签订《鲍林条约》为时间节点，把拉玛四世统治期间的货币分为两个时期，即前期和中后期，从货币图案、制造工艺等方面介绍拉玛四世统治期间的货币种类，并分别探索两个时期的货币存在的文化内涵。虽为两种不同的货币，但都蕴含着深厚的佛教文化和象征着王室的权力。探讨此条约对于泰国货币的影响，有助于我们直观认识两个时期货币的变化。

关键词：泰国；拉玛四世；货币文化

货币是人类发展与社会经济的产物，同时也是一个民族文化的结晶，它可以从侧面反映出一个国家的经济、政治、文化等发展历程。泰国货币形式多样，做工精湛，就其货币本身而言，每个朝代的货币都具有其独特且丰富的历史文化内涵。早期的泰国市场上会使用一些贝壳、盐、家禽、鱼、金或银等来充当一般等价物交换商品（阿查拉·劳达关，2015），但是大部分交换物在流通中存在不便保存及运输困难的问题，所以到最后只有金、银和贝壳还一直被当作等价物使用着。随着经济社会的发展，货币的形式也随之发生改变（王伟民，1988）。拉玛四世统治时期（1851—1868 年），泰国与英国签订了《鲍林条约》，这个不平等条约是英国用强力彻底打开泰国国门的武器（段立生，2014：171），从此以后泰国不再处于封闭状态，同时国内商品经济也受到强烈冲击，这导致了泰国社会各方面受到强烈冲击并发生巨大转变。商品经济的发展使得货币的需求量急骤增加。为了解决贸易量扩大带来的货币严重不足和商品货币经济形式转变给国家带来的各种问题，泰国不得不对现有流通的货币无论是材质、重量还是外形等进行改革与调整。本文以《鲍林条约》的签订为时间节点，把拉玛四世时期的货币分为两个时期，即前期和中后期。前期继续沿用拉玛三世时期的货币。签订条约以后，中后期的货币无论是外形、工艺、材质还是文化内涵等方面都发生了很大的变化。尽管《鲍林条约》是个不平等的条约，但它是打开泰国国门的第一把钥匙，对泰国社会有着深刻意义。探讨此条约对于泰国货币的影响，有助于我们直观认识两个时期货币的变化。

一、拉玛四世统治前期的货币

在拉玛四世统治前期，泰国主要使用的货币大多数为古老的贝壳钱与丸型硬币。因为是沿用拉玛三世时期的货币，所以其外形和文化内涵与拉玛三世时期的货币相似。另外，此阶段货币交换制度也相对简单，主要是由泰国当时的社会经济发展水平及时代背景决定的。

（一）贝壳钱

贝壳钱（图1）具有货币之祖的历史地位，它不仅在中国是最早的通货，在印度、日本、泰国甚至还有更多国家与地区，也是货币的鼻祖。泰国古代大部分贝壳钱主要是由外国商人从海上获取并售卖到泰国，是古代泰国货币体系中不可缺少的一部分。贝壳钱一直沿用到拉玛四世统治初期，随着拉玛四世引进西方制造钱币技术，才被扁平硬币代替并逐渐从泰国货币体系中消失（王伟

图1　贝壳钱（泰国钱币博物馆藏）

民，1988）。在拉玛四世治初期，泰国市场上使用的贝壳钱主要有八种，其外形和币值都不大相同。贝壳钱的换算方法也是随着市场改变而改变的，贝壳钱的换算汇率是由外商带来贝壳钱的数量决定的。拉玛三世时期以及拉玛四世初期，外地商人带来了大量贝壳钱，导致通货膨胀。一千三百贝壳钱等值于一逢，或者是一万零四百贝壳钱等值于一铢。

（二）丸型硬币

从素可泰王朝到曼谷王朝早期，泰国就一直使用丸型硬币（图2）。这种硬币实际上是一种仿贝，纯手工打造，在泰国的使用历史可回溯至13世纪素可泰王朝初年，历经大城王朝及吞武里王朝，一直到1905年拉玛五世颁布禁令停止流通丸型硬币（龙村倪，1995）。丸型硬币是用纯银纯手工制作而成的，敲打纯银块的两头使其往中间蜷

曲，从而形成一个小巧的椭圆形的丸型硬币。丸型硬币共有六面，顶面印着国印，前面盖着王徽，两头尾部有切痕或者是类似米粒的印痕，后面为空白面，左右两面有敲打使其蜷曲的锤印，底面是印痕（覃秀红，2005）。因为丸型硬币外形很像一种蜷曲着身子的虫子，泰语称之为"Duang"，所以泰国人把丸型硬币称为"Pod Duang"（"พดด้วง"）。也因为硬币蜷曲的形状似子弹，所以西方人则称之为 Bullet Coin，即"子弹钱"。拉玛四世时期的丸型硬币顶面为国印，它是由六小瓣且有小点点缀相连形成的神盘。正面印着王徽，王徽主要有三种形状，包括尖顶冠形状、藤编王冠形状和黄金王冠形状（覃秀红，2005）。尖顶冠形状主要用于币值为一铢、二钱、一钱、一逢、二拍和一拍的硬币；藤编王冠形状主要印在纪念币上，币值分别有一斤、半斤、十铢、四铢和二铢；黄金王冠形状用于币值为一铢、二钱、一钱、一逢的硬币，而这些丸型硬币形状与其他的不一样，它们的两头不往中间弯曲。除此以外，这些印了黄金王冠的硬币币值比形状大小相同的银制硬币高 16 倍；还有一种用金或银制作而成的硬币，没有国印但印着形似葫芦的图案，主要见于一钱、一逢、二拍和一拍的硬币上[1]。拉玛四世统治时期与以往朝代的丸型硬币计量方式大致相似，分别是：四拍＝一逢；二逢＝一钱；四钱＝一铢；四铢＝一丹楞；二十丹楞＝一斤。

图 2　拉玛四世时期丸型硬币（泰国钱币博物馆藏）

（三）前期货币的文化内涵

国印和王徽的图案随着王朝更替而变换。国印和王徽不仅是一个朝代的印记，更加具有防伪的实用性功能，凡是制造伪币或私自在硬币上做标记的人都会受到严惩。拉玛四世时期的丸型硬币上的王徽主要是以王冠为主，无论是哪种样式的王冠都象征着国王至高无上的权力。泰国是一个君主立宪制国家，国王拥有至高无上的权力与荣誉。按照泰国宪法的规定，泰国国王是国家元首、三军统帅，也是佛教及宗教的守护

---

[1]　详情见泰国钱币博物馆官网，http//coinmuseum. treasury. gp. th/en/。

者。佛教作为泰国的国教，佛教文化影响着泰国社会的方方面面。丸型硬币上的神盘、脉轮图案都是佛教文化的印记。

二、拉玛四世统治中后期的货币

19 世纪中叶，英国率先完成工业革命，国家逐渐强大，从而四处殖民侵略扩张。西方国家争夺世界霸权和殖民扩张越来越激烈，亚洲俨然已成为西方国家争夺的战场之一。英国为了增强国力和扩大垄断资本，采用软硬兼施的措施，迫切想和泰国签订条约。1855 年，拉玛四世与鲍林签订的《鲍林条约》无疑是泰国近现代史上第一个不平等条约。泰国签订这个条约，英国取得了渴望已久的领事裁判权；在泰国的所有港口，英国商人可以自由贸易；在贸易方面，英国商人可以不经过第三者干预就与个人直接进行交易等（段立生，2014：171）。《鲍林条约》的签订，开启了泰国历史上允许外国人在本国土地上自由贸易经商的先例，因此它是打开泰国闭关锁国的第一把钥匙。拉玛四世对英国作出了种种让步，企图以此来获取西方好感。但实际上，这个条约大大丧失了泰国的主权，同样也对国家以后的社会和经济生活产生了巨大的影响。正是在这样的时代背景下，贸易激增促使拉玛四世对原有的泰国货币进行变革，开始制造仿欧式的扁平硬币。所以拉玛四世中后期的货币以扁平硬币为主。

（一）仿欧式扁平硬币

1856 年，拉玛四世尝试性地改变硬币形状，根据大小和重量并使用捶打的方式使金属形成薄片，然后再使用一种特定装置在金属片上刻画图案，最后再将其切割、冲压和敲打形成圆形[①]。运用这种方法首次敲打出了面额为一钱的金币，硬币上刻着脉轮、王冠和类似炉子的图案。人工捶打的方式使得硬币生产速度缓慢且形状不齐。随着对外贸易的迅速增长，依然无法更好地为泰国的货币短缺问题提供解决方案。

1857 年，英国维多利亚女王了解到硬币制造机械的必要性且意识到泰国硬币短缺的问题后，就给泰国送来了一台小型造币机。由于这台造币机很小并且是人工手动工作，生产效率很低，所以也很难满足市场需求。这是泰国第一台用来制作硬币的机器。生产出来的第一批硬币的正面是国王的王冠，两边有御伞，周围布满树枝形状，并且边界印有星星以表示硬币的币值，一颗星代表一逢。而背面是一只大象站在脉轮中间，周边是十到十二块类似刀片的图形，上方同样刻着与正面一样的代表币值的星星。拉

---

① 详情见泰国博物馆官网，http//coinmuseum. treasury. gp. th/en/。

玛四世把这些硬币命名为"皇家贡品硬币"（泰语为"เหรียญเงินบรรณาการ"，图3）。1858年，泰国外交部从英国订购了一台新的大型蒸汽铸币机，拉玛四世便命令在王宫的财库前建一座硬币铸造厂，并命名为"皇家西提甘硬币厂"，寓意为富裕与成功（覃秀红，2005）。新型铸币机的到来代表着手工造币时代的结束。

图3 皇家贡品硬币"一逢"（泰国钱币博物馆藏）

1862年，泰国政府下令让铸币厂生产锡币以代替市场上还流通的贝壳钱（中山大学东南亚史研究所，1987：173），当时生产了两种锡币，分别是阿塔和索洛（图4）。阿塔的面额较索洛大，一阿塔相当于八分之一逢；一索洛相当于十六分之一逢。硬币的一面中间刻着大象图案，图案上方刻着泰语，下面刻着中文，两边用英语表示面额大小。硬币上刻着三种语言便于各国商人认识泰国硬币，另一面则刻着硬币的生产年份。

图4 阿塔（左）、索洛（右）（泰国钱币博物馆藏）

1863 年，政府又发行了一系列金币①，这些金币图案与前面的硬币图案大致相同，依然是正面刻着王冠的图案，反面为脉轮与大象的图案。这系列金币有半逢、半钱、半铢、铢和半丹楞。同年，泰国政府发行了另外三种高额扁平金币，分别是托刹、批刹和帕特登（图5）。当时泰国在与外国贸易过程中引进了大量金币，所以拉玛四世也下令制造一些金币用来流通。一托刹等于二丹楞或者八铢（十托刹为一斤，价值相当于当时的一英镑），硬币托刹直径为2.2 厘米，重7.42 克，厚1 毫米；一批刹等于一丹楞或者四铢（二十批刹为一斤），硬币托刹直径为1.7 厘米，重3.88 克，厚1 毫米；一帕特登等于一丹楞或者二点五铢（三十二个帕特登为一斤），硬币帕特登直径为1.6 厘米，重1.83 克，厚0.8 毫米。因为银质硬币的价值较低，通常不足以供应市场流通。所以生产这三种硬币的币值很高，能满足贸易交换中产生的货币需求，从而给贸易带来巨大便利。这三种硬币一直到1908 年才停止在市场上流通。

图5　托刹（左）、批刹（中）、帕特登（右）（泰国钱币博物馆藏）

1865 年，拉玛四世下令让铸币厂铸造两种铜质硬币。面额介于银币与锡币之间。面额大的称作"斯卡"，两个斯卡硬币相当于一逢；面额小的称作"斯奥"，四个斯奥硬币为一逢（图6）。正面是拉玛四世的王冠，两边刻着御伞，周围是树枝图案。后面是一只大象站在脉轮中间，上面写着泰语，左边是阿拉伯数字，右边是代表"逢"的英文字母"F"，下面是中文数字。生产铜质钱币斯卡和斯奥主要是替代市场上流通的

---

①　详情见泰国财政部官网：http：//mof.go.th/en。

丸型硬币。货币标准可以总结如下：五十贝壳钱＝一 索洛；二索洛＝一阿塔；二阿塔＝一拍；二拍＝一斯卡；二斯卡＝一逢；二逢＝一钱；四钱＝一铢；十钱＝一帕特登；四铢＝一丹楞；四铢＝一批刹；八铢＝一托刹；二十丹楞＝一斤。

除了以上在市场上流通的货币之外，在 1864 年，拉玛四世为了庆祝自己六十岁诞辰，便下令铸造了一款扁平圆形的皇家纪念硬币。同时生产了金币和银币，重量大概为六十克，这个数字代表了国王诞辰。纪念币正面中间是国王的王冠，王冠左右两边各一个御伞，周围遍布树枝的形状；同时还有三十二颗星星围成一圈，每颗星代表一逢，即价值为三十二逢；星星外面还有两层花朵围成一圈；背面中间刻着泰文"暹罗"字样，上下左右则分别刻着"郑"明""通""宝"四个汉字（图 7）。"郑明"是拉玛四世的中文名字，"通宝"则表示钱币。

图 6　斯奥（左）、斯卡（右）（泰国钱币博物馆藏）

图 7　"郑明通宝"纪念币（泰国钱币博物馆藏）

（二）中后期货币文化内涵

1. 大象文化

从中后期货币的图案可以看出，硬币的背面基本上都有一只尺寸不一的大象"站"在法轮中央。泰国曾被誉为"万象之国"，拉玛四世是第一个在硬币上使用大象图案的国王，这反映了大象在泰国人心中的地位。而白象尤为珍贵，在古代的时候，泰国跟缅甸为了争夺两只白象还发生了"白象之战"，由此可以看出泰国白象的珍贵。无论是白象还是普通大象，它们都被认为是泰国的象征，是泰国人认为最重要的动物。泰国人认为大象是集荣誉、尊贵和力量于一身的美好化身，他们将大象视为国宝和自己家园的守护神。泰国大象文化与泰国历史共存，以一种信仰的形态存于泰国社会的各个方面，不单单体现在货币上，更是在王室、宗教、建筑、艺术等各方面都烙上了大象的印记，它是泰国文化的图腾，是泰国人民的精神象征。

2. 佛教文化

这些硬币还透露出泰国浓厚的佛教文化，上述硬币的反面都有一个法轮图案，而这是佛教文化在硬币上留下的烙印。泰国信奉上座部佛教，人们的生活受佛教影响深远。在历代统治者的大力倡导下，佛教成为泰国国教和泰国社会的重要精神支柱，并且深深地扎根于泰国的文化活动、语言文学、传统艺术、民众教育和治国理念等方面。在泰国，国王都是佛教的信奉者，是佛教最忠实的拥护者。这种根深蒂固的佛教思想，俨然已经成为一种精神文化伴随着朝代更替和社会发展，它无形之中影响着人们的思维方式和生活习惯。货币是一个朝代的印记，是一段历史沉淀后的结晶，货币文化更是历史意识集中的体现，泰国货币上承载了佛教文化是历史的必然选择。

3. 反映中泰关系

中国的汉字在世界语言宝库中，有着不可或缺的重要地位。古代由于华人大量移民到泰国经商，并在这个国家取得不错的经济实力，因此在市面流通的一些货币中带有中国汉字，如锡币阿塔和索洛上用汉字表示货币的面额，其目的是让华人使用货币时更加容易辨识。另外在"郑明通宝"纪念币上，明显可以看到四个汉字。中泰两国交往始于公元前 2 世纪，之后没有间断并一直延续到近代（徐孝通，1999）。吞武里王朝结束后，拉玛一世为了继续维持中泰之间的关系，致书清政府时自称郑信（吞武里王朝的创始人）之子，名叫郑华。此后的每一代国王都有一个中文名字，而拉玛四世叫郑明。这些带有中国汉字的货币直接反映了中泰友好的关系，也从侧面反映了中国文化对泰国的影响。

三、《鲍林条约》对拉玛四世时期货币的影响

（一）使得货币形式多样化

在拉玛四世前期，其货币主要为贝壳钱和丸型硬币。因为生产缓慢，钱币数量不足，所以货币短缺的状况频发。泰国财政部生产硬币的炉子只有十个，一天最多只能生产 2 400 铢[①]。到了拉玛四世中后期，国王从英国引进了机械化的铸币机，机制币逐渐跟上了市场发展的速度；其次，早期常用的丸型硬币基本是用金或银制作而成的，而中后期的货币用的材质不仅有金和银，还有锡和铜，还有混合材质。使得生产出来的货币多种多样，可以满足来自不同国家的商人的需求；再次，随着货币的多样化，货币换算单位也趋于复杂化。总之，拉玛四世前期的货币体系比较简单。签订了条约以后，货币形式与种类变得多样化，原本简单的货币体系慢慢瓦解，最后形成新的货币标准。

（二）出现全新的货币形状

拉玛四世前期的货币与以往朝代使用的货币一样，丸型硬币的使用长达几百年历史。拉玛四世是泰国历史上第一位接受西方学术思想的君王，面对西方列强的入侵，主动改变闭关锁国的政策。尽管签订的条约使得泰国被迫作出许多让步，但也给泰国带来了更多与西方国家交流的机会，这是打开国门与外部世界接轨的表现。从国外购入铸币机和学习国外铸币方法后，开始生产与法郎一样的扁平硬币，并投入市场使用。这一次全新的货币形状改革取得巨大成功并影响着后世。拉玛四世被认为是泰国史上对货币外形进行最大力度改革的国王。

（三）铸币工艺机械化和标准化

早期的丸型硬币是将 90% ~95% 纯度的银放入炉子中熔化，然后倒进椭圆形的木模中，待之冷却、凝固，用铁锤依样打造成丸型硬币的形状，最后印上印记（龙村倪，1995）。纯手工捶打的方式生产效率低下，会造成硬币生产速度缓慢且形状不统一。自从拉玛四世中后期开始使用铸币机，泰国的货币生产实现了机械化，生产出来的货币无论是重量还是外形都得以标准化。因为新型铸币机的到来，皇家西提甘硬币厂从此诞生了，货币的生产比以前更具规模。新型铸币机结束了手工造币的时代，在泰国货币史上具有重大意义。

---

① 数据来源于泰国财政部网站：http：//asean. treasury. go. th/index. php？lang = en。

（四）近代货币体系初步建立

签订条约以后，贸易量的扩大导致对货币的需求大量增加，并且商品货币经济给国家经济生活造成了巨大冲击，改革传统货币的制度势在必行。前期货币不适应社会的发展需求，最后被淘汰是必然的。拉玛四世中后期开始淘汰原始落后的货币制度，初步探索新的货币体系。泰国的近现代货币是在拉玛四世时期的机制货币基础上不断创新并适应社会发展而形成的，拉玛四世对于泰国货币的改革作出了巨大贡献。

四、结语

拉玛四世时期的货币种类较多，小小的硬币是多种文化的承载体。从图案上看，硬币上蕴含着泰国文化；从历史角度看，硬币背后蕴藏着故事。《鲍林条约》打开了泰国国门，外国商人在泰国土地上自由贸易，引起货币的短缺使得拉玛四世不得不对原有的货币制度进行新的探索，铸造出仿欧式扁平硬币的同时也慢慢开始淘汰旧的货币。这次货币改革是泰国货币史上的一次重大转变，是拉玛四世汲取先进思想与国际接轨的重要表现。这不仅为后期的货币发展奠定了良好的基础，还为国家经济的快速发展作出了巨大贡献。

参考文献：

阿查拉·劳达关，2015. 钱：意义与重要性 [J]. 大城皇家大学学报，（2）.

储建国，2013. 中国古籍所载东南亚古国货币考 [J]. 中国钱币，（1）.

段立生，2014. 泰国通史 [M]. 上海：上海社会科学院出版社.

龙村倪，1995. 子弹银溯源及泰钱的早期发展 [J]. 中国钱币，（1）.

那瓦叻·列卡滚，2000. 贝铢硬币纸币 [M]. 曼谷：洒拉卡滴出版社.

那瓦叻·列卡滚，古斯·工马浓坦，1993. 泰国货币传说 [M]. 曼谷：印刷国际有限公司.

覃秀红，2005. 浅谈泰国的古硬币 [J]. 广西金融研究，（A2）.

王伟民，1988. 20 世纪初以前泰国货币制度的演变 [J]. 东南亚研究，（3）.

中山大学东南亚史研究所，1987. 泰国史 [M]. 广州：广东人民出版社.

（本文为广西钱币学会 2019—2020 年度学术课题"学生研究项目"结项成果）

柬埔寨古钱币文化及其演变

王 玥

（广西民族大学）

摘 要： 柬埔寨古钱币起源较早，早在扶南时期就开始使用统一的货币。在柬埔寨两千多年的历史长河中，不同历史时期所使用的钱币也不尽相同，古钱币上所印制的图案和字符代表着当时特有的文化。柬埔寨古钱币文化历经了扶南时期（1—6 世纪）、真腊吴哥时期（6—15 世纪）、柬埔寨王国时期（15 世纪—1863 年）三个时期的发展变化，也经历了从海洋文化到宗教文化再到殖民文化的演变、从婆罗门教文化向佛教文化的演变。

关键词： 柬埔寨；古钱币；文化；演变

柬埔寨古钱币，即柬埔寨古代时期（由于 1 世纪前的史前时期柬埔寨尚未形成国家，故此处的柬埔寨古代时期具体指扶南时期至法属殖民地时期前）所使用的钱币。虽然柬埔寨古钱币的流通数量不多，却有着十分悠久的历史，对于进一步探究柬埔寨古代文明和文化有着深远的意义。古钱币文化，即古钱币所蕴含的物质文化和精神文化。根据柬埔寨货币历史的发展脉络，可通过研究扶南、真腊吴哥和柬埔寨王国三个历史时期的古钱币文化，来探析柬埔寨古钱币文化的演变历程及其对当代货币文化发展的影响和启示。

一、扶南时期（1—6 世纪）古钱币

扶南是柬埔寨历史上最早的王国，其最早的统治者是女王柳叶，后来异族人混填娶柳叶为妻，正式成立扶南国，并引入古印度先进的生产和管理制度。扶南国经过不断发展，成为中南半岛上一个强大的王国，根据我国古籍《梁书·扶南传》记载："扶南国，在日南郡之南，海西大湾中，去日南可七千里。城去海五百里。有大江广十里，西北流，东入于海。"（郭振铎、吕殿楼、王晟，1984：12）其领地大概包括了现今柬

埔寨全境、泰国东南部、老挝南部以及越南南部。1—6 世纪，海上丝绸之路渐渐兴起，得益于得天独厚的地理位置，扶南的商业十分繁荣。在这个大背景下，为了进一步推动贸易往来和发展，促使了扶南古钱币的诞生。扶南时期的钱币主要有金、银、铜三种材质，图案有贝类、太阳类两种。

（一）贝类图案

以下是扶南时期的两枚贝类图案的铜钱，其中一面印有贝壳（图 1）或海螺（图 2）的图案。在金属货币出现之前，贝类曾经是商品交换的重要媒介，从这两枚铜钱上的贝类图案可以看出，当时的扶南王国的生产活动深受海洋文化的影响，且进行海上商贸活动已有十分悠久的历史。中国古籍中亦有多处记载古代扶南人高超的造船工艺，如《齐南书》记载："扶南国，为船八九丈，广裁六七尺，头尾似鱼。"（郭振铎、吕殿楼、王晟，1984：10）进一步证实了其航海业和海上贸易的发达。

图1　贝壳图案钱币（សែន ពិផែត、អិ សារ៉ុន，2000）　　图2　海螺图案钱币（សែន ពិផែត、អិ សារ៉ុន，2000）

另一面的图案象征毗湿奴，四条向上卷曲的线条代表毗湿奴的四只手臂（សែន ពិផែត、អិ សារ៉ុន，2000：1）。混填建立扶南王国后积极吸收外来文化，印度的婆罗门教和佛教也随之传入扶南。为了巩固统治，扶南王国的统治者们极力推崇等级森严的婆罗门教，他们热衷将自己神化成宗教首领的化身，让人们顶礼膜拜以此来达到统治目的。故将婆罗门教的主神——毗湿奴印在钱币上，一方面宣扬婆罗门教义，另一方面也显示自己身为统治者的权威。

（二）太阳图案（太阳币）

太阳币（图 3）是扶南时期的主要货币，因钱币正面刻有太阳图案而得名，其有金、银、铜三种材质。太阳币做工精美考究，每个纹饰皆有特殊的寓意，出现的时间要晚于贝类图案的金属钱币（កើรฐกกก，2015）。太阳币正面是冉冉升起的半个太阳，耀眼的光线从中间射向天空并倒映在大地上。外圈的 27 个圆点代表的是《吠陀经》中占星学的星象，吠陀在梵语中是"知识、启示"的意思，在当时主要指宗教知识，《吠陀经》是古代婆罗门教最重要的经典，是婆罗门教的思想基础。婆罗门教不仅仅是扶南主要的宗教信仰，还影响着当时扶南人的生产活动，扶南人利用《吠陀经》中的占星学测天象，安排生产活动。

图 3　太阳币（Jean-Daniel，2019）

太阳币背面的图案由很多元素组成，左上方的圆圈是月亮，代表万物苍生和生命力，在它的右边是一轮闪着金光的太阳，是权力和力量的象征（កើร ถิถก、ถ สัញกา，2000：2）。左侧是一个卍字符，这个符号源于印度教和佛教，有吉祥如意的寓意，同时还象征着佛教中六道轮回的思想和永不枯竭的能量。右侧的符号，形似中国古钱币五铢钱上的篆体"五"字，扶南时期对应我国两汉魏晋南北朝时期，根据史料记载，扶南国当时与我国在商贸和外交方面的往来十分频繁，所以有不少国内学者猜测太阳币是模仿我国的五铢钱而制成，从侧面反映出扶南的货币文化曾受中国货币文化的影响（黄卫宁、周俏梅，2013）。但柬埔寨学者明·宁（2015）表示这个符号并不是模仿中国古钱币而制，而是和婆罗门教有关，上面的三个圆点代表婆罗门教中的三神：湿婆、毗湿奴、梵天，下面代表天界和地狱，中间代表人间，三神合一统治着整个宇宙。

中间的图形由两个塔顶的形状组成，三边都被曲线所包围，轮廓形似婆罗门教中吉祥天女和主神毗湿奴，一起守护天地万物（ភ្នំ ពេញ，2016）。从整个钱币的形制和图案可以看出，佛教和婆罗门教等外来文化元素深刻影响着当时扶南的钱币文化。

　　为了方便交易，当时人们一般会将钱币平均切割成4瓣，8瓣或者12瓣（图4）。扶南的太阳币不仅仅分布在中南半岛地区，在罗马帝国和中国等地均有发现（សែន ពិតែន、កិ សណ្ត，2000：3）。扶南国的俄厄港（遗址在今越南西南部）在当时是著名的港口城市，许多国家的船只都要经过这个港口，或在此停留修整，可以说俄厄港是当时暹罗湾的重要门户（陈显泗，1990：69）。依托优越的地理位置，俄厄港的商业贸易发展十分繁荣，根据这些太阳币分布的地理位置，可以感受到当时扶南地区贸易的国际化程度很高，与同时期的古罗马和中国交往密切。

图4　被切割的太阳币
（Jean-Daniel，2019）

二、真腊吴哥时期（6—15 世纪）古钱币

　　前吴哥时期（7—9 世纪），也称真腊时期。6 世纪末，扶南王国在连年的战争中，国力日益衰落，与此同时北边的真腊国正在悄悄兴起。公元 616 年，伊奢那跋摩一世继承王位，他带领将士一举拿下扶南国，并建立了一个全新的真腊帝国。真腊帝国建成后，和平稳定的政治环境使得社会的政治、经济、文化、军事各方面都得到了长足的发展。

　　图5 是为纪念伊奢那跋摩一世（616—635 年在位）以及真腊新都城伊奢那补罗而打造的纪念金币，制作的具体时间不详，大约在 7 世纪（Jean-Daniel，2019：46）。钱币正面上方是用梵语书写的"伊奢那跋摩一世"，他是当时真腊王国的统治者，也是柬埔寨历史上一位十分有名的国王。伊奢那跋摩一世的丰功伟绩不仅仅在于其继承了先帝们的遗愿，完成了大一统事业，更在于他出色卓越的领导能力和统治能力。其在位期间，为了维持和平稳定的发展环境，不断巩固政治和外交建设，与邻国修好，特别重视与占婆和中国的关系（陈显泗，1990：207）。据我国古籍记载，伊奢那跋摩一世曾五次派使者出使中国，每次都带去许多奇珍异宝，大大加强了与中国的朝贡贸易关系。对占婆也采取和亲政策，这一政策对两国关系影响十分深远，即使在伊奢那跋摩一世去世后，很长一段时间内两国依然保持和平友好的关系。

图 5　真腊纪念金币（Jean-Daniel，2019）

中间的图案是婆罗门教中的吉祥天女形象，她手持花茎，双腿盘坐在莲花宝座上。吉祥天女是财富和智慧的象征，其名最早见于婆罗门教的经典《梨俱吠陀》和《阿闼婆吠陀》中。相传，吉祥天女是众神与阿修罗在搅动乳海时发现的第三个宝贝，所以她也被称作乳海之女。在当时的真腊，婆罗门教仍然是占统治地位的宗教，为统治者所推崇。而选择一个女性形象的天神刻印在纪念币上，从中可以看出真腊王国虽然已经进入父系氏族社会，但思想仍然受到母系社会文化的影响，依然流行着母神崇拜。

纪念币背面，中央的图案外形是一头牛，这头牛后颈部隆起，牛角向后卷曲，这正是瘤牛的特征。柬埔寨在原始社会早期，信奉万物有灵，他们将很多动物视为守护神。瘤牛也被当地人奉为神兽，这种牛在中南半岛地区很常见，大部分是白色和浅灰色。相传，湿婆神的坐骑就是一头公瘤牛，名叫南迪，寓意着欢喜和高兴，也是忠实和信任的象征，经常可以看见它的雕像作为守护神出现在神庙的大厅里。瘤牛现在依然是许多柬埔寨农民家庭中重要的一员，牛也作为农耕文化的一个符号在柬埔寨存在已久并一直绵延至今。

瘤牛下方的字符是用梵语书写的"伊奢那补罗"，是当时真腊国的都城，位于今柬埔寨磅通省。"伊奢那补罗"原名婆罗阿迭多补罗，是柳叶和混填的后裔所建立的一个小王国，后被真腊征服，出于巩固军事力量的考量，伊奢那跋摩一世将真腊都城迁移至此（陈显泗，1990：190）。依靠独特的政治和军事地位，伊奢那补罗很快就发展起来，成为真腊国的政治、文化、军事中心城市，根据史料推测全城大约有十万人口，城市规模较大。此外，伊奢那跋摩在位期间，还在都城兴修了大量的石塔和石碑来记录这段历史，这是研究前吴哥文化历史的重要遗址。

真腊王国在 8 世纪分裂成水真腊和陆真腊，直到 9 世纪重新统一，后开启了吴哥王朝的历史诗篇。然而，在这段时期的史料中，并没有使用货币的记载，也未曾发掘到相关古钱币文物。在元朝官员周达观所著《真腊风土记》中，记载当时柬埔寨人民进行商品交易仍然以物物交换为主。

三、柬埔寨王国时期（15 世纪—1863 年）古钱币

柬埔寨王国时期，柬埔寨陷入内忧外患的困境，外有暹罗国侵扰，内部也纷争不断，昔日雄踞中南半岛的高棉帝国雄风不再，这段时期也被史学家称为柬埔寨黑暗时期。直到安赞王（1516—1566 年在位）打败神奴乃坎，重新取得王位后，柬埔寨一度复兴，国力得到增强，还打败了来犯的暹罗军队。为了纪念这次胜利，还将战场附近的一个小村庄命名为"暹粒"，意思是"被征服的暹罗"。除此之外，安赞王还特别重视经济发展，推出了许多政策来振兴国内经济，并发行了统一的货币。

图 6 为安赞王发行的蛇形货币，这种货币名叫"斯伦"，有金、银两种材质（罗华清，1993）。其正面是一条环形的蛇形图案，背面没有图案。蛇自古以来就是柬埔寨人民心中重要的图腾，它是吉祥、平安和力量的象征，被人们奉为守护神。在柬埔寨神话中，在洞里萨湖内住着七头蛇神叫那伽，有一天他的女儿要出嫁，蛇神就将湖里的水吸光，将洞里萨湖肥沃的土地当作嫁妆送给女儿，于是这才有了旱季时供人们劳作的大片土地。所以在这片大地上深耕的柬埔寨人对蛇充满了爱戴和敬畏。

图 6　蛇形斯伦（ស្ែន ពិដែក、ក៏ ស៉ញ្ញា，2000）

当时除了蛇形图案的金银斯伦，还用银和铜制造了另一种斯伦（图 7），直径较蛇形斯伦大。这种钱币和蛇形钱币一样都是单面钱币，正面的图案印有一只禽类，有学者猜测是乌鸦，但更多专家考证是雄鸡。安赞王时期的柬埔寨属于后吴哥时期，雄鸡曾是真腊王国的代表和象征，钱币上所印的雄鸡表示这一时期的柬埔寨在文化上与真腊和吴哥有着一脉相承的关系，也展示了安赞王想要复兴柬埔寨的决心。

虽然在安赞王的努力下，柬埔寨的国力有所恢复，但 16 世纪到 19 世纪上半叶就一直被日渐崛起的安南和暹罗两面夹击，连年的战争和皇室间的内讧使得安赞王的努力付诸东流，柬埔寨的国势日渐衰微，大片领土被吞并，一直处于安南和暹罗的轮番控

图 7　雄鸡斯伦（ស្រែ ពិនិដគ、ភិ ស្វរិ្ណ，2000）

制之下。这种控制不仅仅体现在政治上，柬埔寨国内的经济也被外部势力所掌控。在这个时期，柬埔寨市面上流通着大量的安南的方孔钱和暹罗的暹珠，严重遏制了柬埔寨经济的发展。

为了改变这个局面，19 世纪中期，安东国王（1840—1849 年在位）在柬埔寨国内重新发行统一的货币。

图 8 为安东国王在 1847 年下令铸造的王宫币，其正面是寺庙的印章，所印寺庙也是典型的佛教风格建筑。在当时的柬埔寨，小乘佛教已经成为柬埔寨 95% 的人民所信仰的宗教，其对人民的生活和社会秩序管理有十分重要的影响，在寺庙中间还有用高棉文字写的"柬埔寨王国"。高棉语是中南半岛地区历史十分悠久的语言，在不断吸收、融合梵语和巴利语的漫长过程中，最终形成了今天我们所看到的现代高棉语，我们亦能从这些高棉文字中感受到钱币所体现的民族性。

图 8　王宫币（ស្រែ ពិនិដគ、ភិ ស្វរិ្ណ，2000）

钱币背面印有一只凤凰，凤凰在柬埔寨属于外来文化符号，象征在海外求学的学者将有利于经济发展的知识和技术带入柬埔寨（ស្រែ ពិនិដគ、ភិ ស្វរិ្ណ，2000：9）。后来凤凰的形象也就成为柬埔寨国家经济和金融系统的代表形象，并且一直沿用至今。在凤凰周围还有用高棉语写着王宫币发行的大历（又称"塞迦历"，相传是由西萨特拉普王朝创立，比公元纪年晚 78 年）、佛历和国王的年号。除王宫币外，安东时期，还使用银斯伦币和角币，这两种钱币的图案和王宫币相同，但重量较王宫币轻。

19 世纪，法国扩大对东南亚地区的殖民统治，1863 年柬埔寨与法国签订条约后，便成为法国的殖民地区之一。在此之前，诺罗敦国王（1859—1904 年在位）曾在 1860 年发行了统一的货币（图 9）。这种货币由青铜制成，正面是诺罗敦国王侧面像，上方印有法文"柬埔寨诺罗敦国王",下方是货币发行时间。钱币背面中央有一圈麦穗包围着神坛,神坛上方是宝剑和一条弯曲的蛇。钱币上方是用高棉语写的"柬埔寨王国",下方是用法文书写的钱币面额,发行的面额从 4 法郎到 10 法郎不等。令人遗憾的是,当时人们还是习惯于物物交换的商品买卖方式,发行货币对促进当时柬埔寨商业和经济的发展作用并不大。

图 9　诺罗敦时期的货币①

四、柬埔寨古钱币演变分析

(一) 柬埔寨古钱币形制演变

自扶南时期出现第一枚古钱币到法属殖民统治前,柬埔寨的古钱币上印制的图案和钱币大小虽然在改变,但外形一直都是圆形。在柬埔寨社会早期,受到当时社会生产力的限制,古钱币的制作工艺较粗糙,图案线条抽象,加上尚未形成完整的经济系统,所制造的钱币没有币值,直到 19 世纪中期才发行有面值的钱币。随着社会经济发展的进步和社会生产力的提高,柬埔寨钱币的制作越来越精细化,所印制的图案和文字也越来越清晰,到 19 世纪时,法国在侵略殖民柬埔寨的同时客观上也将先进生产力带入柬埔寨,机器生产逐渐代替人工铸造,柬埔寨的钱币制作也逐渐标准化、精细化。从铸造原料来看,受到生产力的限制,19 世纪之前一般使用金、银、铜三种材料,19世纪之后则使用铜和其他金属。

不同的历史时期,古钱币上印制的图案和文字都有所不同,这些图案都代表特定的文化内涵,可以生动地反映出当时的物质文化和精神文化。在扶南时期,钱币的图案主要是贝类图案和婆罗门教中的一些代表性符号,从中我们能看到海洋文化、婆罗门教文化等多元文化融合的特点。在真腊和吴哥王朝时期发行的纪念币上的图案元素

---

① 图片来源:https://sopheak.wordpress.com/2019/02/16/coins-during-norodom-i/。

依然以婆罗门教为主，并印制有梵文文字。该时期的纪念币也体现出当时的吴哥王朝，宗教在社会生活中的地位十分重要。柬埔寨进入黑暗时期后，一直处于内忧外患的困境中，政治和经济受到外部势力的全面压制，甚至发行的货币上还印有殖民国家的文字。从这些图案和文字的流变可以总结出柬埔寨古钱币所反映的文化的演变——从最初的海洋文化到宗教文化再到殖民文化。

柬埔寨的古钱币图案和文字一直都带有浓厚的宗教色彩，在扶南时期和真腊时期，由于当时婆罗门教一直为统治阶级所推崇，是当时稳固阶级统治的基石，所以古钱币上印制的都是代表婆罗门教的文化符号。到了吴哥时期，佛教思想渐渐被人们所接受，钱币上所印文字也是当时佛经所使用的梵文，14世纪以后小乘佛教代替婆罗门教和大乘佛教而成为柬埔寨95%的人民信仰的宗教。从中也可以看出柬埔寨古钱币所体现的宗教文化的演变，从最初的婆罗门教一枝独秀演变到佛教文化占据主导地位。

除此之外，柬埔寨古钱币还能体现一定的图腾文化。例如印制在古钱币上的太阳、蛇、牛、鸡、凤凰等都属于当地人的图腾崇拜，说明图腾文化和万物有灵信仰在柬埔寨历史中存在已久。

（二）古钱币对柬埔寨社会影响的演变

在扶南时期，货币是在商品经济发展的推动下出现的。当时柬埔寨的经济重心在下柬埔寨地区（今越南），毗邻南海，拥有漫长的海岸线和天然优质港口——俄厄港。许多来往的船只都在这个港口停靠、交易，大量的经贸活动便催生了货币的出现。在扶南王朝发行货币后，也大大促进了当地商品经济的发展，为与其他国家进行贸易往来创造了便利。扶南依靠发达的经贸起家，积累了许多财富，成为当时中南半岛上的强国。

到了真腊吴哥时期，随着丝绸之路航线的改变，俄厄港日渐没落，当时统治者遂将都城从沿海迁至大陆腹地，传统的小农经济逐渐代替商品经济成为国家的经济基础，与其他国家的贸易往来大部分是官方的朝贡贸易，无须货币。基于这种较落后的商品经济，真腊和吴哥王朝时期并未发行统一的货币，商品买卖也一直停留在比较原始的物物交换状态。

这种物物交换的方式一直持续到17、18世纪，由于当时柬埔寨的国力已远不如从前，加上当时统治者疲于战争和内斗，疏于对本国经济和货币的管理，这才出现安南方孔钱和暹珠横行柬埔寨货币市场的局面。所以，在柬埔寨后期发行的这些货币，虽然对促进当时经济发展的影响十分有限，但其更大的作用是提升柬埔寨本民族的凝聚力和认同感，这些印有民族文化特色的图案和文字的钱币也是柬埔寨民族渴望独立自主的象征，对处于黑暗时期的柬埔寨具有特殊的历史意义。

在柬埔寨社会早期，古钱币对当时商业社会经济的发展具有重大的促进作用，但随着迁都、战争以及柬埔寨经济结构的改变，货币在推动柬埔寨经济发展中的作用越来越有限，所形成的货币文化也越来越没落，直到被外来的货币文化所掩埋。

五、结语

货币是一定历史时期的物质和文化的产物，也是对当时社会的一种观照，是社会文化体系十分重要的一部分。柬埔寨古钱币文化在三个时期内不断发生变化，经历从海洋文化到宗教文化再到殖民文化的演变、从婆罗门教文化到佛教文化的演变。这些古钱币在观照社会文化的同时，也是柬埔寨国家经济发展必不可少的一环，在危难之际更是柬埔寨国家和民族的象征，是柬埔寨人民自尊自信的源泉。在经济全球化的现代，我们更要重视货币价值，了解货币文化，从而推动货币文化不断发展和货币体系的不断完善。

参考文献：

陈显泗，1990. 柬埔寨两千年史［M］. 郑州：中州古籍出版社.

段立生，2019. 柬埔寨通史［M］. 上海：上海社会科学院出版社.

郭振铎，吕殿楼，王晟，1984. 中国古籍中的柬埔寨资料汇编［M］. 北京：中国人民大学出版社.

黄卫宁，周俏梅，2013. 源远流长：广西钱币博物馆馆藏东南亚货币精品［J］. 金融博览（10）.

柬埔寨民俗研究组，2012. 柬埔寨民间故事集［M］. 金边：柬埔寨金边佛教院.

罗华清，1993. 柬埔寨货币沿革［J］. 东南亚纵横（1）.

罗杨，2016. 他邦的文明：柬埔寨吴哥知识、王权与宗教生活［M］. 北京：北京联合出版公司.

明·宁，2015. 扶南时期柬埔寨货币起源以及使用［N］. 金边邮报，11 - 30.

明·宁，2016. "瑞尔"的历史［N］. 金边邮报，06 - 17.

王纪洁，2017. 浅谈中国古代钱币研究范围和内涵［J］. 机电兵船档案，（4）.

钟楠，2014. 柬埔寨文化概论［M］. 广州：世界图书出版有限公司.

周达观，1981. 真腊风土记［M］. 北京：中华书局.

ក្រុមជំនុំទៀបបទឆ្នាប់ខ្មែរ，2012. ប្រជុំរឿងព្រេងខ្មែរ［M］. វិទ្យាស្ថានពុទ្ធសាសនបណ្ឌិត្យ.

មៀន ញាណា，2015. ប្រវត្តិនៃការបង្កើត និងការប្រើប្រាស់រូបិយវត្ថុរបស់ខ្មែរ មានតាំងពីសម័យនគរភ្នំ［J］. ភ្នំពេញប៉ុស្តិ៍.

មៀន ញាណា，2016. បដិវត្តន៍រូបិយប័ណ្ណ《រៀល》របស់ខ្មែរ［J］. ភ្នំពេញប៉ុស្តិ៍.

សែន ពិជៃត、អិ សុវណ្ណា，2000. ប្រវត្តិរូបិយវត្ថុខ្មែរ［M］. ក្រុមជំនាញ៤（four skills group）.

Jean-Daniel，2019. The Hoards of Angkor Borei［M］. Phnom Penh：A National Bank of Cambodia Publication.

（本文为广西钱币学会 2019—2020 年度学术课题"学生研究项目"结项成果）

广西钱币学会 2020 年大事回顾

1月12日，广西钱币学会召开 2020 年迎新春茶话会，总结学会 2019 年主要工作，介绍 2020 年工作思路。学会学术委员、团体会员、个人会员代表、文博单位代表共 90 余人参加了茶话会。

学会副秘书长周俏梅主持茶话会

学会秘书长潘信豪介绍 2019 年工作情况和新一年工作思路

茶话会现场

3 月 17 日，广西钱币博物馆组织全体员工参加消防安全培训，进行消防基础理论知识、消防器材正确使用技能培训和实操消防器材演练。

博物馆工作人员进行消防器材实操演练

3 月起，为上线"广西钱币博物馆馆藏管理系统"，优化广西钱币博物馆管理模式和工作机制，提高博物馆标准化、规范化管理水平，广西钱币博物馆在疫情期间克服困难，组织工作团队，按照新系统管理要求和国家文物局文物普查规范，对全馆50 000余件藏品重新进行分类、鉴定、定名、拍照、登记、编目、建档，全面完成了文物清理、鉴定、信息采集和录入工作，为博物馆规范管理打下了坚实的基础。

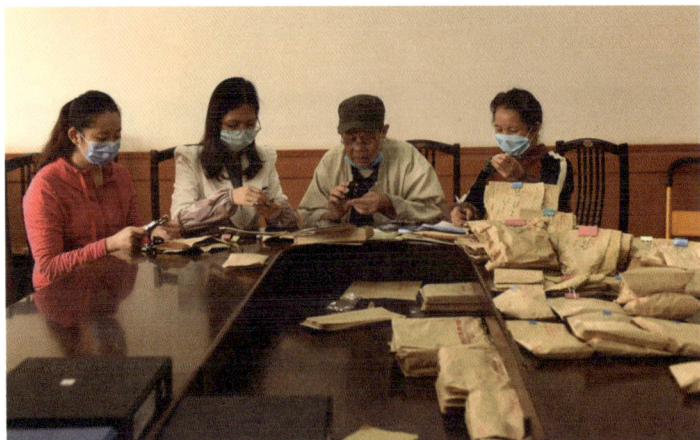

博物馆工作人员整理藏品

　　6 月 12 日至 18 日，广西钱币博物馆组织开展馆藏品综合管理系统安装调试及使用培训工作。

馆藏品综合管理系统操作培训现场

　　6 月，广西钱币学会组织会员申报中国钱币学会 2020 年度学术研究项目 4 项。

　　7 月 1 日，广西钱币学会以通讯方式召开第七届常务理事会第七次全体会议，审议通过由中国人民银行南宁中心支行党委委员、副行长唐剑冰同志担任广西钱币学会第七届理事会理事、常务理事、会长，罗跃华同志不再担任第七届理事会理事、常务理事、会长；增补广西钱币博物馆调研员陈姝同志为广西钱币学会第七届理事会理事、常务理事、副秘书长。

7月6日，广西钱币博物馆党支部到中国农业银行广西区分行开展"守初心·担使命·传承优秀文化"主题党日活动。支部全体党员参观了该行企业文化传承馆、钱币票证馆。

广西钱币博物馆全体人员与企业文化传承馆工作人员合影

7月7日至20日，广西钱币学会以通讯方式召开"2019—2020年度学生研究项目"中期汇报点评会。中国钱币学会副秘书长杨君和广西壮族自治区博物馆原馆长黄启善、原副馆长蓝日勇担任点评老师，13篇"学生研究项目"课题论文接受点评指导。

7月16日，广西钱币博物馆党支部与离退休干部党支部开展"情系央行·共沐书香"主题党日活动，并举行图书捐赠仪式。

退休干部银峰向广西钱币博物馆捐赠图书

参加主题党日活动人员合影

7月31日，应中国博物馆协会钱币与银行博物馆委员会要求，广西钱币博物馆召开座谈会，征求民俗钱鉴定评级标准相关问题的意见和建议，完成"民俗钱鉴定评级标准"调研活动情况的汇报。

8月6日，广西钱币学会开展2020—2021年度学术课题申报工作，并发布《广西钱币学会2020—2021年度学术研究课题指南》。

9月10日至11日，为确保文物鉴定和解读的准确性，广西钱币博物馆邀请众诚详评收藏品鉴定有限公司崔淳先生为部分待考东南亚古代货币进行鉴定。

崔淳先生（左一）鉴定待考藏品

9 月，广西钱币学会组织专家对 2019—2020 年重点课题进行结项评审，对 2020—2021 年重点课题进行立项评审，14 个 2019—2020 年重点课题准予结项，13 个 2020—2021 年重点课题准予立项。

10 月 26 日至 27 日，云南钱币博物馆张志武副处长一行 3 人到广西钱币博物馆考察，双方就博物馆内部管理、藏品保管、学术研究等进行交流。

潘信豪馆长（左一）向云南钱币博物馆张志武副处长（左二）一行介绍情况

10 月，汇编《广西钱币研究集萃 2021》，送暨南大学出版社立项审核。

11 月 28 日，在第 12 届中国—东盟金融合作与发展领袖论坛上，举行了"中国钱币学会东南亚货币研究中心启动仪式"。在广西壮族自治区党委常委、自治区人民政府副主席秦如培和国内金融主管部门领导、金融机构、大型企业高管、著名专家学者现场见证下，中国钱币学会副秘书长杨君、人民银行南宁中心支行行长宋军、广西壮族自治区金融监管局局长范世祥共同按下启动按钮，宣布中国钱币学会东南亚货币研究中心正式启动。

中国钱币学会东南亚货币研究中心启动仪式现场

东南亚是海上丝绸之路沿线的重要地区，历史上与中国的商贸往来和货币文化交流十分频繁，当前中国与东南亚国家的经济、金融、文化交流的广度和深度更是达到了前所未有的程度，广西作为双向沟通中国与东南亚的重要桥梁和基地的地位及作用日益彰显。成立中国钱币学会东南亚货币研究中心，旨在发挥广西区位优势，充分利用国内外资源，加强对东南亚货币的研究，服务中国—东盟经济、金融与货币合作。东南亚货币研究中心隶属中国钱币学会，经中国钱币学会第八届理事会第四次常务理事会审议通过并正式成立，秘书处单位为广西钱币学会。

2020 年 11 月 28 日，广西钱币博物馆藏安南"通行会宝"钞版专家论证会在南宁举行。中国钱币学会副秘书长杨君、故宫博物院研究员刘舜强、首都博物馆副研究员王显国、广西师范大学教授廖国一、广西博物馆馆长韦江、广西博物馆原馆长黄启善、广西博物馆原副馆长蓝日勇、广西博物馆副书记唐剑玲、广西文物保护与考古研究所研究员杨清平等专家出席论证会。论证会由广西钱币学会会长唐剑冰主持。与会专家现场考察了钞版，听取研究人员对钞版研究和释读情况的介绍，展开研讨，就钞版的释读达成了共识。

安南"通行会宝"钞版专家论证会现场

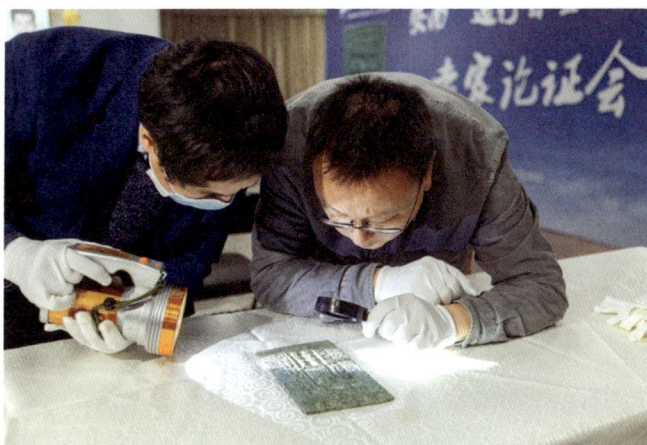

专家现场考察钞版

广西钱币学会会长唐剑冰

中国钱币学会副秘书长杨君

故宫博物院研究员刘舜强

首都博物馆副研究员王显国

广西师范大学教授廖国一

广西博物馆馆长韦江

广西博物馆原馆长黄启善

广西博物馆原副馆长蓝日勇

广西博物馆副书记唐剑玲

广西文物保护与考古研究所研究员杨清平

广西博物馆廖林灵

广西钱币博物馆馆长潘信豪

广西钱币博物馆藏"通行会宝"钞版，一级文物，铜制，宽12.8厘米，长22厘米，厚0.6厘米，重0.99千克，全身锈蚀，中部有横向发展的裂纹，纹饰为龙纹、云纹、火纹。2008年6月由广西钱币博物馆收藏，由于其锈蚀严重，有部分文字几不可读，导致对其研究无法深入。2019年起，广西钱币博物馆与广西壮族自治区博物馆联合，使用视觉图像建模技术复原其纹饰、文字，还原钞版未锈蚀前的形态，对有关疑难文字进行了认定，并取得了突破。尤其是钞版左侧文字"丰国监"之"丰"的认定，成为通篇释读该钞版文字的钥匙，由此，顺利完成了较为确凿的钞版文字图案的通篇释读。全版印文为："通行会宝·壹贯·丰国监提点司印造·尚书门下中书颁行·伪造者斩·赏告如律"其中"通行会宝·壹贯·伪造者斩·赏告如律"为楷书体，"丰国监提点司印造·尚书门下中书颁行"为小篆字体。研究人员借助《大越史记全书》等越南古代典籍进行了细致的考证，为钞版文字和纹饰作出了合理的释读，得到了专家的认同。

中国钱币学会副秘书长杨君接受采访

研究结果表明，广西钱币博物馆2008年入藏的"通行会宝"钞版，是安南陈朝顺宗光泰九年（明朝洪武二十九年，即1396年）印造纸币的印版，是其中最大面值的"壹贯"类型。钞版上官职名称借鉴了中国唐宋官制，其具体职能则在陈朝根据国情进行了本土化的调整，与中国宋朝官制名称相同而职能有异。安南陈朝"通行会宝"的印造颁行直接模仿借鉴了明朝的大明通行宝钞制度。"通行会宝"壹贯钞版是现存仅见的古代安南官府发行纸币的印版，具有很高的历史文化价值。

与会人员合影留念

（左起廖林灵、唐剑玲、廖国一、王显国、刘舜强、黄启善、唐剑冰、杨君、蓝日勇、韦江、潘信豪、杨清平、陈姝）

11 月，《广西钱币研究集萃 2020》由暨南大学出版社公开出版发行，结集出版论文 15 篇。

12 月 18 日，广西钱币学会申报的上年度中国钱币学会课题《广西发现一批秦半两钱币的科学分析及相关问题的探讨》（负责人：黄启善）经专家评审结项；下年度课题《越南阮朝前期（1802—1884）货币的发展及其影响》（负责人：陈韵）获中国钱币学会批准立项。

中国钱币学会课题结项通知

中国钱币学会课题立项通知